日本語と世界の言語のとりたて表現

野田尚史=編

くろしお出版

Toritate Expressions in Japanese and Other Languages

© Hisashi NODA

First published 2019

All rights reserved. No part of this publication may be reproduced, stored in a retrieval system, or transmitted in any form or by any means, without the prior permission in writing of Kurosio Publishers.

Kurosio Publishers
4-3 Nibancho, Chiyoda-ku, Tokyo 102-0084, Japan

ISBN 978-4-87424-812-6
Printed in Japan

目　次

この本の目的と構成 iii

第1部　とりたて表現の研究方法と研究動向

とりたて表現の対照研究の方法 .... 野田　尚史　3

とりたて表現の研究動向 .... 茂木　俊伸　21

第2部　日本の言語のとりたて表現

日本語のとりたて表現の歴史 .... 小柳　智一　41

日本語学習者のとりたて表現 .... 中西　久実子　59

琉球語のとりたて表現 .... 狩俣　繁久　77

第3部　東アジア・東南アジアの言語のとりたて表現

韓国語のとりたて表現 .... 鄭　相哲　97

中国語のとりたて表現 .... 井上　優　111

タイ語のとりたて表現 .... 峰岸　真琴　129

インドネシア語のとりたて表現 .... 原　真由子　145

第 4 部　南アジア・西アジア・アフリカの言語のとりたて表現

ヒンディー語のとりたて表現
　　　　　　　　　　　　　　　今村　泰也，プラシャント・パルデシ　165

ネワール語のとりたて表現..桐生　和幸　183

シンハラ語のとりたて表現..岸本　秀樹　201

トルコ語のとりたて表現..林　徹　219

ヘレロ語のとりたて表現..米田　信子　237

第 5 部　ヨーロッパの言語のとりたて表現

英語のとりたて表現..大澤　舞　257

ドイツ語のとりたて表現..筒井　友弥　275

フランス語のとりたて表現..........................デロワ　中村　弥生　293

チェコ語のとりたて表現..ユラ・マテラ　311

　　　　　　　　　あとがき... 329
　　　　　　　　　索引.. 337
　　　　　　　　　著者紹介.. 355

この本の目的と構成

　この本は,「だけ」「さえ」「も」のようなとりたて表現について,日本語と世界のさまざまな言語の共通点と相違点を明らかにするために,22名の研究者が共同研究を行った成果である。
　古代日本語では係り結びという文法現象があったため,係り結びに関係する係助詞と関係しない副助詞を区別していた。係り結びがなくなった現代日本語では係助詞と副助詞を区別する必然性がなくなり,係助詞と副助詞をとりたて助詞としてまとめて扱うことが多くなってきた。
　とりたて助詞の研究は30年ほど前から少しずつ盛んになり,現在では「とりたて」は現代日本語で重要な文法概念になってきている。
　日本語以外の世界のさまざまな言語でも,「だけ」「さえ」「も」のような意味を表す表現が見られる。しかし,それぞれの言語の文法では,とりたてを表す表現は副詞などを分類するときに触れられるだけで,重要な文法的概念とは考えられていないことが多い。
　そのような状況を打ち破るために,私たちは日本語だけでなく,世界のさまざまな言語のとりたて表現の研究を大きく進展させるための共同研究を行った。
　日本語については,現代日本語のとりたて表現の研究をもとにして,古代日本語や,日本語を母語としない学習者の日本語などを取り上げた。日本語以外の言語については,日本語のとりたて表現の研究をもとにして,さまざまな言語のとりたて表現について特に特色のある現象を中心に分析した。
　日本語以外の言語についてはこれまであまり研究が行われてこなかったテーマであるため,研究には苦労が多かったが,日本語との共通点と相違点が浮かびあがり,とりたて表現の研究のおもしろさを示せる成果が得られたと考えている。

この本は，5部構成になっている。第1部では，この本の導入として，とりたて表現の研究方法と研究動向を示した。第2部では，日本の言語のとりたて表現として，日本語のとりたて表現の歴史，日本語学習者のとりたて表現，そして琉球語のとりたて表現を取り上げた。第3部では，東アジア・東南アジアの言語として韓国語，中国語，タイ語，インドネシア語のとりたて表現を扱った。第4部では，南アジア・西アジア・アフリカの言語としてヒンディー語，ネワール語，シンハラ語，トルコ語，ヘレロ語のとりたて表現を取り上げた。第5部では，ヨーロッパの言語のとりたて表現として英語，ドイツ語，フランス語，チェコ語のとりたて表現について述べた。

　それぞれの論文は，現代日本語のとりたて表現と対照するという視点を重視し，現代日本語との共通点と相違点がわかるように書かれている。それは，裏を返せば，それぞれの言語の文法記述に従ってその言語のとりたて表現を記述するのを避けたということである。それぞれの言語の文法記述は枠組みも文法用語もさまざまである。そうした文法記述に従って研究すると，他の言語との対照が難しくなるからである。

　最近の文法研究の流れを見ると，格助詞のような必須要素から終助詞のような任意要素の研究に進んでいる。また，テンスのような単純な対立からモダリティのような複雑な対立の研究に向かっている。さらに，形態論のような文脈から独立した要素の研究から談話標識のような文脈に依存した要素の研究へという流れもある。そして，どんな形をしているかという構造の研究からどう使うかという運用の研究へと進んでいる。このような流れを考えると，とりたて表現の研究は新しい時代の研究であり，開拓していく余地がまだ多く残っているテーマだと言える。

　なお，この研究は，国立国語研究所共同研究プロジェクト「対照言語学の観点から見た日本語の音声と文法」の研究成果である。研究の過程でアンナ・ブガエワさんと原由理枝さんにもご協力いただいた。また，論文原稿のさまざまなチェックや統一，索引の作成については井戸美里さんから多大な助力を得た。本の編集と出版については，くろしお出版の池上達昭さん，荻原典子さんのお世話になった。　　　　　（野田尚史）

第1部

とりたて表現の研究方法と研究動向

とりたて表現の対照研究の方法

野田　尚史

1. この論文の主張

　この論文では,「だけ」「さえ」「も」のようなとりたて表現について日本語と他の言語を体系的に対照するためには,どのような方法を使い,どのような観点から分析するのがよいかを論じる。

　次の 2. でとりたて表現とはどのようなものかを述べたあと, 3. で (1) のような基本方針を示し, 4. で (2) のような調査方法を説明する。

(1) それぞれの言語のとりたて表現に関する中心的で一般的な現象について,現代日本語とさまざまな言語の対照を行う。

(2) できればパラレル・コーパスなど言語間の対応関係がわかるデータを使って調査を行う。

　そのあと, 5. から 9. で現代日本語と他の言語のとりたて表現を対照するときの観点について説明する。(3) から (7) の 5 つである。

(3) とりたてを表す形態:とりたての機能をどのような形態で表すか？

(4) とりたて表現が表す意味:とりたて表現はどのような意味を表すか？

(5) とりたて表現の位置:とりたて表現は,とりたてる対象に対してどのような位置に置かれるか？

(6) とりたて表現の文法的制約:とりたて表現は,述語に対してどのような文法的制約を持っているか？

(7) とりたて表現の運用：とりたて表現は，実際にどのようなときにどの程度使われるか？

最後に，10.でこの論文のまとめを行う。

2. とりたて表現とは

とりたて表現とは，日本語で言えば，「だけ」「さえ」「も」のような表現である。日本語以外のさまざまな言語にも，このような働きをする表現がある。

とりたて表現は，文中の語句に対して「それに限られる」というように，それに絞るという意味を表したり，「それに限られない」というように，それ以外にも広げるという意味を表したりする。そのような意味を表すとき，とりたてる対象になっている語句の述語に対する関係と，それと同じカテゴリーに属する他の語句の述語に対する関係が同じであるか違うかといった判断をしている。

とりたての機能について，日本語記述文法研究会（編）(2009: p. 3) では(8)のように述べられている。

(8) とりたてとは，文中のある要素をきわだたせ，同類の要素との関係を背景にして，特別な意味を加えることである。

(9)を例にして具体的に言うと，(10)のようになる。

(9) 彼らだけはこのことを知っている。

(10) 「だけ」は，「彼ら」という要素に対して「このことを知っている」のは「彼ら」に限られるという特別の意味を加えている。そのとき，「彼らとは違い，彼ら以外の人たちはこのことを知らない」という対照的な関係を背景にしている。

同じ形態であっても，とりたて表現に含まれるものと含まれないものがある。たとえば，(11)のような「など」はとりたて表現に含まれるが，(12)のような「など」はとりたて表現に含まれない。

(11) 自分のことで精一杯で，人のうわさなどどうでもよかった。

(吉本ばなな『デッドエンドの思い出』p. 199)

(12) ついでにカードの歴史や，コレクターとしてのマナーや，保

管上の注意点などに関する知識も仕入れた。

(小川洋子『博士の愛した数式』p. 221)

(11)の「など」と(12)の「など」の違いは，前の(8)にある「同類の要素との関係を背景にして」という点があるかないかである。とりたて表現の「など」が使われている(11)では，「人のうわさはどうでもよかった」の背景として，それとは対照的な「自分のことはとても気にしていた」というような背景がある。それに対して，とりたて表現ではない「など」が使われている(12)では，背景として対照的な事態はない。

(12)では「に関する知識」の前に入る名詞として「カードの歴史や，コレクターとしてのマナーや，保管上の注意点」という代表的なものをあげた上で，それ以外にもあることを「など」で表している。このような「など」は名詞内部をどのような構成にするかという名詞レベルのものなので，とりたて表現とはしないのが普通である。

3. とりたて表現の対照研究の基本方針

2つ以上の言語を比べ，その共通点と相違点を明らかにする対照研究では，1つの言語についての研究とは違い，(13)から(15)のような工夫が必要である。この本では，これらを基本方針として対照研究を行う。

(13) 現代日本語を軸として，さまざまな言語との対照を行う。

(14) どの言語も基本的に同じ枠組みで対照する。

(15) それぞれの言語において中心的で一般的な現象を扱う。

このうち(13)は，次のようなことである。この本では，現代日本語を軸として，現代日本語とさまざまな言語を対照する。現代日本語を軸とするのは，(16)と(17)の理由からである。

(16) 現代日本語はとりたて表現が多く，表す意味も多様である。

(17) 現代日本語のとりたて表現は，研究の蓄積が十分にある。

現代日本語を軸として対照研究を行うほうが，とりたて表現が少なく，表す意味も限られている言語や，研究の蓄積が少ない言語を軸とするより，対照研究を行いやすい。

次に，前の(14)は次のようなことである。日本語以外の言語の文法記

述では,「とりたて」という概念が確立しているわけではない。日本語のとりたて表現に当たるものは,たとえば「焦点副詞」とされている。そこには「すべて」「ほとんど」のような意味を表すものなど,日本語の文法記述ではとりたて表現とはしないものが入っていることがある。それぞれの言語の文法記述に従うと,研究の対象範囲からして違ってくる。それでは,言語の対照ではなく,文法研究の対照になってしまう。

そうならないようにするために,それぞれの言語の文法記述から出発するのではなく,言語現象の観察から出発する。そして,基本的に同じ枠組みでさまざまな言語を対照することにする。

最後に,前の(15)は次のようなことである。対照研究をするときには,それぞれの言語において中心的で一般的な現象を扱い,周辺的で例外的な現象は扱わないほうがよい。

たとえば,森田良行(1972)では,(18)のa.とb.の意味の違いが指摘されている。

(18) a. 注射でだけなおる
　　 b. 注射だけでなおる　　　　　　（森田良行(1972: p. 21)）

格助詞「で」の後に「だけ」が付いている(18)a.は,「注射以外の他の方法では治らない。治る方法は注射だけだ」という意味を表す。それに対して,「だけ」の後に格助詞「で」が付いている(18)b.は,「他のいろいろな方法を併用しなくても,注射だけで治る」という意味を表す。

この現象は多くの研究者の注目を集めてきた。しかし,このような意味の違いは基本的に「で」と「だけ」の組み合わせでしか見られない。また,実際に「で」と「だけ」の順序によってはっきりとした意味の違いが感じられる例を見つけるのは難しい。さらに,前の(18)a.は実際には「しか」を使って(19)のように表現されることが多い。

(19) 注射でしかなおらない

このような周辺的で例外的な現象について他の言語と対照しても,有益な結論は得られないことが多い。対照研究では中心的で一般的な現象を扱い,周辺的で例外的な現象は扱わないほうが研究を行いやすい。

4. とりたて表現を対照するための調査方法

とりたて表現を対照するための調査としては，(20)から(23)のようなものが考えられる。

(20) 辞書・文法書などの調査
(21) 電子化された言語データであるコーパスなど，それぞれの言語の話しことば・書きことばのデータの調査
(22) パラレル・コーパスなど，複数の言語の対応関係がわかる話しことば・書きことばのデータの調査
(23) 母語話者に対する母語についての調査

このうち(20)の辞書・文法書などの調査は，基礎作業として必要であるが，それ以上のものにはなりにくい。(21)の1言語のデータの調査は有益ではあるが，(22)の複数言語の対応関係の調査のほうが有益である。(23)母語話者に対する調査は，(21)や(22)などの言語データの蓄積が少ない言語では現実的である。それぞれの言語の研究やデータの状況に合わせて，これらの調査を組み合わせる必要がある。

このような調査に基づいてとりたて表現の対照研究を行うときに重要と考えられる観点は，(24)から(28)の5つである。

(24) とりたてを表す形態（形態論の観点）
(25) とりたて表現が表す意味（意味論の観点）
(26) とりたて表現の位置（文法論の観点）
(27) とりたて表現の文法的制約（文法論の観点）
(28) とりたて表現の運用（語用論の観点）

次の5.から9.では，この5つの観点について順に詳しく説明する。

5. とりたてを表す形態

とりたての機能をどのような形態で表すかは，日本語と他の言語のとりたて表現を対照するときにもっとも基本的な問題である。

日本語では，とりたては主に(29)の「も」のような「とりたて助詞」で表される。助詞は名詞などの後に付くものであり，名詞との位置関係が前置詞とは反対という意味で，「後置詞」とも呼ばれるものである。

(29)　山田さんも暗証番号を知っていた。
　日本語以外の言語でも，韓国語やヒンディー語，トルコ語など，日本語と同じような語順を持つ述語後置型の言語では，とりたてを表すのに助詞が使われることが多い。述語後置型言語というのは，基本的に述語が文末に置かれる言語である。基本語順が「主語－目的語－動詞」という順序になっていて，一般にSOV言語と呼ばれるものである。
　日本語では，とりたて助詞は前の(29)のように名詞に付くだけではなく，(30)から(33)のように名詞以外のものに付くこともできる。
　　(30)　田中さんにまで話したのですか。
　　(31)　はっきりとは答えなかった。
　　(32)　個性がないからこそ，みんなに好かれるのだ。
　　(33)　それくらいのことには驚きもしなかった。
　このうち(30)では，名詞に格助詞が付いた「田中さんに」にとりたて助詞「まで」が付いている。(31)では，副詞「はっきりと」にとりたて助詞「は」が付いている。(32)では，従属節「個性がないから」にとりたて助詞「こそ」が付いている。(33)では，動詞「驚く」にとりたて助詞「も」が付いている。これは，「驚く」が名詞的な形式「驚き」に変わり，それに「も」が付き，さらに代動詞「する」が付いた形である。
　日本語と同じ述語後置型言語でも，とりたて表現がどんな語句に付くことができるかは言語によって違う。
　日本語では，とりたてを表す形態として，「とりたて助詞」以外に「とりたて副詞」がある。(34)の「単に」や(35)の「特に」のようなものである。
　　(34)　この方法は単に費用が安いから選ばれたのではない。
　　(35)　この曲は特にメロディーが美しい。
　とりたて副詞は，とりたて助詞に比べて語数は多いが，使われる頻度はとりたて助詞より少ない。
　日本語以外の述語後置型言語でも，とりたて副詞がある言語が多いが，どんなとりたて副詞があるかは言語によって違う。
　一方，中国語や英語，チェコ語など，日本語とは違って，基本的に述

語が文頭近くに置かれる述語前置型言語では,とりたてを表すのに副詞が使われることが多い。述語前置型言語というのは,基本語順が「主語－動詞－目的語」で,一般に SVO 言語と呼ばれるものや,基本語順が「動詞－主語－目的語」で,一般に VSO 言語と呼ばれるものである。

述語後置型言語でとりたてが助詞(後置詞)のようなもので表されるのであれば,述語前置型言語ではとりたては前置詞のようなもので表されても不思議ではないが,実際には副詞だけが使われる言語が多い。

このように,とりたてを表す形態は言語によって違う。日本語と他の言語を対照しながら,とりたてを表す形態を研究する必要がある。

6. とりたて表現が表す意味

どのようなとりたて表現がどんな意味を表すかは,日本語と他の言語のとりたて表現を対照するときに非常に重要な問題である。

この本では,日本語とスペイン語のとりたて表現の意味を体系的に分類するために野田尚史(2015)で提案された表1のような6分類をもとに,さまざまな言語のとりたて表現の意味を記述する。

表1　とりたて表現が表す意味の分類

意味	とりたて助詞の例	意味	とりたて助詞の例
限定	だけ,ばかり,しか	反限定	でも,なんか
極端	まで,さえ,も	反極端	なんて,ぐらい
類似	も	反類似	は

このうち「限定」は,ある事態に該当するのはとりたてる対象になっている要素に限られ,同じカテゴリーに属する他の要素は該当しないことを表す。(36)の「だけ」が表すような意味である。

(36) 頂上にだけ雪が積もっている。

「反限定」は,ある事態に該当するのはとりたてる対象になっている要素に限られず,同じカテゴリーに属する他の要素も該当する可能性があることを表す。(37)の「でも」が表すような意味である。「ぼかし」

や「やわらげ」などと呼ばれることがあるものである。

(37) クッキーでも食べよう。

「極端」は，ある事態に該当するのはとりたてる対象になっている極端な要素にまで及ぶことを表す。その場合，そこまで極端でない同じカテゴリーに属する他の要素も該当することになる。(38)の「まで」が表すような意味である。

(38) ソムリエの資格まで取った。

「反極端」は，ある事態に該当するのはとりたてる対象になっている，極端ではないごく普通の要素に限られることを表す。その場合，それより極端な同じカテゴリーに属する他の要素は該当しないことになる。(39)の「なんて」が表すような意味である。「低評価」や「最低限」などと呼ばれることがあるものである。

(39) ゆで卵なんて，だれでも作れる。

「類似」は，ある事態に該当するのはとりたてる対象になっている要素であるが，同時に，同じカテゴリーに属する他の要素も該当することを表す。(40)の「も」が表すような意味である。

(40) この店は，服だけでなく，バッグも売っている。

「反類似」は，ある事態に該当するのはとりたてる対象になっている要素であり，同じカテゴリーに属する他の要素は該当しないことを表す。(41)の「は」が表すような意味である。一般に「対比」と呼ばれるものである。

(41) この店は，服は売っているが，バッグは売っていない。

この6分類は3系列の2項対立になっている。前の表1の左側にある「限定」「極端」「類似」は，図1のような関係になっている。

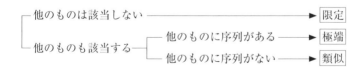

図1　「限定」「極端」「類似」の意味の関係

そして,「反限定」は「限定」と反対の意味を表し,「反極端」は「極端」と反対の意味,「反類似」は「類似」と反対の意味を表す。

日本語以外の言語では,とりたて表現が表す意味は大きく分けると日本語と似ていることが多いが,細かなところでは違うことがある。

前の表1の左側にある「限定」「極端」「類似」の意味は,多くの言語でとりたて表現で表される。しかし,表1の右側にある「反限定」「反極端」「反類似」の意味は,とりたて表現で表されなかったり,表されたとしても実際に使われることがあまりない言語がある。

たとえば,野田尚史(2015)で指摘されているように,「反限定」の意味は,スペイン語では他のとりたて表現とは違って副詞では表されず,o algo así(か何か)という名詞の後に付く表現が使われる。「反極端」の意味は,スペイン語でもとりたて表現で表されるが,日本語ほどは使われない。「反類似」の意味は,スペイン語ではとりたて表現では表せない。とりたてる対象を可能な範囲で文の前のほうに置いたり,高く強く,後に短い休止をおいて発音する。つまり,形態的な手段ではなく,語順や音声的な手段で表される。

また,日本語ではとりたて表現で表し分けられない意味が,細かく表し分けられる言語もある。たとえば,ネワール語では限定を表すとりたて表現が6つある。一般的な限定を表す zəkə のほかに,想定されていなかったものであるという意味で限定する ka や,すでに文脈に現れたものから変化せず,それ以外ではないという意味で限定する tũ: などである。

このように,とりたて表現が表す意味は大きく分けるとどの言語でも似ているが,細かなところは言語によって違う。日本語と他の言語を対照しながら,とりたて表現が表す意味を研究する必要がある。

7. とりたて表現の位置

とりたて表現がとりたてる対象に対してどのような位置に置かれるかということも,日本語と他の言語のとりたて表現を対照するときに重要な問題である。

日本語では，基本的には，とりたて助詞はとりたてる対象の直後に置かれ，とりたて副詞はとりたてる対象の直前に置かれる。

とりたて助詞のほうは，(42) に見られるように，「だけ」のようなとりたて助詞が「お茶」のようなとりたてる対象の直後に置かれるのが基本である。

　(42)　何も食べないで，お茶だけ飲んだ。

ただし，述語を含む部分をとりたてる場合には，とりたて助詞はとりたてる対象全体の直後ではなく，とりたてる対象の一部分である名詞か，名詞に格助詞が付いたものの直後に置かれることがある。

たとえば，(43) はとりたて助詞「だけ」が「お茶を飲んだ」をとりたてている。(43) と同じ意味で，(44) を使うことができる。

　(43)　お茶を飲んだだけで，帰っていった。
　(44)　お茶だけ飲んで，帰っていった。

この (43) では，とりたて助詞「だけ」がとりたてている対象は意味的には「お茶」ではなく，「お茶を飲んだ」である。「他のものは飲まないで，お茶だけ飲んだ」という意味ではなく，「他のことはしないで，お茶を飲んだだけだ」という意味だからである。このような意味であっても，とりたて助詞「だけ」は「お茶を飲んだ」の直後ではなく，(44) のように「お茶」の直後に置くことができる。

これは，沼田善子 (1986) で「後方移動スコープ」，沼田善子 (2000) で「後方移動フォーカス」と呼ばれている現象である。

これとは逆のものとして，沼田善子 (1986) で「前方移動スコープ」，沼田善子 (2000) で「前方移動フォーカス」と呼ばれている現象もある。(45) と同じ意味で，(46) を使う現象である。

　(45)　ご飯をろくに食べずに，辛いおかずばかりを食べていたからのどが渇いた。　　　　　　　　　　（沼田善子 (2000: p. 168)）
　(46)　ご飯をろくに食べずに，辛いおかずを食べてばかりいたからのどが渇いた。　　　　　　　　　　（沼田善子 (2000: p. 168)）

この (45) では，とりたて助詞「ばかり」がとりたてている対象は意味的には「辛いおかずを食べていた」ではなく，「辛いおかず」である。

「他のことはしないで，辛いおかずを食べてばかりいた」という意味ではなく，「他のものは食べないで，辛いおかずばかりを食べていた」という意味だからである。このような意味であっても，とりたて助詞「ばかり」は「辛いおかず」の直後ではなく，(46)のように「辛いおかずを食べて」の直後に置くことができる。ただし，こちらは実際にはあまり見られないので，周辺的な現象だと考えられる。

このように，とりたて助詞は基本的にとりたてる対象の直後に置かれるが，とりたてる対象の直後ではない位置に置かれることもある。

一方，とりたて副詞のほうは，(47)に見られるように，「単に」のようなとりたて副詞が「スケジュールの変更を」のようなとりたてる対象の直前に置かれるのが基本である。

　　(47)　彼は，単にスケジュールの変更を要求しているだけだ。

ただし，「特に」「とりわけ」のようなとりたて副詞は，とりたてる対象の直後に置かれることもある。

たとえば，(48)ではとりたて副詞「特に」が「パンが」をとりたてている。この文では，とりたて副詞「特に」が「パンが」の直前に置かれている。(48)と同じ意味で，(49)のようにとりたて副詞「特に」を「パンが」の直後に置くこともできる。

　　(48)　フランスは特にパンがおいしい。
　　(49)　フランスはパンが特においしい。

日本語以外の言語でも，とりたて助詞はとりたてる対象の直後に置かれ，とりたて副詞はとりたてる対象の直前に置かれることが多い。

しかし，言語によっては，副詞は何を修飾するかに関係なく，述語の直前に置かれるといった原則があることがある。そのような言語では，とりたて副詞はとりたてる対象の直前に置かれるとは限らない。

たとえば，中国語では，とりたて副詞は基本的に述語の直前に置かれる。たとえば，(50)では「北京」をとりたてる「只」(だけ)は「北京」の直前ではなく，動詞「去过」の直前に置かれる。

　　(50)　他　只　去过　　　　北京。
　　　　　彼　だけ　行ったことがある　北京

彼は北京にだけ行ったことがある。

「只」(だけ)を「北京」の直前に置いた(51)は非常に不自然になる。

(51) *他 去过　　　只 北京。
　　　 彼 行ったことがある だけ 北京

　　　彼は北京にだけ行ったことがある。

このように，とりたて表現の位置は言語によって違う。日本語と他の言語を対照しながら，とりたて表現の位置を研究する必要がある。

8. とりたて表現の文法的制約

とりたて表現が述語に対してどのような文法的制約を持っているかということも，日本語と他の言語のとりたて表現を対照するときに重要な問題になる。

日本語では，「このとりたて助詞が使われるとき，この形の述語は使われるが，この形の述語は使われない」というような制約が多い。

たとえば，「反極端」の意味を表す「ぐらい」は，(52)のように述語が肯定を表すときには自然であるが，(53)のように否定を表すときには不自然である。

(52) ゆで卵ぐらい作れる。

(53) *ゆで卵ぐらい作れない。

また，たとえば「極端」の意味を表す「さえ」は，(54)のように述語が推量を表すときには自然だが，(55)のように意志を表すときには不自然である。

(54) 泥水さえ飲むでしょう。

(55) *泥水さえ飲みましょう。

野田尚史(1995)では，述語に対するとりたて助詞のこのような文法的制約の違いは，それぞれのとりたて助詞の文の階層構造での位置づけが違うためだと説明されている。つまり，次のようなことである。

「反極端」の意味を表す「ぐらい」は，前の(52)のように述語が肯定を表すときには自然であるが，(53)のように否定を表すときには不自然である。このように「反極端」の意味を表す「ぐらい」は肯定否定に文

法的制約があることから，肯定否定の階層で働くものだと考えられる。
　また，「極端」の意味を表す「さえ」は，前の(54)のように述語が推量を表すときには自然であるが，(55)のように意志を表すときには不自然である。推量か意志かというのは，事態に対するモダリティの区別である。このように「極端」の意味を表す「さえ」は事態に対するモダリティに文法的制約があることから，事態に対するモダリティの階層で働くものだと考えられる。
　このように考えていくと，日本語のそれぞれのとりたて助詞が働く階層は，**表2**のようにまとめられる。これは野田尚史(1995)で提案されたものと基本的に同じであるが，用語や語例は変えている。

表2　日本語のとりたて助詞が働く階層

意味＼階層	できごと	アスペクト	肯定否定	現実性	事態に対するモダリティ	聞き手に対するモダリティ
限定	だけ	ばかり	しか が	ならでは さえ		こそ
反限定					でも	も なんか
極端			まで も	でも	さえ	
反極端			なんて ぐらい		こそ	
類似			も			
反類似			は			

　日本語以外の言語でも，とりたて表現の述語に対する文法的制約がある言語がある。たとえば，スペイン語では「類似」を表すとりたて表現に también と tampoco がある。también は，(56)のように述語が肯定の意味を表すときに使われる。否定の意味を表すときには使われない。

(56)　Ella también me miraba.
　　　彼女　も[肯定]　私を　見ていた

(Bolaño. *Los detectives salvajes*. pp. 58–59)

彼女も僕の顔を見ていた。

(ボラーニョ『野生の探偵たち（上）』p. 84)

反対に，tampoco は，(57)のように述語が否定の意味を表すときに使われる。肯定の意味を表すときには使われない。

(57) –Yo hoy tampoco tengo trabajo –dije–.
　　　私　今日　も[否定]　持っている　仕事　　[私は]言った

(Yoshimoto. *Recuerdos de un callejón sin salida*. p. 44)

「私も，仕事休む。」

私は言った。　（吉本ばなな『デッドエンドの思い出』p. 42）

ここから，tampoco は述語を否定に変えると言うことはできない。tampoco が述語より後にあるときは，(58)のように述語は否定でなければならない。述語より後にある tampoco は述語を否定に変えられない。

(58) no parece soltera tampoco;
　　　ない　みえる　独身　も[否定]

(Mendoza. *La ciudad de los prodigios*. p. 463)

独身でもなさそうだ

多くの言語では，とりたて表現の述語に対する文法的制約が日本語ほどは指摘されていない。しかし，それはそれぞれの言語でとりたて表現の文法的制約の研究が進んでいないためかもしれない。日本語と他の言語を対照しながら，とりたて表現の文法的制約を研究する必要がある。

9. とりたて表現の運用

とりたて表現が実際にどのような場合にどの程度使われるかということも，日本語と他の言語のとりたて表現を対照するときに見逃してはならない問題である。

日本語にも他の言語にも同じような意味を表すとりたて表現があったとしても，それぞれの言語で実際にそれらがどのように使われるかや，どの程度使われるかに違いがあることがある。

たとえば，「反限定」を表すとりたて表現である日本語の「でも」と

スペイン語のo algo así（か何か）を比べると，「でも」はよく使われるが，o algo así（か何か）はほとんど使われない。

野田尚史（2015）でも指摘されているが，実際，日本語で(59)のように「でも」が使われている場合でも，それに対応するスペイン語では(60)のようにφのところにo algo así（か何か）が使われていないことが非常に多い。

(59) 目に砂でも入ったのか，二つくらいの女の子がおもちゃのスコップを握ったまま，泣きべそをかいていた。

(小川洋子『博士の愛した数式』p. 63)

(60) Una niña de unos dos años de edad, a la que quizá se le había metido arena φ en los ojos, estaba llorando sin soltar su pala de juguete. (Ogawa. *La fórmula preferida del profesor*. p. 79)

このように日本語とスペイン語で「反限定」を表すとりたて表現を使うかどうかが違うのは，次のような違いを反映していると考えられる。

日本語では，「反限定」を表すとりたて表現「でも」を使って「砂でも」にすると，「砂」以外でもよいことが表される。「でも」を使わずに「砂が」にすると，「砂」に限られるという意味が出やすくなる。そのため，「砂」ではないが「砂」と似たものの可能性があるときには，「でも」のような「反限定」を表すとりたて表現を使うことが多くなる。

それに対して，スペイン語では，「反限定」を表すとりたて表現を使わず，「砂が」のような言い方をしても，「砂」だけでなく「砂」と似たものも含まれることになりやすい。とりたて表現を使わなくても，語用論的に「砂」以外のものまで含めることができるということである。そのため，スペイン語では「反限定」を表すとりたて表現はあまり使われない。

また，たとえば，「限定」を表すとりたて表現である日本語の「だけ」とスペイン語のsólo（だけ）を比べると，「だけ」はよく使われるが，sólo（だけ）は「だけ」ほどは使われない。

野田尚史（2019予定）でも指摘されているが，実際，日本語で(61)のように「だけ」が使われている場合でも，それに対応するスペイン語で

は(62)のようにφのところにsólo(だけ)が使われていないことがある。

 (61) 彼女が自分のものだと感じるには，これだけで彼には十分だった。 （メンドサ『奇蹟の都市』p. 352）

 (62) φ Esto bastaba para hacerle sentir que ella también era suya,
    （Mendoza. *La ciudad de los prodigios*. p. 534）

　日本語では，「限定」を表すとりたて表現「だけ」を使って「これだけで」にすると，「これに限っても十分だった」という意味が積極的に表される。「だけ」を使わずに「これで」にすると，「これに限っても」という意味を積極的に表していないことになる。そのため，「これに限っても」という意味を積極的に表したいときは「だけ」を使う。

　それに対して，スペイン語では，「限定」を表すsólo(だけ)のようなとりたて表現を使わず，「これ」のような言い方をしても，述語がbastaba(十分だった)なので，「これだけで」という意味が出やすい。とりたて表現を使わなくても，語用論的に「これだけで」という意味が表されるということである。そのため，スペイン語では「限定」を表すとりたて表現は日本語ほど多くは使われない。

　とりたて表現が実際にどのような場合にどの程度使われるかということは，どの言語でもまだあまり解明されていない。母語話者の内省だけでははっきりとしたことが言えず，研究が難しいからである。できればパラレル・コーパスなど複数の言語の対応関係がわかるデータを使って，とりたて表現の運用を研究する必要がある。

10. まとめ

　この論文では，現代日本語とさまざまな言語の対照研究を行う方法について述べた。研究の基本方針としては，それぞれの言語において中心的で一般的な現象を扱うこととした。調査方法としては，できればパラレル・コーパスなど言語間の対応関係がわかるデータを使いながら，それぞれの言語に適した調査を行うこととした。

　その上で，現代日本語と他の言語のとりたて表現を対照するときの観点として，(63)から(67)の5つをあげた。

(63) とりたてを表す形態：とりたての機能を「とりたて助詞」「とりたて副詞」など，どのような形態で表すかについて，それぞれの言語の基本語順も考えながら明らかにする。

(64) とりたて表現が表す意味：とりたて表現は「限定」「類似」など，どのような意味を表すかについて，それぞれの意味の体系性も考えながら明らかにする。

(65) とりたて表現の位置：とりたて表現はとりたてる対象に対してどのような位置に置かれるかについて，とりたて表現ととりたてる対象の位置のずれにも注意しながら明らかにする。

(66) とりたて表現の文法的制約：とりたて表現は述語に対してどのような文法的制約を持っているかについて，文の階層構造との関係も考えながら明らかにする。

(67) とりたて表現の運用：とりたて表現は実際にどのようなときにどの程度使われるかについて，できればパラレル・コーパスを使って明らかにする。

　とりたて表現の研究は，日本語以外の言語についてはまだあまり進んでいない。日本語と日本語以外の言語を対照しながら研究を進めていけば，日本語についても日本語以外の言語についても大きな成果が得られる可能性が高い。これからの研究の発展が大いに期待できる。

調査資料
【日本語の小説とそのスペイン語訳】
小川洋子『博士の愛した数式』新潮社，2003.
Ogawa, Yoko. *La fórmula preferida del profesor.* Yoshiko Sugiyama y Héctor Jiménez Ferrer（訳）．Funambulista. 2008.
吉本ばなな『デッドエンドの思い出』文藝春秋，2003.
Yoshimoto, Banana. *Recuerdos de un callejón sin salida.* Gabriel Álvarez Martínez（訳）．Tusquets. 2011.
【スペイン語の小説とその日本語訳】
Bolaño, Roberto. *Los detectives salvajes.* Anagrama. 1998.
ボラーニョ，ロベルト『野生の探偵たち（上）（下）』柳原孝敦・松本健二（訳），

白水社,2010.

Mendoza, Eduardo. *La ciudad de los prodigios*. Seix Barral. 1986.

メンドサ,エドゥアルド『奇蹟の都市』鼓直・篠沢眞理・松下直弘(訳),国書刊行会,1996.

参照文献

日本語記述文法研究会(編)(2009)『現代日本語文法5 第9部 とりたて 第10部 主題』くろしお出版.

沼田善子(1986)「とりたて詞」,奥津敬一郎・沼田善子・杉本武『いわゆる日本語助詞の研究』pp. 105–225,凡人社.

沼田善子(2000)「とりたて」,金水敏・工藤真由美・沼田善子『時・否定と取り立て』(日本語の文法2),pp. 151–216,岩波書店.

野田尚史(1995)「文の階層構造からみた主題ととりたて」,益岡隆志・野田尚史・沼田善子(編)『日本語の主題と取り立て』pp. 1–35,くろしお出版.

野田尚史(2015)「日本語とスペイン語のとりたて表現の意味体系」『日本語文法』15-2,pp. 82–98,日本語文法学会.

野田尚史(2019)「限定を表すとりたて表現が使われる場面と主体性・主観性―日本語とスペイン語の対照研究―」,澤田治美・仁田義雄・山梨正明(編)『場面と主体性・主観性』ひつじ書房.

森田良行(1972)「「だけ,ばかり」の用法」『早稲田大学語学教育研究所 紀要』10,pp. 1–27,早稲田大学語学教育研究所.

とりたて表現の研究動向

茂木　俊伸

1. この論文の主張

　この論文では，とりたて表現の研究の「これまで」，特に現代日本語研究においてどのような観点からどのような問題が議論されてきたのかについて概観する。さらに，とりたて研究の「これから」，すなわち今後の研究の展開の可能性も探っていく。
　この論文の内容は，次の（1）から（4）の4点にまとめられる。

- （1）　文法用語としての「とりたて」は，1つの文において，文中の要素だけでなくその同類の要素についてもどうであるかを述べるという文法的な働きを指す。
- （2）　とりたて表現の研究は，従来，個々の語の分析からそれらの相互関係や全体像を把握する方向へと進められてきた。
- （3）　とりたて表現の研究は，今後，とりたて助詞の研究からそれ以外の表現の研究へと拡張していく必要がある。
- （4）　研究対象の拡張は，「とりたて」に対する理解を深めることにつながる。

　以下，2. では「とりたて」という用語について簡単に説明し，3. ではとりたて助詞の意味の分析とその体系化を行った研究を見ていく。さらに，4. でとりたて助詞以外のとりたての働きを持つ表現に関する研究を見たうえで，5. で今後のとりたて研究で論点になりうるトピックを示す。最後の6. は，まとめである。

2. 文法用語としての「とりたて」

「とりたて」という用語は，直感的に理解しやすい。これは，「とりたて（る）」という語が，「とりたてて言うほどのことではないが」のように，「多くの中から特に取り上げる」という日常的な用法を持っているからである。

一方でこのことは，文法研究の専門用語としての「とりたて」が，さまざまな形で使われることにつながっている。この用語が指す意味も，とりたての働きを持つとされる表現の範囲も，研究者によって異なることが少なくない。そこで，まず，先行研究ではどのような意味や働きを持つ語がとりたて表現として扱われてきたのかについて見ていくことにする。

ただし，この論文でとりたてのさまざまな捉え方のすべてを扱うことはできない。本書の他の章を読み進めるためのヒントとなるよう，現代日本語におけるとりたて表現の捉え方や体系について，おおまかな理解の基盤を作ることが，この論文の目標となる。

2.1 「とりたて」とは

とりたて表現の代表とも言えるとりたて助詞は，中学校の国語科で習う学校文法で「副助詞」とされている語群にかなり近い。副助詞とはどのようなカテゴリーなのか記憶をたどってみると，「たとえば『だけ』『も』『は』……」のように具体的なメンバーを思い出す人もいるかもしれない。しかし，これは「なぜ」それらのメンバーが1つの副助詞というカテゴリーにまとめられるのかに対する答えにはならない。この問いに答えるためには，「副助詞に属するメンバーが文の中で果たす共通の働き」を考える必要がある。文法研究において，分類やその結果に与えられるラベルは，カテゴリーやメンバーの性質を理解するための手段だからである。

国語の教科書や参考書における副助詞の一般的な定義は，「いろいろな語の後に付いて，さまざまな意味を添える」というものである。このうち前半部分の「いろいろな語の後に付く」は，「私もコンビニにばかり行っていただけだ」のように，名詞にも助詞にも述語にも付くとい

う，文への現れ方に見られる特徴を示している。一方，後半部分の「さまざまな意味を添える」という意味的な働きの説明は，明らかに曖昧であり，具体性を持たない。実はここに，とりたて助詞や副助詞のメンバーの「個別性」と「体系性」の問題が潜んでいる。

すなわち，とりたて助詞や副助詞の意味は，まず，「さまざま」と言わざるをえないほど多様なメンバーの個性として把握される。それとともに，それらの共通性は，最大公約数的な「とりたて」という働きとして捉え直すことができる。野田尚史（2009）がとりたて表現の意味を考える観点として「個別的な意味」と「全般的な意味」を挙げているように，とりたて表現の研究は，その内実を個別的かつ体系的に明らかにしようとしてきた。

現代日本語の文法研究における「とりたて」という用語を平易に説明した例として，（5）が挙げられる。

（5）　とりたてとは，文中のある要素をきわだたせ，同類の要素との関係を背景にして，特別な意味を加えることである。

（日本語記述文法研究会（編）(2009: p. 3)）

たとえば，次の（6）の「だけ」と（7）の「も」の例で考えてみる。(6)a. と (7)a. の文ではまず，(6)b. と (7)b. のように，「太郎」に関して「パンを食べた」という出来事が成立したことが述べられている。同時に，文中に現れていない，「太郎」の同類として想定される人物（たとえばクラスメート）について，「だけ」の文では(6)c.のようにその出来事が成立した人が誰もいないことが，「も」の文では(7)c.のようにその出来事が成立した人が他にいることが述べられている。

（6）a.　太郎だけがパンを食べた。
　　　b.　太郎がパンを食べた。
　　　c.　太郎以外の人（全員）がパンを食べなかった。
（7）a.　太郎もパンを食べた。
　　　b.　太郎がパンを食べた。
　　　c.　太郎以外の人（少なくとも一人）がパンを食べた。

（6）の「だけ」が表す「ある要素Xで成立／X以外はすべて不成立」

という関係には〈限定〉，（7）の「も」が表す「Xで成立／X以外でも成立」という関係には〈累加〉や〈類似〉といったラベルが付けられる。

このとき，「だけ」はX以外の同類の要素について出来事の成立を否定し，「も」は肯定している点で異なる。しかし一方で，文中のXからX以外の要素が想起されることと，両者を一定の関係で関連付けて述べていることは共通している。つまり，〈限定〉〈累加〉のような「さまざま」な意味は，それぞれの語が担うXとX以外の要素との具体的な関係付けのあり方の違いであり，より包括的なとりたてという文法的な働きの下位分類として捉え直せることになる。

2.2 とりたて助詞のメンバーとその特徴

現代日本語研究において「とりたて」という概念が生まれ，盛んに論じられるようになるまでの研究史は，澤田美恵子（2007）や沼田善子（2009）などに詳しい。ここでは，とりたて助詞という用語を初めて使用したとされる宮田幸一（1948=2009）と，とりたて助詞を体系的に分析し，後の研究に大きな影響を与えた沼田善子（1986）の分析を見る。

宮田幸一（1948=2009: p. 178）は，「取立て助詞」というカテゴリーを設定し，「文または句の一部を特に取立てて，その部分をそれぞれの特別の意味において強調する助詞」と定義する。具体的に挙げられている語は，次の（8）のとおりである。

（8） 宮田幸一（1948=2009）の「取立て助詞」：
「は」「も」「こそ」「なら」「でも」「さえ」「まで」「だって」「なりと」「しか」

この「取立て」という用語が今に受け継がれているわけであるが，この段階では，文法的に厳密な概念というよりも，むしろ日常的な用法としての「とりたて（る）」に近い用語法と言える。

一方，沼田善子（1986）は，「とりたて詞」というカテゴリーをより具体的な形で定義している。「とりたて助詞」ではなく「とりたて詞」という名称であるのは，奥津敬一郎（1986）に示されているような，「助詞」というカテゴリーを不要とする立場をとるためである。

とりたて詞は，「文中の種々な要素——これを自者と呼ぶことにする——をとりたて，これに対する他の要素——これを他者と呼ぶことにする——との論理的関係を示す語」（沼田善子（1986: p. 108））とされる。とりたて詞として具体的に挙げられている語は，その後の一連の研究において何度かの修正がなされているため，最新の沼田善子（2009）の語例を（9）に示す。

 （9） 沼田善子（2009）の「とりたて詞」：
  「は」「も₁」「も₂」「でも」「さえ₁」「さえ₂」「まで」「すら」「だって」「だけ」「のみ」「ばかり」「しか」「こそ」「くらい（ぐらい）」「など（なんか，なぞ，なんぞ）₁」「など（なんか，なぞ，なんぞ）₂」「なんて₁」「なんて₂」

このうち「は」は，〈対比〉の意味を持つものを指す。「も₁」のような下付きの数字は，同形の助詞に複数の意味があることを示し，たとえば「も₁」は〈累加〉，「も₂」は〈意外〉の意味を持つとされる。「さえ₁」「さえ₂」にはそれぞれ〈意外〉と〈最低条件〉，「など₁・なんて₁」「など₂・なんて₂」にはそれぞれ〈擬似的例示〉と〈否定的特立〉という意味が与えられている。

沼田善子（1986）の分析の特徴は，すべてのとりたて詞が持つとされる「意味論的特徴」を設定し，幅のある解釈を許していたとりたての働きを「自者・他者」「主張・含み」「肯定・否定」「断定・期待」という4組8個の概念の対立として分解・形式化したことにある。

また，沼田善子（1986）は同時に，「分布の自由性」「任意性」「連体文内性」「非名詞性」というとりたて詞の4つの「構文論的特徴」を示している。これらは，ある語がとりたて詞に該当するかどうかを判定できる基準として働く文法的性質である。つまり，ともすれば基準が曖昧になる意味的な観点ではなく，明示的な文法的テストによってとりたての働きをする語群を他のカテゴリーからいったん切り離すという研究方法を取ったと言える。この結果，「連体文内性」を持たないいわゆる「主題」の「は」や，「任意性」「非名詞性」を持たない次の（10）のような程度や範囲を表す「だけ」「まで」「くらい」は，形式副詞や形式名詞な

どの別カテゴリーの語としてとりたて詞と区別されることになった。
　　（10）a．働いたら働いた<u>だけ</u>お金がもらえるといいな。
　　　　　b．お店は朝10時から夜8時<u>まで</u>開いています。
　　　　　c．会場には30人<u>くらい</u>が集まっていた。
　沼田善子（1986）の分析が提起した論点は，数多く存在する。たとえば，語の分類に関する問題である。「とりたて詞」の考え方は，伝統的な「副助詞」「係助詞」の区別をなくし，1つのカテゴリーにまとめるものである。これに対し，半藤英明（2003），青柳宏（2006），丹羽哲也（2006），宮地朝子（2007）などは，それぞれの研究の枠組みや注目する現象は異なるものの，カテゴリー内部に見られる違いを適切に捉えるために，これらの区別はやはりあった方がよいとしている。
　また，沼田善子（1986）が構文論的特徴を満たさないとしてとりたて詞から切り離した（10）のような同形の語をいくつものカテゴリーに分けることの妥当性も論点となっている。
　このような議論には，とりたて助詞のような品詞論的カテゴリーを設ける際に，主に意味的な働きを基準とするのか，あるいはその構文的な働きを基準とするのか，さらに，それらの働きの現れをどのような現象から捉えようとしているのかといった考え方の違いが大きく影響する。したがって，とりたて表現のカテゴリーに関する議論を読み解いていくときには，「どちらが正しいか」ではなく，「どのような現象に一貫した説明を与えようとしているのか」の問題として理解した方がよい。

3. とりたて助詞の意味の個別性と体系性

　次に，いくつかの事例を挙げながら，とりたて助詞の持つ働きがどのように分析されてきたのかについて見ていく。
　2.1で触れたように，とりたて助詞の研究の視点には，大きく分けて2つのタイプがある。1つはとりたて助詞を個別的に見ていくもの，もう1つは複数の語をまとめてその関係を分析するものである。
　まず，個々のとりたて助詞についてどのような働きを持つのかを明らかにするタイプの研究は，それぞれの語の文中における振る舞いを詳し

く観察し，その特徴をまとめたもので，古くからかなりの蓄積がある。

もう1つの，複数の語をグルーピングし，それらの語がどのような関係にあるのかを分析した研究として，たとえば「だけ」「しか」「ばかり」のような類義語の研究がある。さらに，異なる意味を持つ「だけ」グループと「も」グループが相互にどのような関係にあるかまで分析が進むと，最終的に，とりたて助詞の全体像が1つの体系として示されることになる。

実際には，これらの個別的視点と体系的視点を往復しながら研究が進展してきたのであるが，便宜上，(11)のような整理に基づいて，3.1と3.2でそれぞれ概要を見ていく。

(11) a. とりたて助詞はそれぞれどのような意味を表すか。
   b. とりたて助詞はどのように体系化できるか。

3.1　とりたて助詞の意味の個別性

まず，個々のとりたて助詞の意味的な働きを分析した研究について見ていく。

とりたての働きを特徴付ける一般的な方法は，個々の語の意味・用法を言葉で説明するというものである。最もシンプルな形は，〈限定〉のようなラベル付けである。たとえば，宮田幸一（1948=2009: pp. 178-181）は，先の(8)の取立て助詞に，(12)のようなラベルを与えている。

(12) a. 〈単純取立て〉：は
   b. 〈追加取立て〉〈連立取立て〉：も
   c. 〈特選取立て〉：こそ
   d. 〈条件取立て〉：なら
   e. 〈暗示取立て〉：でも
   f. 〈顕著例取立て〉：さえ
   g. 〈行過ぎ取立て〉：まで

このリストでは，ほぼ一語ずつ異なるラベルが与えられた一対一の対応関係になっているが，現在は，それぞれの語とラベルが多対多の形で対応することが多い。たとえば，日本語記述文法研究会（編）(2009)は，

とりたて助詞を(13)のように整理している。

 (13) a.　〈累加〉：も
   b.　〈対比〉：は，なら
   c.　〈限定〉：だけ，しか，ばかり，こそ
   d.　〈極限〉：さえ，まで，も，でも
   e.　〈評価〉：なんか，なんて，など，くらい
   f.　〈ぼかし〉：も，でも，なんか，など

　ここでは，1つの意味のラベルが複数の語に与えられる例と，1語に複数の意味のラベルが与えられる例が見られる。このとき，たとえば〈極限〉を表す「さえ」「まで」「も」は完全に同じ働きをする同義語であるのか，あるいは何らかの相違点を持つ類義語であるのかが問題となる。一方，「も」に〈累加〉〈極限〉〈ぼかし〉という複数の働きがあることからは，1語が相互に関係する働きを持つ多義語・多機能語と見るのか，あるいはそれらを分けて別の語と見るのかが問題となる。

　いずれにせよ重要なのは，〈限定〉のようなラベルだけでなく，それが具体的にどのような意味の働きを示しているのかの説明まで理解する必要があるという点である。たとえば〈限定〉は，日本語記述文法研究会（編）（2009: p. 6）では「文中のある要素をとりたて，その要素が唯一のものであることを示し，同類のほかのものを排除する」と説明される。一方，**2.2**で見た沼田善子（1986: p. 193）はこの意味を，「主張・断定・自者肯定」かつ「含み・断定・他者否定」という概念の組み合わせとして示している。これらは，表現方法は違うものの，先に見た（6）のような「だけ」の意味を共通して表している。

　このように，分析の道具立てはさまざまであるが，とりたて助詞の意味的働きは，一般的に5～10程度のバリエーションを持つものとされ，そのそれぞれについて具体的かつ詳細に分析が行われている。

3.2　とりたて助詞の意味の体系性

　個々のとりたて助詞の性質に基づいてラベルを与えることは，個々のメンバーを適切な部屋に割り振っていくことに似ている。次に問題とな

るのは，部屋の相互の配置関係，あるいは建物の全体像である．具体的には，先の (13) のような意味のラベルを相互にどのような関係にあるものとして考えればよいのかについて，とりたて助詞全体を見渡す形でまとめていくのが，意味の「体系化」という観点である．

たとえば，Sudhoff (2010: p. 56) は，英語・ドイツ語・オランダ語のとりたて表現の体系を示している．次の**表 1** は，Sudhoff (2010) が挙げる語例のうち，日本語のとりたて助詞に対応する英語のとりたて表現に，(13) の日本語記述文法研究会（編）(2009) のラベルを添えたものである．

表 1　Sudhoff (2010) の意味体系

	[−scalar]	[α scalar]	[+scalar]
[−restrictive]	also〈累加〉		even〈極限〉
[+restrictive]		only〈限定〉	

Sudhoff (2010) の分類は，縦軸は限定性を表す [±restrictive] という素性の有無，横軸は尺度性を表す [±scalar] という素性の有無が基準となっている．日本語のとりたて助詞と対応させると，限定性を持たない「も」「さえ」タイプのとりたて助詞は尺度性の有無で〈累加〉と〈極限〉に分けられ，限定性を持つ「だけ」タイプのとりたて助詞は尺度性について中立的な [α scalar] に位置付けられる．つまり，**表 1** の体系の枠組みは，2 種類の素性で〈限定〉〈累加〉〈極限〉という 3 種類の意味の関係を捉えていることになる．

しかし，先に 3.1 で見た日本語のとりたて助詞の多様な意味のうち，たとえば〈評価〉の「など」や〈ぼかし〉の「でも」をそのままこの表の中に位置付けることは難しい．実は，日本語だけを考えた場合も，通言語的な視点から考えた場合も，とりたて助詞全体を見渡すことができる定説と言えるだけの体系的な枠組みは，まだない．

野田尚史 (2015a, 2015b) および本書の「とりたて表現の対照研究の方法」（野田尚史）は，**表 1** にも含まれていた 3 つの意味に，それぞれ対立的な意味を配置した次の**表 2** のような体系を提案している．

表2 「とりたて表現の対照研究の方法」(野田尚史) の意味体系

限定	だけ, ばかり, しか	反限定	でも, なんか
極端	まで, さえ, も	反極端	なんて, ぐらい
類似	も	反類似	は

　この体系における左右2列の対立に関して注意すべきなのは，右の列に「反～」というラベルが付けられているものの，左の列のラベルと意味の肯定・否定が逆転する関係にはなっていないという点である。たとえば，次の(14)a.のように〈類似〉の「も」が同類の要素について肯定するのに対し，沼田善子 (2009: p. 41) も指摘するとおり，(14)b.の〈反類似〉の「は」は同類の要素を否定しているとは言い切れない。

　(14) a. 太郎はパンも食べた。ごはんを食べた後なのに。
　　　 b. 太郎はパンは食べた。他のものは知らないけど。

　また，尺度性が関わる〈極端〉〈反極端〉の対立の部分に関連して，澤田美恵子 (2007) は，それぞれに異なる性質の尺度を設定している。具体的には，「さえ」等は認識的判断に関わる「EXPECT値」，「なんて」等は評価的判断に関わる「PREFER値」の尺度を持つとする。沼田善子 (2009: p. 245) も同様に，「こそ」「など$_2$」等に「評価」という特徴を導入した体系を示している。一方，藪崎淳子 (2018) の体系の「指し示す項目に対する評価」はこのような区別をしない。つまり，日本語のとりたて助詞の体系は，尺度性に質的な区別をするかどうかによって，異なった形が提案されている。

4. とりたての働きを持つさまざまな表現形式

　さらに，現代日本語において，とりたて助詞以外でとりたての働きを持つ表現をいくつか見る。先の(5)のように，とりたてを同類の要素との意味的関係を示す働きとして捉えるならば，その働きの持ち主が助詞に限られるという必然性はない。したがって，とりたては，もともと品詞横断的な性質を持った概念である。

　この点については，実際に，たとえば丹羽哲也 (2001) の接尾辞や井

上都 (2002) の数量詞，トルヒナ (2015) の再帰表現などの広い範囲でとりたての問題を考える必要があることが指摘されている。次の 4.1 と 4.2 では，体系的な分析が示されているとりたて副詞と複合辞をそれぞれ見ていく。

4.1 副詞によるとりたて

まず，工藤浩 (2000) の「とりたて副詞」に代表される，とりたての働きを持つ副詞の分析がある。(15) の工藤浩 (2000: pp. 227–230) の分類では，とりたて助詞よりも多様な意味のラベルが与えられている。

(15) a. 〈排他的限定〉：ただ，単に，もっぱら，ひとえに
　　 b. 〈選択指定〉：まさに，まさしく，ほかでもなく
　　 c. 〈特立〉：とくに，ことに，とりわけ，わけても，なかんずく
　　 d. 〈おもだて〉：おもに，主として
　　 e. 〈例示〉：たとえば
　　 f. 〈比較選択〉：むしろ，どちらかといえば，いっそ
　　 g. 〈見積り方〉：少なくとも，せめて，せいぜい
　　 h. 〈価値の軽重〉：いわんや，まして
　　 i. 〈評価〉：たかだか，たかが

これらの副詞は，たとえば次の (16) の「ただ〜だけ」「まさに〜こそ」「少なくとも〜は」のように，一文中でとりたて助詞と共起することが指摘されている。この現象は，とりたて副詞ととりたて助詞の働きの共通性を示すものとされる。

(16) a. 何をするでもなく，ただ景色だけを眺めていた。
　　 b. まさにこれこそが，大学教育の目的である。
　　 c. 少なくとも 30 回は謝っている。

近藤泰弘 (2001, 2003) は，大量の例文データに基づいて，助詞と副詞を共通の枠組みで捉えた独自の体系化を行っている。次の**表 3**は，近藤泰弘 (2001: p. 24) の助詞の表と副詞の表を合わせてまとめたものである。表の 1 行目には語の意味，2・3 行目にはそれぞれ助詞・副詞の語例を示している。

表3 近藤泰弘（2001）の意味体系

	尺度	個物
対立	〈限定〉〈程度〉 だけ・ばかり ただ・単に・たった	〈特立〉 こそ （特になし）
並立	〈添加〉〈極限〉 も・まで・さえ さらに・そのうえ	〈例示〉 など・なんか おもに・たとえば

　表3の横軸は，数量詞をとりたてて量的な解釈を持つ「尺度」系列と数量詞をとりたてにくい「個物」系列で対立している。縦軸の「対立」と「並立」は，意味的に相互に否定の関係にあるとされる。小柳(2008)は，この「対立」と「並立」はとりたて表現が要素の集合から取り出す要素の数に関わる区別と解釈でき，「対立」は1つの要素，「並立」は複数の要素が取り出される点で異なるとする。

　なお，(16)の「ただ〜だけ」のような連続があった場合，副詞と助詞が何らかの役割分担をしているのか，両者が合同で1つの要素をとりたてているのかは自明ではない。たとえば〈限定〉を表すとされるとりたて助詞ととりたて副詞とがまったく同じ働きをしているのかも，分析の余地がある。この点は，母語話者の内省では分かりにくいところもあり，本書の「とりたて表現の対照研究の方法」（野田尚史）が指摘する「運用」の研究の一例として，大量のデータから副詞と助詞の使用例を抽出し，検討を進めていく必要がある。このように，とりたて副詞の研究を進めていくと，とりたて副詞そのものの分析だけでなく，文全体から見たとりたてのあり方に視点が広がっていくことになる。

4.2　複合辞によるとりたて

　「複合辞」とは，いくつかの語のまとまりが1つの文法的働きを持つもので，複合格助詞「に対して」や複合接続助詞「からには」のような助詞相当の形式，複合助動詞「かもしれない」のような助動詞相当の形式がよく知られる。

丹羽哲也 (2007) は，おおよそとりたて助詞に対応すると思われる範囲の副助詞・係助詞と対比しながら，「範列関係」を表す複合副助詞を整理・分類している。この範列関係はとりたてよりも広い概念であるが，(17) のようにとりたて助詞と言い換えが可能な複合副助詞もある。

(17) こういうとき {だけ／に限って} 鍵が見つからない。

丹羽哲也 (2007: p. 255) は，複合副助詞と副助詞・係助詞を合わせた次の**表4**のような体系を，代表的な語例とともに示している。表の「○」は複合副助詞にはないが副助詞・係助詞には見られる意味，＜　＞は副助詞・係助詞の語例である。

表4　丹羽哲也 (2007) の意味体系

	排他型	包含型	中立型
範囲型	(ア) 限定 「に限って」 ＜「だけ」＞	(イ) 到達点 「に至るまで」 ＜「まで」＞ ○出発点 ＜「から」＞	
代表型		(ウ) 順序 「を皮切りに」 (エ) 序列 「を中心に」 ○極端 ＜「さえ」＞ ○例示 ＜「など」＞ ○許容 ＜「でも」＞	
二者型	(オ) 除外 「を除いて」 (カ) 代替 「に代わって」 (キ) 異なり 「と異なって」 (ク) 反対 「と反対に」	(ケ) 追加 「に加えて」 (コ) 同一・類似 「と同様に」 (サ) 共同・分離 「とともに」 (シ) 同時 「と同時に」 (ス) 並置 「ともに」	(セ) 以外 「のほかに」 (ソ) 比較 「に比べて」
並列型	○対比 ＜「は」＞	○同類 ＜「も」＞	

表4の縦軸は要素の挙げ方の分類であり，「範囲型」「代表型」は多項間の関係を，「二者型」「並列型」は「Aに加えてB」のように同類の2項の関係を表すタイプの表現である。横軸の「排他型」「包含型」は先に見た〈限定〉と〈累加〉の対立に相当するが，範囲や序列を表す表現も含まれており，3.で見たとりたて助詞よりも広い意味タイプが設定されている。

表4のような複合助詞のほかにも，複合辞には，文末で用いられる複合助動詞がある。とりたてに関わる複合助動詞には，(18) a. のように助詞を含むものだけでなく，それらと意味的にかなり近い(18) b. のような表現がある。

(18) a. 「だけ（のこと）だ」「まで（のこと）だ」「しかない」「てばかりもいられない」など
　　 b. 「に過ぎない」「ほか（仕方）ない」「にとどまらない」「にほかならない」など

これらの多くは，話者の評価や判断を表すモダリティ表現として使われるが，同時に(19)のように他の評価や判断の存在を暗示しており，何らかの同類の要素との関係を表す形式として位置付けることができる。

(19) a. 練習してうまくなるしかない。（他の手段はない。）
　　 b. 私は一社員に過ぎない。（地位以上の権限はない。）

このように，助詞以外の多様な表現に目を向け，とりたて助詞との共通点と相違点を探りながらとりたての問題を考えることは，とりたて表現のより深い理解につながる。また，このような検討は，他言語のとりたて表現や，古典日本語，諸方言のとりたて表現の意味やニュアンスを正確に捉えるうえでも重要である。たとえば，他言語のとりたて表現の意味が現代日本語の1つのとりたて助詞に単純に対応していない場合でも，とりたて助詞の周辺に広がる副詞や複合辞も含めて対応関係を考えることで，より適切な記述や理解が可能になる。

5.「とりたて」論の今後

3. までで見てきたとりたて助詞の捉え方は，同類の要素との関係を

導入する「とりたて」という働きの共通性に基づくものであった。一方で，2.2 で触れたとおり，「だけ」「まで」「くらい」などには (10) のような，同形でありながらとりたて表現の外に位置付けられる，程度や範囲，概数などを表す用法がある。

たとえば，とりたて助詞の「だけ」と程度を表す「だけ」が同じ 1 つの形を持つことを中心に考えれば，それらの働きの間に関連性を認める分析を行うのは自然である。このような見方では，同じ形のさまざまな働きの中からとりたてを切り離し，別のカテゴリーに分けて扱う分析方法は好ましくない。

このように，とりたてに対する基本的な考え方の対立点として，とりたてと他の働きとの連続性に注目してカテゴリーの区別を不要と考えるか，とりたてを他の働きから区別して独立したカテゴリーを立てるべきと考えるかという問題がある。しかし，いずれの考え方においても，より大きな意味や働きの中にとりたてを位置付けるという，包括的な体系化の可能性が提示されている。

たとえば，前者の立場に立つ丹羽哲也 (1992, 2006) や小柳智一 (2008, 2010) は，量を表すという副助詞の働きの中にとりたてを位置付ける分析を示している。また，後者の立場である沼田善子 (2009: p. 33) も，文や文章の中で複数のことがらを結び付けて述べる「文の複合化」という視点から，とりたて詞と接続詞等との関係を考える方向性を示している。

先に示した例で言えば，3.1 で見たとりたて助詞の意味と，4.1 で見たとりたて副詞の意味との比較を行うだけでも，とりたての働きにどのような多様性と共通性があるのかをより包括的に検討することができる。このような研究により，とりたての性質や体系化の可能性をより詳しく議論できるはずであるが，残念ながら具体的な分析はそれほど進んでいない。今後は，とりたて助詞以外の表現を取り込む形でとりたての働きに関する検討を重ねることで，とりたて論の射程がどこまで適切に広げられるかを考えていく必要がある。

6. まとめ

　この論文では，とりたて表現について考える基本的な理解の基盤を作ることを目標として，現代日本語研究におけるとりたての問題を概観した。ここまで述べてきた内容をまとめると，(20)から(23)のようになる。

(20) 文法用語としての「とりたて」は，1つの文において，文中の要素と同類の要素とを関係付けて述べる文法的な働きを指す。その関係付けのあり方にはさまざまなものがあり，その共通性がとりたての働きとして捉えられている。

(21) 現代日本語のとりたて表現の研究では，個々の語の振る舞いを詳しく分析するだけでなく，その相互の関係を考え，多様な意味を表す語がどのように1つの体系を作っているのかについて検討がなされてきた。

(22) これまでのとりたて表現の研究は助詞を中心として行われてきた。今後は，品詞を超えた形でより多様な表現を分析対象に含める必要がある。

(23) 分析対象の拡大により，とりたて表現の研究は，とりたての働きを相対化して理解する方向に進んでいく。

　現代日本語のとりたて表現の研究は，たとえば茂木俊伸（2012〜）に2000年以降の約1,000編の関連文献の情報がまとめられているように，この30年ほどでかなりの蓄積を有するようになってきた。しかし，「とりたてとは何か」という問いに対する探究は，現在進行中である。

　これまでの助詞という中心メンバーの分析から作り出された体系を基盤としつつ，それ以外の新しいメンバーを加えたより広い範囲を対象とする分析が進み，それらを包括する枠組みを模索することで，とりたてに対する理解がより深まっていく。このような形で，とりたて表現の研究は新たな局面を迎えると考えられる。

［付記］本研究はJSPS科研費JP18K00618の助成を受けたものです。

参照文献

青柳宏 (2006)『日本語の助詞と機能範疇』ひつじ書房.
井上都 (2002)「「1」を含む数量名詞をめぐって」『待兼山論叢（日本学篇）』36, pp. 27–44, 大阪大学大学院文学研究科.
奥津敬一郎 (1986)「序章」, 奥津敬一郎・沼田善子・杉本武『いわゆる日本語助詞の研究』pp. 1–27, 凡人社.
工藤浩 (2000)「副詞と文の陳述的なタイプ」, 森山卓郎・仁田義雄・工藤浩『モダリティ』（日本語の文法 3), pp. 161–234, 岩波書店.
小柳智一 (2008)「副助詞研究の可能性」『日本語文法』8-2, pp. 3–19, 日本語文法学会.
小柳智一 (2010)「とりたて」, 高山善行・青木博史（編）『ガイドブック日本語文法史』pp. 93–104, ひつじ書房.
近藤泰弘 (2001)「記述文法の方向性―とりたて助詞の体系を例として―」『國文學 解釈と教材の研究』46-2, pp. 20–25, 学燈社.
近藤泰弘 (2003)「名詞句の格と副―格助詞と副助詞の性質―」, 北原保雄（編）『文法 I』（朝倉日本語講座 5), pp. 52–69, 朝倉書店.
澤田美恵子 (2007)『現代日本語における「とりたて助詞」の研究』くろしお出版.
トルヒナ, アンナ (2015)「体言後接の再帰表現の意味と統語的特徴―「とりたて」論との関連から―」『日本語文法』15-1, pp. 20–36, 日本語文法学会.
日本語記述文法研究会（編）(2009)『現代日本語文法 5 第 9 部 とりたて 第 10 部 主題』くろしお出版.
丹羽哲也 (1992)「副助詞における程度と取り立て」『人文研究』44-13, pp. 1115–1150, 大阪市立大学文学部.
丹羽哲也 (2001)「「取り立て」の範囲」『國文學 解釈と教材の研究』46-2, pp. 36–43, 学燈社.
丹羽哲也 (2006)「「取り立て」の概念と「取り立て助詞」の設定について」『文学史研究』46, pp. 92–104, 大阪市立大学国語国文学研究室文学史研究会.
丹羽哲也 (2007)「範列関係を表す複合副助詞」『人文研究』58, pp. 247–261, 大阪市立大学大学院文学研究科.
沼田善子 (1986)「とりたて詞」, 奥津敬一郎・沼田善子・杉本武『いわゆる日本語助詞の研究』pp. 105–225, 凡人社.
沼田善子 (2009)『現代日本語とりたて詞の研究』ひつじ書房.
野田尚史 (2009)「日本語のとりたて表現の体系化」『言語』38-1, pp. 26–33, 大修館書店.

野田尚史（2015a）「世界の言語研究に貢献できる日本語文法研究とその可能性―「する」言語と「なる」言語，高コンテクスト言語と低コンテクスト言語の再検討を中心に―」，益岡隆志（編）『日本語研究とその可能性』pp. 106–132，開拓社．

野田尚史（2015b）「日本語とスペイン語のとりたて表現の意味体系」『日本語文法』15-2，pp. 82–98，日本語文法学会．

半藤英明（2003）『係助詞と係結びの本質』新典社．

宮田幸一（2009）『日本語文法の輪郭―ローマ字による新体系打立ての試み―』くろしお出版．[三省堂出版刊（1948）の復刊]

宮地朝子（2007）『日本語助詞シカに関わる構文構造史的研究―文法史構築の一試論―』ひつじ書房．

茂木俊伸（2012〜）「「とりたて」関連研究文献目録」，ウェブ版．[http://www.let.kumamoto-u.ac.jp/literature/asia/nihonbungaku/tmogi/fp_biblio/]

藪崎淳子（2018）「〈対立〉と〈並立〉―「取り立て」の体系構築をめざして―」，藤田保幸・山崎誠（編）『形式語研究の現在』pp. 215–234，和泉書院．

Sudhoff, Stefan（2010）*Focus Particles in German: Syntax, Prosody, and Information Structure*. John Benjamins.

第2部

日本の言語のとりたて表現

日本語のとりたて表現の歴史

小柳　智一

1. この論文の主張

　この論文では，日本語のとりたて表現の中心であるとりたて助詞を取り上げ，古代日本語のとりたて助詞を，現代日本語と対照しながら見ていく。古代日本語のとりたて助詞の体系は，現代日本語と基本的に対応するが，独自の特徴もある。また，日本語のとりたて助詞の歴史における2つの大きな変化について詳しく述べる。

　この論文では，（1）から（4）のことを主張する。

- （1）　古代日本語のとりたて助詞は，大きく副助詞と係助詞に分かれる。
- （2）　古代日本語には，現代日本語と同じく「限定」「反限定」「極端」「反極端」「類似」「反類似」を表す助詞がある。ただし，「反限定」はもともと日本語になかった。
- （3）　古代日本語の副助詞は，文中に現れる位置の違いによって，2種類に分かれる。また，副助詞と係助詞が承接する場合は，副助詞の後に係助詞が現れる。
- （4）　古代日本語の「反極端」の助詞が呼応する述語には，現代日本語の「反限定」の助詞と同じ文法的制約が見られる。また，否定の述語と呼応する制約のある「反転的な限定」の助詞は，もともと日本語になかった。

　以下，まず2.で，古代日本語のとりたて助詞にどのようなものがあ

るかを示し，3. で，それらの助詞が表す意味を解説する。次に 4. で，古代日本語のとりたて助詞は，種類によって文中に現れる位置が異なり，それがその助詞の意味と関係することを説明する。続いて 5. で，古代日本語のとりたて助詞で，述語に文法的制約があるものを見る。最後に 6. でこの論文のまとめを行う。

2. 古代日本語のとりたて助詞の形態

本書の「とりたて表現の対照研究の方法」(野田尚史) では，現代日本語のとりたての意味を「限定－反限定」「極端－反極端」「類似－反類似」という3系列の2項対立に整理している。古代日本語のとりたて助詞をこれに当てはめると，表1のようになる。表の欄がすべて埋まることからわかるように，現代日本語と古代日本語は基本的に対応する。

表1　古代日本語のとりたて助詞の形態

限定	ばかり　のみ	反限定	など
極端	まで　だに　すら	反極端	だに
類似	さへ　も	反類似	は

古代日本語のとりたて助詞は，大きく副助詞と係助詞に分かれる。表1の「ばかり」「のみ」「など」「まで」「だに」「すら」「さへ」は副助詞，「も」「は」は係助詞である。このうち，「反限定」の「など」は歴史的に出現が遅れ，「反極端」の「だに」は「極端」も表し，「反類似」の「は」はとりたてとは別に主題提示も行うので，とりたて助詞は「限定」「極端」「類似」の側に偏り，こちらが主要な意味である。

とりたて助詞のうち，副助詞は，文中のある要素をとりたて，それを含む集合において他との関連でその要素に意味づけを行う。「副助詞」という名称は，山田孝雄 (1936: p. 439) によるもので，「限定」の「ばかり」や「類似」の「さへ」がわかりやすいが，表す意味が，日本語の「ただ」「さらに」や英語の only, also などの副詞の意味に通じることから，「副詞性の助詞」という意味で命名された。副助詞は種類も多く，日本語のとりたて表現の中心である。沼田善子・野田尚史 (編) (2003)

でも大きく取り上げられている。

「係助詞」も，山田孝雄（1936: p. 476）の命名である。係助詞は，文中のある要素を卓立的に示し，それを文末の述語と関係づける。文末まで係るこの関係を「係り結び」と言い，係助詞は「結びに係る助詞」という意の名称である。「ぞ～［連体形］」「こそ～［已然形］」のように，文末が特定の活用形になる係り結びもあるが，「も」「は」の係る文末は普通の文と同じく終止形なので，係り結びが形式に反映しない。しかし，山田孝雄（1936: pp. 489–490, p. 483）の指摘するように，文末まで意味が係ると考えられること，「ぞ」「や」などが副助詞に後接するのと同様に副助詞に後接することなどから，「も」「は」も係助詞とされる。

3. 古代日本語のとりたて助詞の意味

表1の助詞が具体的にどのような意味を表すか，「限定」と「反限定」，「極端」と「反極端」，「類似」と「反類似」の順に見ていく。その後，「反限定」の助詞を歴史的に見て，注目される点を指摘する。

3.1 「限定」と「反限定」

「限定」は，現代日本語では「だけ」「ばかり」「しか」が表す。古代日本語では「ばかり」「のみ」が表し，「しか」に当たる助詞はない。現代日本語と古代日本語を比べると，おおよそ現代の「だけ」と古代の「ばかり」，現代の「ばかり」と古代の「のみ」が対応し，「ばかり」は歴史的に意味が変化している。現代日本語の「だけ」は名詞の「丈（たけ）」が変化したもので，19世紀末頃から見られる。このような名詞の助詞化は，小柳智一（2018: p. 57）で言う「機能語化」の一種で，歴史的にしばしば起こる現象である。

古代日本語の「ばかり」はモノがそれだけに限られることを表し，（5）は「直衣」というモノだけを取って他は取らないことを言う。「のみ」はコトが一種類に限られることを表し，（6）は「光を添へたまふ」というコトばかりで，それ以外がないことを言う。

（5）　直衣（なほし）ばかりを取りて，

(日常の服だけを取って,)　　（源氏物語・紅葉賀, 1-p. 341）
（6）　いよいよ光を<u>のみ</u>添へたまふ御容貌など,

(ますます美しさをお加えになるばかりのお姿など,)

（源氏物語・行幸, 3-p. 297）

「反限定」には，現代日本語では「でも」「なんか」が分類される。歴史的に見ると，「でも」は17世紀頃から見え，コピュラの「で」に「も」の後接した「であっても」の意の逆接形式に遡る。「なんか」は不定語の「何」が起源で，20世紀初頭に現れる。

古代日本語で「反限定」を表したのは「など」である。「など」はとりたてる対象がモノの場合もコトの場合もあり，（7）a. では聞きつけるのが「大殿」に限らないことを言い，（7）b. では妻として待遇してくれるコトが「京に迎へたまふ」の他にもあることを言う。

（7）a.　大殿<u>など</u>にも聞きたまひて,

((噂を)大殿などでも聞きつけなさって,)

（源氏物語・夕霧, 4-p. 459）

b.　京に<u>など</u>迎へたまひてむ後,

((男君が娘を)京に迎えてくださりなどしたらその後で,)

（源氏物語・蜻蛉, 6-p. 242）

3.2　「極端」と「反極端」

「極端」は，現代日本語では「まで」「さえ」が，古代日本語では「まで」「だに」「すら」が表す。歴史的に「まで」は大きな変化がないが，「だに」「すら」は衰退して「さえ」に交替した。

古代日本語の「まで」は極端なモノを表し，それより当てはまりそうなモノも含めて示す。（8）は喜ぶのが「あやしの法師ばら」だけでなく，もっと喜びそうな寺の高僧たちも含むことを示す。

（8）　あやしの法師ばら<u>まで</u>喜びあへり。

(身分の低い法師連中までが寺の名誉だと喜び合っている。)

（源氏物語・賢木, 2-p. 120）

「だに」「すら」は極端なコトを表すが，8世紀には使い分けがあっ

た。「だに」は蓋然性の高いコトが予想に反して存在しないことを，逆に「すら」は蓋然性の低いコトが予想に反して存在することを表した。(9)は，ありそうな「夢に見る」コトがなかったことを言い，(10)は，ありそうもない「木に妹と兄あり」というコトが現にあることを言う。

　　(9)　夢にだに　見ずありしものを
　　　　((仕えている主人が亡くなるのを) 夢でさえ見なかったのに。)　　　　　　　　　　　　　　　(万葉集・巻2・175番)
　　(10)　言問はぬ　木すら妹と兄　ありと言ふを
　　　　(物を言わない木でも妹と兄があると言うのに（私は独り子だ))　　　　　　　　　　　　　　(万葉集・巻6・1007番)

　10世紀になると，「だに」は蓋然性の低いコトが存在することも表すようになり，逆に「すら」は蓋然性の高いコトが存在しないことも表すようになる。つまり，「だに」と「すら」は同じ意味を表すようになるのだが，文体的に使い分けられた。「だに」は比較的話しことばに近い書きことばの和文で，「すら」は漢文を書き下した翻訳調の堅い書きことばの漢文訓読文で主に使われる。(11)の「だに」はありそうにない「虫，時節を知る」コトが現にあることを言い，(12)の「すら」は「少分の苦悩を滅す」コトくらいできそうなのにできないことを言う。

　　(11)　虫だに時節(ときせち)を知りたるよ。
　　　　(虫でさえ時節をちゃんと心得て鳴いているよ。)
　　　　　　　　　　　　　　　　　　　　(蜻蛉日記・下，p. 303)
　　(12)　尚(なほ)し自身に有らゆる少分の苦悩をすら滅すこと能(あた)はず。
　　　　(自分の持つわずかな苦悩でさえ消し去ることができない。)
　　　　　　　　　　　　　　　　(地蔵十輪経元慶七年点，p. 114)

　次に「反極端」について見る。「反極端」は，現代日本語では「なんて」「ぐらい」が表し，「極端」を表す「まで」「さえ」とは別の助詞を使うが，古代日本語では「反極端」にも「極端」と同じ「だに」を使う。これは奇妙に見えるかもしれないが，「だに」が「反極端」を表すのは，意志・命令などの希求の表現や，仮定の表現と呼応する場合で，それ以外の場合は「極端」を表す。したがって，2つは容易に区別がつ

く。(13) a. は命令の「たまへ」と呼応して「見送りたまふ」コトくらいしてくれてもよい，(13) b. は仮定の「たらば」と呼応し，「宿直所を給はる」コトくらいあってもよいという意味である。

(13) a. なほ少し出でて，見だに送りたまへかし。
　　　　（もう少し端まで出て，せめて見送りくらいしてくださいよ。）　　　　　　　　　　　　（源氏物語・須磨，2-p. 185）
　　b. 宿直所をだに給はりたらば，いみじうまめに候ひなむ。
　　　　（せめて泊まる部屋くらいいただけましたら，一所懸命にお仕えしましょう。）　　　　（枕草子・156段，p. 291）

3.3 「類似」と「反類似」

「類似」は，現代日本語では「も」が表す。古代日本語では「も」に加えて「さへ」がここに分類される。現代日本語で「極端」を表す「さえ」は，この「類似」の「さへ」が変化したものである。

「も」は単に類似の対象があることを表すが，「さへ」は，先に提示したコトに類似のコトを添加して示す。(14) では，道行きの困難を列挙する中で，「行く先多かり」の同類として「夜ふく」があることを「も」が表し，さらにそれに「神いといみじう鳴る」が加わることを「さへ」が示している。

(14)　行く先多く，夜もふけにければ，……，神さへいといみじう鳴り，
　　　（道のりが遠く，夜も更けてしまったので，……，さらに雷もひどく鳴り，）　　　　　　（伊勢物語・6段，p. 118）

「反類似」は，現代日本語では「は」が表すとされ，古代日本語も同様に考えられる。「も」と「は」の本質は，歴史を通して大きく変わっておらず，松下大三郎 (1930: p. 600) の「合説」と「分説」のように，対立的に捉えられる。松下大三郎によれば，「合説」とは「事情の類する他物と相合せて之を提示」し，「分説」とは「事情の異なる他物と相分つて之を提示」することである。「も」の意味は，森野崇 (1995) の整理にあるように，かなり複雑だが，「合説」が中心であることはまち

がいなく，これをとりたてとして見れば「類似」である。一方，「は」の意味も単純ではないが，「分説」は他との対比を含意し，野田尚史 (1996: p.200) が詳述するように，その対比性の明瞭な場合がある。それが「反類似」の「は」である。現代日本語で「AもBも」「AはBは」のように並列して使うと，「類似」「反類似」の意味が鮮明になるが，古代日本語にも (15)(16) のように同様の例がある。

(15) 世人も聞こえ，女御も御心落ちゐたまひぬ。
(世間の人も噂申し上げ，女御も（望み通りになったので）安堵なさった。) (源氏物語・桐壺，1-p.37)

(16) 所の名は黒く，松の色は青く，磯の波は雪のごとくに，貝の色は蘇芳に，五色にいま一色ぞ足らぬ。
(（「黒崎」という）地名は黒く，そこの松の色は青く，磯の波は雪のように白く，貝の色は赤紫色で，いわゆる「五色」に黄色一色が足りない。) (土左日記，p.42)

「も」には「反限定」とも解せる (17)a. や，「極端」とも見られる (17)b.，「反極端」とも読める (17)c. のような例がある。しかし，これらは「類似」の意味がそれぞれの文脈の中で，そのようにも解せるだけで，「も」に「反限定」「極端」「反極端」を認める必要はない。

(17) a. 参る人々もみな立ちながらまかづれば，
(参上する人々などもみな着座せずそのまま退出するので，(邸の人数が少ない)) (源氏物語・夕顔，1-p.175)

b. 御答へもえ聞こえたまはず，
((衰弱した女君は) ご返答申し上げることさえもおできにならず,) (源氏物語・桐壺，1-p.22)

c. 少し涼しき水の流れも御覧ぜさせむ。
(せめて少しは涼しい遣り水くらいご覧に入れましょう。)
(源氏物語・若紫，1-p.211)

3.4 歴史的に見た「反限定」

3.1 で見た「反限定」を表す現代日本語の「でも」「なんか」は，歴

史的に見ると，もともと「反限定」を表すものではなかった。「でも」は「AでもBでも」のように，複数の対象を横並びに示す「並列」を表す助詞で，「なんか」は，個別例を挙げて一般的・抽象的な集合を示す「例示」を表した。

古代日本語で「反限定」を表す「など」も，10世紀初に登場するのだが，当初は(18)のように「例示」を表すものだった。

（18）　種々のうるわしき貝，石など多かり。
　　　　　　　　　くさぐさ
　　　　((この浜には)いろいろな種類のきれいな貝や，石などがたくさんある。)　　　　　　　　　　　　（土左日記，p. 44）

「など」も「なんか」と同じく不定語「何」を起源とし，これに「並列」の助詞「と」が付いた「なにと」がもとの形だとされる。(19)は(18)と同じ資料中に見える「なにと」の例である。
　　　　　　　　　　　　　　　　　　　なに

（19）　酒なにと持て追ひ来て，
　　　　(酒やら何やらを持って追って来て，)　　（土左日記，p. 18）

山口堯二(1990: pp. 252–253)の言うように，「A＋何と」は「A」と「何」の「並列」である。不定の「何」にはさまざまなモノが入るが，入るものはAと並ぶので，Aとそれに類したモノを言い，そこから，それらを個別事例として扱う「例示」の意が生じたと考えられる。形態も「なにと→なんど→など」と変化した。当時の資料は撥音を表記しないのが普通なので，(18)は実際は「なんど」だと推定される。

この「など」が出現する以前には，「例示」を表す助詞は確認できず，それまでは「複数」を表す表現を使って，言外に推察させていたと考えられる。たとえば，(20)はモノの列挙によって「複数」を表す例で，「広–狭」「奥–辺」という対立するモノを示すことで，それらを両極とする要素すべてを含む集合を暗示している。

（20）　青海の原の物は，鰭の広物，鰭の狭物，奥つ藻菜，辺つ藻菜
　　　　あをみ　　　　　はた ひろもの　　　さ　　　おき　も は　　へ
　　　　に至るまで，雑の物を
　　　　　　　　　　くさぐさ
　　　　(海の物は，大きな魚や小さな魚，沖の海藻や海辺の海藻にいたるまで，種々の物を)　　　（祝詞・平野祭，p. 407）

また，(21)は小柳智一(2008a)の「随伴的複数」の例である。「ら」

は，「荒雄」という人物を中心とする一集団を表し，言外に「荒雄」に伴われる他の船乗りがいることを示している。1つのモノを示して他のモノを暗示するので「例示」に似ているが，現代日本語の「太郎たちが通った学校」と同様，あくまでも個物の集団を表す「複数」である。

(21) 賢(さか)しらに　行きし荒雄(あらを)ら　沖に袖振る
　　　（自分から志願して船頭を引き受けた荒雄たちが，沖で袖を
　　　振っている。）　　　　　　　　　　（万葉集・巻16・3860番）

　このように，古くは日本語に「例示」を表す助詞はなかった。したがって，それから派生する「反限定」の助詞も存在しなかった。現代日本語だけを見ていては気づかないが，もともと日本語には「反限定」という意味領域も，それを表す助詞もなかったのである。

4. 古代日本語のとりたて助詞の位置
4.1 副助詞の2種類

　古代日本語のとりたて助詞は，種類によって文中に現れる位置が異なり，それが意味と関係している。

　まず，副助詞は(22)a.と(22)b.の2種類に分かれ，(22)c.の「など」は両方の場合がある。(22)a.は小柳智一(2008b)の「第1種副助詞」，(22)b.は同じく「第2種副助詞」である。

　　(22)a.　名詞後置　　　：ばかり，まで
　　　　b.　連用成分後置：のみ，だに，すら，さへ
　　　　c.　両方の場合　　：など

　名詞後置の副助詞と，連用成分後置の副助詞は出現する位置が異なる。わかりやすいのは格成分との関係で，名詞後置は「［名詞＋副助詞］＋格助詞」のように，名詞の直後に現れてそれ全体が格成分になるが，連用成分後置は「［名詞＋格助詞］＋副助詞」のように，連用成分の一種である格成分の後に現れる。たとえば，3.1で見た「ばかり」と「のみ」はともに「限定」を表すが，「ばかり」は名詞後置，「のみ」は連用成分後置の副助詞で，種類が異なる。(23)a.は「［直衣＋ばかり］＋を」とあり，(23)b.は「［光＋を］＋のみ」とある。

(23) a. 直衣(なほし)ばかりを取りて,

   (日常の服だけを取って,)　　　　　　　　(=(5))

   b. いよいよ光をのみ添へたまふ御容貌(かたち)など,

   (ますます美しさをお加えになるばかりのお姿など,)

   　　　　　　　　　　　　　　　　　　　(=(6))

　この違いはとりたてる対象の違いと対応し,名詞後置は直前の名詞が表すモノを対象とし,連用成分後置は後方の述語まで含んだ述語句の表すコトを対象とする。(23)で言えば,(23) a.の「ばかり」は「直衣」を,(23) b.の「のみ」は「光を添へたまふ」を対象とする。

　この2つが承接する場合は「名詞後置の副助詞＋連用成分後置の副助詞」の順になる。(24)は「ばかり＋のみ」とあり,「ばかり」は直前の「賤しき東国声したる者ども」を対象とし,「のみ」は述語まで含めて「賤しき東国声したる者ども出で入る」を対象とする。出入りするのが「賤しき東国声したる者ども」だけで,かつ「賤しき東国声したる者ども出で入る」コトばかりがあるという意味である。

(24)　賤(いや)しき東国声(あづまごゑ)したる者どもばかりのみ出で入り,

   (下品な東国訛りの連中だけが出入りするばかりで,)

   　　　　　　　　　　　　　(源氏物語・東屋,6-p. 83)

　このように,古代日本語の副助詞は,種類によってとりたてる対象が異なり,(22) a.と(22) b.のように分かれる。(22) c.の「など」だけは名詞後置と連用成分後置の両方の場合があり,(25) a.は名詞後置,(25) b.は連用成分後置の例である。

(25) a. 大殿(おほいどの)などにも聞きたまひて,

   (（噂を）大殿などでも聞きつけなさって,)　(=(7) a.)

   b. 京になど迎へたまひてむ後,

   (（男君が娘を）京に迎えてくださりなどしたらその後で,)

   　　　　　　　　　　　　　　　　　　　(=(7) b.)

4.2　係助詞と副助詞の承接

　次に,係助詞「も」「は」の出現位置を,副助詞との関係で見る。

2. で述べたように,「も」「は」はともに副助詞に後接するが,前に来る副助詞に傾向的な差がある。否定文や詠嘆文,あるいは逆接節では話が複雑になって,簡単には言えなくなるのだが,最も単純な肯定文について見ると,承接しやすい副助詞に傾向が見出せる。

「も」は「反限定」「極端」「反極端」「類似」の副助詞と承接しやすい。(26) a. は「反限定」の「など」,(26) b. と(26) c. は「極端」の「まで」「だに」,(26) d. は「反極端」の「だに」,(26) e. は「類似」の「さへ」との承接例である。なお,「極端」の「すら」との承接例は,大坪併治(1981: p.561)の指摘する通り,稀である。

(26) a. 上の女房なども,聞きつけて,参り集まりて,
    (帝に付いている侍女なども,話を聞きつけて,こちらに参上し集まって,)　　　　　　（枕草子・7段, p.42)

b. まめやかなることまでもあつかひ知らせたまふこそ,
    ((思いを寄せる女君のために)生活の上のことまでもお世話なさるのが,)　　　（源氏物語・宿木, 5-p.441)

c. 旅だにも　山路に深く　思ひこそ入れ
    (ちょっとした旅でさえも,山路の奥深くに思いが入っていくものです。)　　　　　　（蜻蛉日記・中, p.242)

d. かひなきあはれをだにも絶えずかけさせたまへ。
    ((死んだら)もう甲斐のないことですが,せめて憐れみくらい後々までかけてください。)
    　　　　　　　　　　　　　　　　　（源氏物語・柏木, 4-p.297)

e. ことならば　言の葉さへも　消えななむ
    (どうせなら,(父が亡くなるのとともに)父の歌もなくなってほしい。(歌を見ると父を思い出してしまうから))
    　　　　　　　　　　　　　　　（古今和歌集・巻16・854番)

一方,「は」は「限定」の副助詞と承接しやすい。(27) a. と(27) b. は「限定」の「ばかり」「のみ」と「は」の承接例である。

(27) a. 匂ひばかりは深う染めたまへり。
    ((無粋な紙に)香だけは深くたきしめておありになる。)

(源氏物語・末摘花, 1-p. 299)
b. 春の夜の　夢とや君を　夜<u>のみは</u>見む
　　　（春の夜の夢のようではないでしょうか, 夜の短い間あなたに逢うだけです。）　　　（大和物語・12段, p. 263）
　この承接の傾向は,「も」「は」とそれぞれの副助詞の意味の親和性に起因すると考えられる。3.3で「も」は他も合わせる「合説」,「は」は他と区別する「分説」の助詞であると述べたが, これを数の単複という観点から見ると,「も」は複数的,「は」は単数的と言える。
　一方, 副助詞は, 小柳智一（2008b）が詳述するように, 本質的に数量的な意味を表し, 複数的な意味と, 単数的な意味に分かれる。「など」「まで」「だに」「すら」「さへ」が表す「反限定」「極端」「類似」は, 他もあることを示すので複数的である。「だに」の表す「反極端」はややわかりにくいが, とりたてる対象は一案で, 他があってもよい。前掲(26) d. は最低限「あはれをかけさせたまふ」を望むが, 自分の気持ちに応えてくれることが他にあれば, なお望ましいのである。したがって,「反極端」も複数的である。これらに対して,「ばかり」「のみ」が表す「限定」は他を排してそれと限るので, 単数的である。
　こうしたことから, 複数的な「も」と「反限定」「極端」「反極端」「類似」, 単数的な「は」と「限定」は, 意味が親和的であり, そのために承接しやすいと考えられる。そして, 副助詞に後接した「も」「は」は, 前にある副助詞の意味をより明確にする役割を果たしている。

5. 古代日本語のとりたて助詞の文法的制約
5.1 「反限定」と「反極端」の述語の制約
　最後に, 古代日本語のとりたて助詞と, 述語の文法的制約について見る。野田尚史（2015）では,「限定」の一種に「特立」を認め, 現代日本語の「こそ」を「限定（特立）」に位置づけている。これに従えば, 古代日本語の係助詞で強調・卓立を表す「ぞ」「こそ」も「限定（特立）」に分類される。これらの係助詞は「ぞ～［連体形］」「こそ～［已然形］」という係り結びに関与するので, 述語に文法的制約があるが, これは,

たとえば「花咲きたり」の述語が「花ぞ咲きたる」「花こそ咲きたれ」と変換する形態的な制約で，意味に関わる制約ではない。

　意味に関わる述語の制約は，現代日本語では「反限定」の「でも」に見られる。寺村秀夫（1991: pp. 129–130），野田尚史（1995）が指摘する通り，「でも」は「*お茶でも飲んだ」のように単純な過去形の述語とは共起できず，「お茶でも飲もう／飲みなさい」「お茶でも飲んだら」のように，希求や仮定の述語と呼応しなければならない。

　これと対照して見ると，古代日本語の「反限定」の「など」には，この制約がない。希求・仮定の述語とも，過去形の述語とも共起する。(28) a. が希求，(28) b. が仮定，(28) c. が過去形の例である。

　　(28) a.　御湯などまゐらせたまへ。
　　　　　（御湯でも差し上げてください。）
　　　　　　　　　　　　　　　　　（源氏物語・宿木，5-p. 491）
　　　　b.　気色(けしき)ばめる御文などのあらばこそ，
　　　　　（人の気を引くようなお手紙でも添えてあったら，）
　　　　　　　　　　　　　　　　　（源氏物語・少女，3-p. 18）
　　　　c.　消息(せうそこ)など遣(つか)はしたりき。
　　　　　（手紙などを送ってみた。）　　（源氏物語・夕顔，1-p. 144）

　高山善行（2003）が指摘するように，現代日本語の「反限定」の「でも」と同様の制約を持つのは，古代日本語では「反極端」の「だに」である。3.2 で述べたように，希求や仮定の述語と呼応する。(29) a. では希求の一種である命令の述語と呼応し，(29) b. では仮定の述語と呼応している。

　　(29) a.　なほ少し出でて，見だに送りたまへかし。
　　　　　（もう少し端まで出て，せめて見送りくらいしてくださいよ。）　　　　　　　　　　　　　　　　（＝(13) a.）
　　　　b.　宿直所(とのゐどころ)をだに給(たま)はりたらば，いみじうまめに候(さぶら)ひなむ。
　　　　　（せめて泊まる部屋くらいいただけましたら，一所懸命にお仕えしましょう。）　　　　　　　　（＝(13) b.）

「だに」は「極端」を表す場合にも，古くは述語の制約があり，8 世

紀では否定の述語と呼応していた。これと相補的に,「すら」には肯定の述語と呼応するという制約があった。(30) a. は「だに〜［否定］」,(30) b. は「すら〜［肯定］」の例である。

(30) a. 夢にだに　見ずありしものを
((仕えている主人が亡くなるのを) 夢でさえ見なかったのに。)　　　　　　　　　　　　　　　　　　　　（＝（9））
b. 言問はぬ　木すら妹と兄　ありと言ふを
(物を言わない木でも妹と兄があると言うのに (私は独り子だ))　　　　　　　　　　　　　　　　　　（＝（10））

この相補性は 10 世紀には崩れ,「だに」「すら」の述語の制約はなくなる。(31) a. と (31) b. は「だに〜［肯定］」と「だに〜［否定］」の例で,(32) a. と (32) b. は「すら〜［肯定］」と「すら〜［否定］」の例である。

(31) a. 虫だに時節を知りたるよ。
(虫でさえ時節をちゃんと心得て鳴いているよ。) (＝（11））
b. その人とは,さらに家の内の人にだに知らせず。
(どこの誰であるかは,家内の人にさえ全く知らせていない。)　　　　　　　　　　　　　　　（源氏物語・夕顔, 1-p. 143）
(32) a. 仏すら法を説きたまはむとするときは尚し,定に入りて心を静めたまふ。
(仏でさえ説法なさる時は集中して心をお静めになる。)
　　　　　　　　　　　　　　　　　　（法華義疏長保四年点・p. 374）
b. 尚し自身に有らゆる少分の苦悩をすら滅すこと能はず。
(自分の持つわずかな苦悩でさえ消し去ることができない。)　　　　　　　　　　　　　　　　　　　　　（＝（12））

以上のように,古代日本語の「反極端」の「だに」には述語に文法的制約があるが,それ以外のものには目立った制約がない。

5.2 「限定」の「しか」

日本語のとりたて助詞の中で,述語に最も特徴的な文法的制約があるのは,現代日本語の「限定」の「しか」である。「しか」は否定の述語

と呼応し，他を排除することによって当該対象に限る「反転的な限定」を表す。しかし，この特殊な「限定」を表す助詞は，古くから日本語にあったわけではない。似た発想の表現はあったが，専用の助詞はない。山口堯二 (2000: pp. 210-215) が指摘する，(33) の「～ならで～[否定]」「～をおきて～[否定]」などの文型がそれである。

(33) a. かかるついでならではえ立ち寄らじ。
　　　（こんな機会でなければ立ち寄れないだろう。）

(源氏物語・蓬生，2-p. 347)

　　 b. この君たちをおきて，ほかにはなずらひなるべき人を求め出づべき世かは。
　　　（この男君たちを除いて他に，世の中で肩を並べられそうな男を探し出すことができるだろうか。）

(源氏物語・匂兵部卿，5-p. 32)

なかでも重要なのが，(34) の「～よりほかに～[否定]」「～よりほかの～[否定]」である。これは，「～以外」という意味の「～より+他(ほか)」と否定の述語を組み合わせたもので，いわば字義通りの意味を表す。

(34) a. 夕暮れは　風よりほかに　訪(と)ふ人もなし
　　　（夕暮れ時は，風以外に訪ねて来る人もない。）

(古今和歌集・巻4・205番)

　　 b. 行ひよりほかのことは思はじ，
　　　（仏道修行以外のことは心にかけまい，）

(源氏物語・明石，2-p. 237)

この種の文型が頻用されるうちに，やがて「よりほかに」の「に」を落とした (35) a. の「よりほか～[否定]」が現れ，さらに「より」も落とした (35) b. の「ほか～[否定]」も使われるようになった。ともに18世紀の例である。

(35) a. お主(しゅう)よりほか，世の中に大事の人はなきものを。
　　　（私にはもうご主人しか，世の中で大事な人はないのに。）

(淀鯉出生滝徳(よどこいしゅっせのたきのぼり)・下，1-p. 103)

　　 b. 判官贔屓(はうぐわんびいき)の世の中，お前の名ほか出ませぬ。

(判官贔屓の世の中のこと,姑のあなたさまの名前しか出ません。)　　　　　　　　　　（心中宵庚申・下,2-p. 469）

　その後,此島正年（1973: p. 256）,宮地朝子（2007: p. 57）が詳述するように,18世紀後半くらいに「反転的な限定」を表す専用の助詞「しか」が出現した。(36)は19世紀初の例である。ちなみに,宮地朝子（2007: p. 117）の述べる通り,「しか」はこの時代の江戸語の資料に突如現れるので,起源は不明である。

(36)　錆が悪く錆び込んで地金へ廻つたから,つぶしにしかならねへ。
　　　（錆がたち悪く土台の金属まで錆び込んだから,つぶしにしかならない。）　　　　　　　　　（浮世床・初編上,p. 269）

　現代日本語だけを見ていると,「反転的な限定」とそれを表す助詞「しか」は所与のものとして特別な感じがしないが,歴史的には新しく,近現代日本語のとりたて表現の大きな特徴である。

6. まとめ

　古代日本語のとりたて助詞について,現代日本語と対照しながら,その特徴を見てきた。また,歴史的な変化についても述べた。この論文で述べたことをまとめると,(37)から(40)のようになる。

(37)　古代日本語のとりたて助詞は,大きく副助詞「ばかり」「のみ」「など」「まで」「だに」「すら」「さへ」と係助詞「も」「は」に分かれる。

(38)　古代日本語では,「限定」は「ばかり」「のみ」,「反限定」は「など」,「極端」は「まで」「だに」「すら」,「反極端」は「だに」,「類似」は「さへ」「も」,「反類似」は「は」が表す。このうち,「反限定」はもともと日本語になく,他に遅れて出現したものである。

(39)　古代日本語の副助詞は,文中の出現位置によって,名詞後置の「ばかり」「まで」と,連用成分後置の「のみ」「だに」「すら」「さへ」に大きく分かれ,「など」は両方の場合があ

る。この違いはとりたてる対象の違いと対応し，名詞後置は直前の名詞が表すモノを対象とし，連用成分後置は後方の述語まで含んだ述語句の表すコトを対象とする。係助詞は副助詞に後接する。その際，「も」は「など」「まで」「だに」「すら」「さへ」に，「は」は「ばかり」「のみ」に後接しやすく，「も」「は」は前にある副助詞の意味をより明確に示す。

(40) 古代日本語の「反極端」の「だに」には，現代日本語の「反限定」の「でも」と同じく，希求や仮定の述語と呼応するという文法的制約がある。また，否定の述語と呼応する制約を持つ「反転的な限定」の「しか」は近現代以降に出現し，これに当たる助詞は古代日本語になかった。「しか」の存在は，近現代日本語のとりたて表現の大きな特徴である。

［付記］本研究はJSPS科研費JP17K02787の助成を受けたものです。

調査資料

「伊勢物語」「浮世床」「蜻蛉日記」「源氏物語」「古今和歌集」「心中宵庚申」「土左日記」「枕草子」「万葉集」「大和物語」「淀鯉出生滝徳」，『新編日本古典文学全集』(小学館)．「祝詞」，『日本古典文学大系』(岩波書店)．「地蔵十輪経元慶七年点」「法華義疏長保四年点」，中田祝夫『改訂古点本の国語学的研究 訳文篇』(勉誠社).

参照文献

大坪併治 (1981)『平安時代における訓点語の文法』風間書房.
此島正年 (1973)『国語助詞の研究 歴史的素描 (増訂版)』桜楓社.
小柳智一 (2008a)「複数と例示─接尾語ラ追考─」『国語語彙史の研究』27, pp. 147–164, 国語語彙史研究会.
小柳智一 (2008b)「副助詞研究の可能性」『日本語文法』8-2, pp. 3–19, 日本語文法学会.
小柳智一 (2018)『文法変化の研究』くろしお出版.
高山善行 (2003)「極限のとりたての歴史的変化」，沼田善子・野田尚史 (編)

『日本語のとりたて―現代語と歴史的変化・地理変異―』pp. 107–122, くろしお出版.
寺村秀夫(1991)『日本語のシンタクスと意味Ⅲ』くろしお出版.
沼田善子・野田尚史(編)(2003)『日本語のとりたて―現代語と歴史的変化・地理変異―』くろしお出版.
野田尚史(1995)「文の階層構造からみた主題ととりたて」, 益岡隆志・野田尚史・沼田善子(編)『日本語の主題と取り立て』pp. 1–35, くろしお出版.
野田尚史(1996)『「は」と「が」』くろしお出版.
野田尚史(2015)「日本語とスペイン語のとりたて表現の意味体系」『日本語文法』15-2, pp. 82–98, 日本語文法学会.
松下大三郎(1930)『改撰標準日本文法』中文館書店.［再版：勉誠社版, 1974］
宮地朝子(2007)『日本語助詞シカに関わる構文構造史的研究―文法史構築の一試論―』ひつじ書房.
森野崇(1995)「古代日本語の「も」に関する先行研究の整理」, つくば言語文化フォーラム(編)『「も」の言語学』pp. 77–114, ひつじ書房.
山口堯二(1990)『日本語疑問表現通史』明治書院.
山口堯二(2000)『構文史論考』和泉書院.
山田孝雄(1936)『日本文法学概論』宝文館.

日本語学習者のとりたて表現

中西　久実子

1. この論文の主張

　この論文では，日本語学習者がとりたて表現をどう使っているかという使用実態とその習得の特徴を明らかにする。対象とするとりたて表現は，「だけ」「しか」「ばかり」など「限定」を表すとりたて助詞，「さえ」「まで」「でも」など「極端」を表すとりたて助詞，「も」など「類似」を表すとりたて助詞，「でも」「なんか」など「反限定（例示）」を表すとりたて助詞，「なんか」「ぐらい」など「反極端（普通）」を表すとりたて助詞，そして，「は」など「反類似（対比）」を表すとりたて助詞である。

　この論文では，次の（1）から（4）のことを主張する。

（1）　初級の学習者はとりたて助詞の使用頻度が低いが，中級，上級，超級になるにつれて，使用頻度が高くなる。そして，中国語を母語とする学習者は使用頻度が高いが英語を母語とする学習者は使用頻度が低い。学習者がもっともよく使うとりたて助詞は，「類似」を表す「も」と限定を表す「だけ」であり，日本語母語話者も同じである。

（2）　学習者は，「夕食はパンだけだ」など「［名詞］＋だけだ」を多用する。これに対して，母語話者は「ただ走っているだけだ」など「［動詞］＋だけだ」を多用する。

（3）　学習者が多用する「［名詞］＋だけだ」は，「この本は1000

円<u>だけ</u>だ」など数量語に付いているものや,「かれは係長<u>だ</u>けだ」など主語の性質を規定する名詞に「だけだ」が付くものが多い。
(4) 学習者のとりたて助詞の習得には以下のような問題がある。
　a.　「だけ」「しか」など似た意味のとりたて助詞を混同する。
　b.　不必要なとりたて助詞を使用する。
　c.　とりたて助詞が必要なところで使用できていない。
　d.　とりたて助詞の位置が不適切である。

　以下,2.では(1)について,そして,3.では(2)について,4.では(3)について,5.では(4)について述べる。6.はまとめである。なお,本文中で使用する小説・新聞の日本語データはすべて「現代日本語書き言葉均衡コーパス」(国立国語研究所)から抽出したものである。また,学習者の用例はKYコーパスと「インタビュー形式による日本語会話データベース」を用いた。KYコーパスは,日本語学習者に対するOPIのデータを文字化した言語データで,学習者の母語は,英語30人,韓国語30人,中国語30人である。「インタビュー形式による日本語会話データベース」は,学習者,および,母語話者に対するOPIのデータを文字化した言語データで,学習者の母語は,英語28人,韓国語10人,中国語4人,その他ロシア語,デンマーク語,ドイツ語が2人ずつである。

2. 学習者によるとりたて助詞の使用頻度

　2.では,学習者がとりたて助詞をどう使用しているかということを,学習者の日本語能力や母語などの観点から概観する。そして,学習者がもっともよく使うとりたて助詞は「類似」を表す「も」と「限定」を表す「だけ」であり,日本語母語話者も同じであることを示す。

2.1　とりたて助詞の使用と学習者の日本語能力・母語との関係

　現代日本語のとりたて助詞は,寺村秀夫(1991),沼田善子(2000, 2009),髙橋太郎(他)(2005),澤田美恵子(2007),日本語記述文法研究会(編)(2009)などで体系的な記述がなされているが,学習者がとり

たて助詞をどう使用しているかという実態は明らかではなかった。

学習者によるとりたて助詞の使用実態については，中西久実子（2010，2012）においてもコーパスを用いて調査がなされているが，学習者のとりたて助詞の使用実態とその習得上の問題に焦点を当てた分析ではない。

中西久実子（2010，2012）によると，書きことば・話しことばにおいて学習者が用いるとりたて助詞は，母語話者とほぼ同数でさほど違いがないという。下に示す**表1**は，学習者の会話データを集めたKYコーパスにおいて学習者が使用したとりたて表現の数をデータ100,000字あたりの使用頻度（個）で表したものである。**表1**から次の2つのことがわかる。

第1に，初級の学習者はとりたて助詞の使用頻度が低いが，中級，上級，超級になるにつれて，使用頻度が高くなる。

第2に，とりたて助詞の使用頻度は，中国語を母語とする学習者がもっとも高く，次いで韓国語を母語とする学習者が高く，英語を母語とする学習者がもっとも低いという傾向がある。

表1　KYコーパスにおける学習者のとりたて助詞の使用頻度

学習者の母語	初級	中級	上級	超級	平均
中国語	1.3	2.9	3.6	5.5	3.3
英語	0.9	1.9	3.3	4.0	2.5
韓国語	1.7	2.2	3.9	4.3	3.0
平均	1.3	2.3	3.6	4.6	

2.2　学習者がもっともよく使うとりたて助詞

中西久実子（2010，2012）によると，学習者がもっともよく使用するとりたて助詞は，（5）（6）のような「も」と「だけ」であり，母語話者と同様であるという。特に，（5）のような「類似」の「も」は，母語話者も学習者も使用頻度がもっとも高い。「J」は母語話者の発話で，「L」は学習者の発話であることを示す。

　　（5）「ほかには，ちゅっか料理も，作ります。」

　　　　　　　　　　　　（KYコーパス（中国語話者，初級-上，CNH01））
（6）J　「あーそうですか。（L「はい」）あのー，ここから近いですか。」
　　　L　「ここから，はい。あー，あー／ごぶん，5分くらい，ぐらい，だけです。」
　　　　　　　　　　　（インタビュー形式による日本語会話データベース
　　　　　　　　　　　　　　　　　　（韓国語話者，上級-下，NS））

3.　母語話者が多用する「だけだ」と学習者が多用する「だけだ」

　3.では，学習者は，母語話者と異なり，「［名詞］＋だけだ」を多用するということを指摘する。母語話者は「［動詞］＋だけだ」を多用する。
　中西久実子（2010, 2012）によると，母語話者は述語に「だけだ」を接続する（7）（8）のような「［動詞］＋だけだ」を多用するという。「だけだ」は（8）のように「だ」が省略されて「だけ」のみになることがある。

（7）「何でもありません。叫び声を上げたくなっただけです。」
　　　　　　　　　　　　　　　　　　　　　　（藤田宜永『転々』）
（8）「彼らは迂回することを知らず，一直線に泳ぐ。対岸をめざしているのではない。新しい土地を求めているのではない。ただ発作的に走っているだけ。」　　（開高健『パニック』）

　一方，中西久実子（2010, 2012）でも指摘されているとおり，学習者は，「［名詞］＋だけだ」を多用する。学習者は（9）のように名詞に直接「だけ」を接続する傾向がみられる。

（9）「夕ご飯は，牛乳と，パンだけ。」
　　　　　　　　　　　　　（KYコーパス（韓国語話者，中級-上，KIH01））

　（10）も学習者が用いた「［名詞］＋だけだ」の例であるが，この「びんだけです」は「びんにはソースの名前を書いたラベルがない」という意味で用いられており，不自然である。

（10）J　「はーあーあーあ，で味は」
　　　L　「あーあと，ソース，やきそばソース，と思います，（J

　　　　　{笑い}「んー」)んーわたしのへやで，あのー，ソースが
　　　　　あります，けど，名前，は，レイベル，は」
　　Ｊ　「ん」
　　Ｌ　「あの」
　　Ｊ　「レイベル」
　　Ｌ　「はい，あのー，えーっと，ボトル，あーびん<u>だけ</u>です，
　　　　　(Ｊ「うんうん」)名前が，ないです，(Ｊ「うーん」)そして，
　　　　　名前わか，わかりません，でもみんなが，おっソース，こ
　　　　　のソース，やきそびソー，やきそばソース，(Ｊ「んーんー
　　　　　んー」)そしてみなが使います」【正用　ソースのびんには
　　　　　ラベルがありません】
　　　　　　　　　　　　　(KYコーパス(英語話者，中級-下，EIL05))

　学習者は「[動詞]＋だけだ」より「[名詞]＋だけだ」を好んで使用
する傾向が強い。たとえば，(11)では，述部「散歩に行きます」をわ
ざわざ名詞相当の指示語「それ」で指して「それだけ」としている。

　(11)　「授業が終わってから，あん，あー，あのー毎週3回，あ
　　　　　ん，テニス，クラブがあるので，テニスに行きます，でも，
　　　　　テニス，以外，ときは，散歩，行きます，それ<u>だけ</u>，です」
　　　　　【正用　散歩に行く<u>だけ</u>です】
　　　　　　　　　　　　　(KYコーパス(英語話者，中級-下，EIL05))

　学習者が「[動詞]＋だけだ」を回避して「[名詞]＋だけだ」のほう
を多用するのは次のような理由による。「[動詞]＋だけだ」は，「ビー
ルを買うだけ」などのように述語を普通形(plain form)に活用させてか
ら「だけだ」に接続しなければならないためである。(12)でも「てく
ださい」に直接「だけだ」を接続して誤用となっている。

　(12)　「5時から，わたしは，スーパーに，行くつもりです，あの，
　　　　　そこで，うん，材料，あ，うん大丈夫，あの，でも，ビール
　　　　　を，かいてください，はい，<u>だけ</u>」【正用　ビールだけ買っ
　　　　　てください】　(KYコーパス(英語話者，中級-下，EIL02))

次の(13)は，動詞「聞く」をわざわざ「の」で名詞化してから「だ

けだ」を付けて不自然になっている例である。

(13) L 「あー，わたしが，たい学一時代一に，あ授業を受けると，受かった時は受けた時は，あー，ふちゅう，あ先生が，講義して，学生達は，んーみんな，講義を，んー聞く，のだけです，今の授業は，ん，みなさんと，はなし，たり，質問したり，は，(J「うーん」)わたしは，あーこれが，いいだと思います。」【正用　講義を聞くだけです】

(KYコーパス(韓国語話者，中級-中，KIM02))

4. 学習者が多用する不自然な「[名詞]＋だけだ」

4.では，学習者が多用する「[名詞]＋だけだ」について，数量語に付く「だけだ」が多いことを指摘し，なぜ「[数量語]＋だけだ」が不自然になりやすいのかという原因を明らかにする。

4.1　数量語に付くことが多い不自然な「[名詞]＋だけだ」

学習者のとりたて助詞の使用実態でもっとも特徴的なことは，不自然な「[名詞]＋だけだ」が多いということである。「[名詞]＋だけだ」には，(14)の「1本」，(15)の「3年」，(16)の「1000円」など量を表す数量語に接続する「だけだ」も含まれる。

(14)　朝食はバナナ1本だけだ。
(15)　滞在期間は3年だけだ。
(16)　所持金は1000円だけだ。

中西久実子(2014)で示されているように，学習者は，(17)の「3年生」，(18)の「1000円」のような数量語に「だけ」を接続して「だけだ」が不自然と判断されることが多い。

(17) J 「じゃ，なにか日本語について研究してるとか。」
L 「今は，3年生だけ，だから，研究って今までしてないんだけど，専門分野は，言語学なんです。【正用　まだ3年生(です)】」

(インタビュー形式による日本語会話データベース

（デンマーク語話者，中級 - 中，NJ））

(18) L 「（髪を切ったという話題）その日はカットがー，あの，1000円だけでした，(J「うん」)あのほんとに，悪い所でした，だめ」【正用　カットがたったの1000円でした】

（KYコーパス（英語話者，上級 - 上，EAH03））

(17)(18)のような不自然な例を修正するには，(19)のように「だけ」を削除するか，あるいは，(20)のように「たったの」のような副詞などによる連体修飾表現を用いなければならない。

(19) （カットの料金は）1000円でした。

(20) （カットの料金は）たったの1000円でした。

4.2　学習者が多用する不自然な「数量語＋だけだ」の原因

(17)(18)のような「だけだ」が不自然と判断される原因については，森本順子（1992: p. 48）で「量と質」によって説明されている。森本は，個数を表すものを量による規定，そうではないものを質による規定として，「「だけです」の用法の特徴は，量による規定をおこなうが，質による規定とは相入れない」としている。そして，「だけだ」は「1本」「3年」など量による規定を表す名詞にしか接続できないことを指摘している。さらに，数量語だけでなく，(21)の「係長」のような主語の性質を規定する名詞に「だけだ」を付けた場合も「［名詞］＋だけだ」が不自然になると指摘されている。

(21) ＊かれは係長だけです。　　　（森本順子（1992: p. 46））

4.3　学習者が使用しない「［名詞＋な］＋だけだ」「［形容詞］＋だけだ」

主語の質を規定する名詞に接続する場合は，名詞に「だ」を付けた名詞述語に「だけだ」を付けて「［名詞＋な］＋だけだ」としなければならない。「名詞」に「だ」を付けて名詞述語「名詞だ（怠け者だ）」にすれば，それに「だけだ」を付けて「［名詞＋な］＋だけだ（怠け者なだけだ）」となり，許容される。

(22) 老齢と病弱を言い立てて，司祭は弥撒を自分でおこなうこと

はめったになく，助祭が代行していた。実際は，司祭は飲んだくれで怠け者なだけだ。　　　　　　（皆川博子『冬の旅人』）

(22)では，質による規定を表す名詞述語「怠け者だ」に「だけだ」が接続されている。母語話者はこのような「なだけだ」を使用するが，学習者は使用しないという傾向がある。

同様に，母語話者は，(23)のような「[ナ形容詞]＋だけだ」の「なだけだ」を使用するが，学習者は使用しないという不使用の問題がある。中西久実子(2006)，野田尚史(2007)で示されているが，不使用とは「学習者がある形式を使うべきところなのに使われていないこと」である。

(23)　信乃「なんで，いっつもそうやって否定的なことばかり言うの？」

悌三「否定的じゃない，現実的なだけだ。弁護士が来たからって，裁判に勝つとは限らない」

（三谷幸喜『合言葉は勇気』）

5. 学習者のとりたて助詞の習得上の問題

5. では，(24)に示す学習者のとりたて助詞の習得上の問題4点を示す。

(24) a.　「だけ」「しか」など似た意味のとりたて助詞を混同する。
  b.　不必要なとりたて助詞を使用する。
  c.　とりたて助詞が必要なところで使用できていない。
  d.　とりたて助詞の位置が不適切である。

5.1 「だけ」「しか」など似た意味のとりたて助詞を混同する

とりたて助詞「だけ」と「しか」は互いに意味が似ている類義表現である。しかし，両者は使い分けがなされており，寺村秀夫(1991: p.165)で指摘されているとおり，「しか」は「X以外のものはPでない」ということを強調する否定的文脈で用いられる。他方，「だけ」は「X以外のものを除いて，Xが唯一のPである」という肯定的文脈で用い

られる。
　学習者は，(25)のように「しか」を用いるべき箇所で「だけ」を使用して誤用になることが多い。(25)のような否定的文脈では「しか」を用いなければならないからである。否定的文脈で「だけ」を用いる誤用は母語からの負の転移が原因であることが多い。たとえば，(26)の学習者の母語であるデンマーク語では「だけ」と「しか」の区別がなく，どちらも同じ形態で表されるので，日本語で「だけ」を用いる誤用になりやすい。

(25) J 「ああ，それで，それが一回目ですね，(L「そう」)二回目はいつ。」
　　 L 「二回目は，(J「うん」)二年前に，(J「うん」)でもその時は，三週間だけ，(J「ふーん」)日本にいましたから。(J「旅行ーみたいな」)旅行，はい。」【正用　三週間しか日本にいませんでしたから】

(インタビュー形式による日本語会話データベース，デンマーク語話者，中級 - 下，NH)

　さらに，(26)のように学習者の日本語がまだ不完全な段階にある中間言語では，母語にかかわらず「だけ」と「しか」の混用が起きやすい。たとえば，(26)の学習者の母語である韓国語では日本語と同様に「だけ」と「しか」の使い分けがあるにもかかわらず，誤用が起きている。

(26) J 「あー，キッチンやトイレは，(L「はい」)ほかの人と一緒に使うんですね。」
　　 L 「はいはいはい。」
　　 J 「ふーんなるほど，はい，不便じゃないですか，ほかの人と一緒に使って。」
　　 L 「あーいいえ{笑い}，ん女の人だけー住んでいますから，(J「うん」)たいじょぶです(略)」【正用　女の人しか住んでいませんから大丈夫です】

(KY コーパス(韓国語話者，中級 - 下，KIL02))

(27)の「だけ」も「しか」と修正すべきである。

(27) J 「あーそうですか，しご仕事は何をしていますか。」
　　 L 「あのー英語を教えて」
　　 J 「そうですか，長岡市で，教えていた時と東京で今教えているのと，あのーどう違うんですか。」
　　 L 「あのー長岡であのー，あー，会社，会社で，私のクラスだけがあった，(J「はい」) えっと今，東京であー，いろいろクラスがあったそれも，あの会社，ごめんね，会社であー，行きたいんです，(J「あーそうですか」) だから，あのー，あー，長岡で，あークラスの中に，あー，ポスターが(J「えー」)あったそれもあー沢山さしえがある，(J「えー」) でもー東京でないです，(J「あーそうですか，うんー」) だから，そのこと，長岡で，楽しかったでも，東京に楽しくする」【正用　私のクラスしかなかった】
　　　　　　　　　　　　(KYコーパス(英語話者，中級-中，EIM06))

5.2 不必要なとりたて助詞を使用する

　学習者はとりたて助詞が必要ないのに使用して不自然と判断されることがある。

　たとえば，(28)の「も」は不自然であり，この文脈では必要ない。(28)の「も」の誤用の原因は学習者の母語である中国語からの影響だと考えられる。(28)のように時刻を過ぎたことを表すには日本語では副詞「もう」を使うが，中国語では「都」が用いられる。「都」は日本語の「も」のように「類似」を表す形式だが，(28)のような文脈では「都八点」で「もう8時を過ぎている」という超過を表すことができる。

(28) L 「今，今えーそうですねーもう，(J「あ」)8時，7時ぐらいになりましたね，(J「あーそうですか」)今まだわたしたち遊んでます，(J「あーそうですか」)はい。」
　　 J 「えーと，なにちゃんですか。」
　　 L 「あ，えーっと，ゆみちゃんです。」
　　 J 「ゆみちゃんですね，(L「はい」)」

L　「はい,,あ,もう8時にもなり,なったんですかー,で,大丈夫ですかーこんな遅くまで,あのー,ここにいて,お母さんは,心配ー,なさいませんか。」【正用　もう8時になったんですかー】

（KY コーパス（中国語話者,超級,CS02））

　（29）も同様に「程度を超えてしまっている」ということを表すために「も」を付けて不自然になっている例である。

　（29）L　「でも,ま私は日本へ来る前にスウェーデンで2年間生活したん（J「あーはーはーはー」）ですから,スウェーデンでは,消費税が25パーセントもありますから,（J「へー」）日本では,低いですよそれと比べると,（J「んーふんふんふん」）んー,（J「んー」）だから,5パーテン,5パーセントにも上げてもーそんなに高くはないと思いますよ。」【正用　5パーセントに上げても】

（KY コーパス（中国語話者,上級-上,CAH04））

　（30）の「だけ」も不要であり,「電話をかけています」と答えるだけで十分である。

　（30）J　「お母さんには手紙を書きますか電話をかけますか。」
　　　L　「うんー,電話ーだけ,かけています｛笑い｝」
　　　J　「あーそう,どんな話をしますか。」【正用　電話をかけました】　（KY コーパス（韓国語話者,中級-中,KIM06））

　（31）の「だけ」も使う必要がないのに用いられているとりたて助詞である。「だけ」は数量語に付けると「少ない」「不足している」というニュアンスになるため,（31）の場面では使用すると失礼になる。

　（31）L　「あのー先生は,（J「ええ」）あの岡山へ来てー,（J｜ええ」）なんねんですか。」
　　　J　「えー,1年半です。」
　　　L　「1年半だけ。」（J「はい,はい。」）以前はー,以前はー,（J「ええ」）どこでー勤めてー,いましたか。
　　　J　「えー京都,に,で働いていました。」【正用　1年半です

　　　　　　　か】　　　（KYコーパス（中国語話者，中級 - 中，CIM05））

5.3　とりたて助詞が必要なところで使用できていない

　学習者はとりたて助詞が必要なところなのに使用せず不自然と判断されるという不使用の問題がある。たとえば，(32)の下線部「肉肉肉」は「肉ばかり」とすべきであるが，「ばかり」が使用できていない。

　　(32) J　「うん，あのー，お肉がじゃ好きなんですかねー」
　　　　　L　「お肉はね，前はアメリカで，ぜんぜん，肉肉肉でした，でも今，あまりない，たぶんスキヤキだけ，だいたい魚とか，卵，とか，野菜，とか，たくさんごはん，うん，果物」【正用　前はアメリカで肉ばかり食べていました】
　　　　　　　　　　　　（KYコーパス（英語話者，中級 - 上，EIH03））

　(33)の下線部「何回何回」も，とりたて助詞「も」を付与して「何回も」とすべきであるが，使用できていない。

　　(33) J　「うーん。漢字ねー。今，漢字を勉強するときに，どんなふうにして勉強してますかー。」
　　　　　L　「あのー，漢字，を勉強するときに，あの，あの，何回何回同じ漢字を書きます。(J「うーん」)そして，あの，あー，その書く間に，あの，その漢字は，どの，どんな，あ，絵，に，(J「うーん」)，あ，のようですか(J「うーん」)あ，ということについて考えて，その絵は，その意味はどんな関係があるかどうか，という，しょ，あ，そのもう一回やります。」【正用　何回も同じ漢字を書きます】
　　　　　　　（インタビュー形式による日本語会話データベース
　　　　　　　　　　　　　　　　　　（英語話者，中級 - 下，AC））

　さらに，(34)の「少しわかります」は，とりたて助詞「しか」を使用して「少ししかわかりません」とすべきであるが，使用できていない。

　　(34) J　「あっテレビ見ないんですか」
　　　　　L　「うーんはい，(J「あーそうですか，はははははは」)うんー，んーちゅご，うんにほんーごー，今ー，少ーしわかり

まっすー，(J「うん」)から，んー夜は，んーテレビ，見ないーです，(J「ん，あっそうですか」)」【正用　少ししかわかりません】

(KYコーパス(中国語話者，中級 - 下，CIL01))

そして，(35)の「二人で限られています」も，とりたて助詞「だけ」を使用して「二人だけです」とすべきであるが，使用できていない。

(35) J 「ああ，そうですか。あなたのよ，養女になっていった家庭には，あのお子さん(J「はい」)いらしたんですか。」
　　 L 「あ，いませんでした。そういうわけ，(J「うん」)あの，え，養子をしました。」
　　 J 「あ，いなくって，(J「はい」)もらって(J「はい」)それで他には，あの，あなただけ一人育てられたんですか。」
　　 L 「あ，双子，双子と一緒にあの養女になりました。」
　　 J 「双子。双子ってふた…。」
　　 L 「ほんとの双子。ほんとのふた。」
　　 J 「ほんとの双子っていう。」
　　 L 「姉か妹，わからない，あの，／誰が先に(J「あ，生まれたか。あ，ああ，ああ，ああ」)あの生まれたかはわかりませんので。」
　　 J 「じゃ，あなたも，もらわれていったし，もう，あと二人…その双子の人ももらわれて，そのご家庭は3人の子供さんを養女にした，ということ。」
　　 L 「あ，あの，二人，で，限，れこます。／限られています。」
　　 J 「あ，二人だけ。」
　　 L 「はい。」【正用　二人だけです】

(インタビュー形式による日本語会話データベース
(デンマーク語話者，中級 - 中，NJ))

5.4　とりたて助詞の位置が不適切である

　学習者は，とりたて助詞がとりたてる範囲を考えずに不適切な位置で

とりたて助詞を使用することがある。

たとえば，(36)はボーリングの話題だが，「正面のピンだけは倒れない」とすべきところを「正面だけのピンは」と表現して誤用となっている。

(36) 「そうですね，あまり，弱くないの，あの，あまり弱かったら，なんかあの，スピートないと，うん，倒れないですよね，でもスピード速かったら，なんかあの，正面だけのピンは（{笑}）となりのは，あの，倒れないですね，ですから，ちょっと，あの，ボールをま，曲がして，あの何かその，破壊力，ボールの破壊力，大きくして，そのピン，全部倒れます。」【正用　正面のピンだけは】

(KYコーパス（中国語話者，上級，CA02）)

日本語では，「だけ」は限定してとりたてる対象のすぐ後ろに置くのが普通だが，中国語では「だけ」を意味する「只有」はとりたてる対象の前に置かれる。(36)の破線部分を中国語に翻訳すると(37)a.のようになる。(37)b.はその下線部を詳しく示したものである。この文脈では「だけ」で限定されるのは「正面のピン」なので，「正面のピンだけ」と修正しなければならない。

(37) a. 但是速度太快的话，就只有正前方的瓶子会倒，旁边的瓶子都不会。（スピードが速かったら，正面のピンだけは倒れるが，となりのピンは倒れない。）

b. 就　只有　正前方的　瓶子　会倒
　　ただ　だけ　正面の　　　ピンは　倒れる
　正面のピンだけは倒れる

(38)も同様で「だけ」の位置が正しくないために不自然になっている。(38)では「だけ」は「家庭のこと」の後ろに置かなければならない。

(38) L 「ええと，昔の女性は，あの，学問を得てはいけないんですね，(J「はあ，なるほど」)で，ですから，女性は全く，あの，全盲(J「えええええ」)と申しますか，あの，できれば，(J「ええ」)それは家庭だけのことに尽せれば，(J「うん」)

一番素晴らしい人生であると，(J「はあ」)昔から評価されていますので，(J「あーそうですか」)はい。」【正用　家庭のことだけ】　(KYコーパス(中国語話者，超級，CS03))

6. まとめ

　この論文では，学習者のとりたて助詞について(39)から(42)に示すことを明らかにした。

(39) 初級の学習者はとりたて助詞の使用頻度が低いが，中級，上級，超級になるにつれて，使用頻度が高くなる。そして，中国語を母語とする学習者は使用頻度が高いが英語を母語とする学習者は使用頻度が低い。学習者がもっともよく使うとりたて助詞は，「類似」を表す「も」と限定を表す「だけ」であり，日本語母語話者も同じである。

(40) 学習者は，「夕食はパンだけだ」など「[名詞]＋だけだ」を多用する。これに対して，母語話者は「ただ走っているだけだ」など「[動詞]＋だけだ」を多用する。

(41) 学習者は，「この本は1000円だけだ」や「かれは係長だけだ」など主語の性質を規定する名詞に「だけだ」を付けて不自然と判断されることが多い。「だけだ」は「1本」「3年」など個数や量などを表す名詞には直接付けることができるが，「係長」のような主語の性質を規定する名詞の場合には，名詞に「だ」を付けて「名詞＋な」となった名詞述語に「だけだ」を付けなければならない。母語話者はこのタイプの「[名詞]＋な＋だけだ」「[ナ形容詞]＋だけだ」を使用するが，学習者は不使用の問題がある。

(42) 学習者のとりたて助詞の習得の問題として以下の4点がある。

　　a. 学習者は「だけ」「しか」など似た意味のとりたて助詞を混同する。

　　b. 学習者は「もう8時になったんですか」とすべきところ

　　　　を，「もう8時にもなり，なったんですかー」とするなど不必要なとりたて助詞「も」を使用することがある。
　c. 学習者は，「肉ばかりでした」とすべきところを「肉肉肉でした」とするなど，とりたて助詞が必要なところで使用できていないことがある。
　d. 学習者は「正面のピンだけは倒れる」とすべきところを「正面だけのピンは」とするなど，とりたて助詞の位置が不適切なことがある。

調査資料

「インタビュー形式による日本語会話データベース」『じんこんもん DATABASE vol.1』（重点領域『人文科学とコンピュータ』総括班（代表：上村隆一））
KYコーパス（代表：鎌田修・山内博之）
「現代日本語書き言葉均衡コーパス」国立国語研究所，Online: https://pj.ninjal.ac.jp/corpus_center/bccwj/

参照文献

澤田美恵子（2007）『現代日本語における「とりたて助詞」の研究』くろしお出版.
高橋太郎・金子尚一・金田章宏・齋美智子・鈴木泰・須田淳一・松本泰丈（2005）『日本語の文法』ひつじ書房.
寺村秀夫（1991）『日本語のシンタクスと意味Ⅲ』くろしお出版.
中西久実子（2006）「日本語学習者はとりたて助詞の何を習得すべきか―談話データにおけるとりたて助詞の誤用の実態調査から―」『無差』13, pp. 53–64, 京都外国語大学日本語学科.
中西久実子（2010）「日本語学習者・日本語母語話者のとりたて助詞の使用実態」『計量国語学』27-7, pp. 270–282, 計量日本語学会.
中西久実子（2012）『現代日本語のとりたて助詞と習得』ひつじ書房.
中西久実子（2014）「「[名詞]+だけだ」が不自然になる原因―「弟は10歳だけだ」はなぜ不自然なのか―」『日本語教育』159, pp. 17–29, 日本語教育学会.
日本語記述文法研究会（編）（2009）『現代日本語文法5　第9部 とりたて　第

10 部 主題』くろしお出版．
沼田善子（2000）「とりたて」，金水敏・工藤真由美・沼田善子『時・否定と取り立て』（日本語の文法 2），pp. 151–216，岩波書店．
沼田善子（2009）『現代日本語とりたて詞の研究』ひつじ書房．
野田尚史（2007）「日本語非母語話者の日本語とりたて助詞の不使用」，中西久実子（編）『主題・とりたてに関する非母語話者と母語話者の運用能力の対照研究』（平成 15 年度〜平成 18 年度科学研究費補助金基盤研究（C）（1）研究成果報告書）付録 DVD‐R「会話文字化資料・映像資料」pp. 53–70．
森本順子（1992）「誤用研究ノート—「だけだ」を中心として—」，藤森ことばの会（編）『藤森ことば論集』pp. 37–61，清文堂．

琉球語のとりたて表現

狩俣　繁久

1. この論文の主張

　この論文では琉球語のとりたて表現をとりあげる。琉球語は多様な下位方言で構成されるが，この論文では那覇方言のとりたて表現を扱う。次の（1）から（4）を述べる。

- （1）　琉球語のとりたて表現は，日本語と同じく，とりたて助詞が中心である。
- （2）　「限定」「極端」「反限定」「類似」「反類似」を表すとりたて助詞はあるが，「反極端」を表すとりたて助詞はない。
- （3）　主語や目的語をとりたてるとき，とりたてる名詞の後ろにとりたて助詞を付ける。格助詞があるときはその後ろに付ける。主語を表す格助詞ガ（が），ヌ（が）の後ろにもン（も），ヤ（は），ドゥ（こそ）を付ける。
- （4）　「限定（特立）」のドゥ（こそ）は，使用上の制限があって疑問詞疑問文と命令文には現れない。しかし，日本語の「こそ」に比べて使用頻度が高く，断定文，推量文，肯否疑問文などで使用され，さまざまな述語形式が文末に現れる。

　以下，2.で琉球語のとりたて表現の形態について，3.でとりたて表現の意味について，4.でとりたて助詞の位置について，5.でとりたて表現におけるドゥと述語制限について述べる。

　琉球語のとりたて表現についての研究は，野原三義（1986）がある。

ただしこの研究は，例文を挙げながら那覇方言のとりたて助詞について論じているが，その意味の詳細を含めた全体の体系的な研究としては十分ではない。なお，野原三義 (1986) は，琉球語の諸方言の格助詞ととりたて助詞の形式と歴史的な変化についても論じている。

この論文では，調査資料として挙げた2冊に収められている「豊年」，「多幸山」，「くちなしの花」の3本の沖縄芝居の脚本の例を使用した。なお出典を明示していない例文は調査によって那覇方言の話者に確認したものである。

2. 琉球語のとりたて表現の形態

琉球語と日本語は多くの語彙が共通し，規則的な音対応もあって歴史的な系譜関係が証明されている。文法も語順や語形変化の仕方を含めて日本語と多くの共通点を持つ。琉球語のとりたて助詞には，現代日本語と同語源のとりたて助詞もあるが，語源の異なるものもある。

琉球語には，ン (も)，ヤ (は)，ドゥ (こそ)，ダキ (だけ)，ビケーン (ばかり)，ンデー (でも)，マディ (まで)，ンチョーン (さえ)，ドゥン (さえ)，サイ (さえ) のとりたて助詞がある。

ン (も)，ヤ (は)，ダキ (だけ)，マディ (まで)，サイ (さえ) は，対応する日本語のとりたて助詞と語形的にも意味的にも対応している。ンデー (でも)，ビケーン (ばかり)，ンチョーン (さえ)，ドゥン (さえ) は，日本語と対応する形式がない。ドゥ (こそ) は古代語の「ぞ」に対応する形式である。

表1 琉球語のとりたて表現の形態

限定	ドゥ (こそ) ダキ (だけ) ビケーン (ばかり)	反限定	ンデー (でも) ン (も)
極端	マディ (まで) ンチョーン (さえ) ドゥン (さえ) サイ (さえ) ン (も)	反極端	——
類似	ン (も)	反類似	ヤ (は)

「類似」のン（も）は，歴史的には「も」が撥音ンに変化したもので，日本語の「も」と同じく，「反限定」，「極端」，「類似」を表す多義的な形式である。

「反類似」のヤ（は）は，次の（5）の形態の変化が見られる。
（5）a. 左ヒジャイ（左）　　左ヤヒジャイ（左は）
　　b. 腕ウディ（腕）　　腕ーウデ（腕は）
　　c. 夫ウトゥ（夫）　　夫ーウト（夫は）
　　d. 刀カタナ（刀）　　刀ーカタナ（刀は）
　　e. 銭ジン（銭）　　銭ージノ（銭は）

文末の述語動詞をとりたてるとき，動詞のル形やタ形の場合，ヌミ　ドゥ　スル（飲みこそする），ヌメー　スン（飲みはする），ヌミン　スン（飲みもする）のように連用形のヌミ（飲み）にドゥ（こそ），ヤ（は），ン（も）を付け，補助動詞スン（する）を組み合わせた分析的な形式にする。（6）はアン（有る）をドゥでとりたてたものである。
（6）　殺クルサッタル　人チュトゥ　縁インヌ　有アイドゥ　スルイ。
　　　　殺された人と縁が有りこそするのか。　　　（多幸山，p. 60）

動詞のテイル形をとりたてる場合，ヌディドゥ　ウル（飲んでこそいる），ヌデー　ウン（飲んではいる），ヌディン　ウン（飲んでもいる）のようにテ形のヌディ（飲んで）にドゥ（こそ），ヤ（は），ン（も）を付け，補助動詞ウン（いる）を組み合わせた分析的な形式にする。（7）は「血迷トーン」（血迷っている）をドゥでとりたてたものである。
（7）　汝ナーヤ　血迷チマユーティドゥ　ウルイ。
　　　　貴方は血迷ってこいるのか。　　　（多幸山，p. 84）

従属節の述語は，テ形や条件形に直接ドゥ（こそ），ヤ（は），ン（も）を付けてとりたてる。（8）はテ形にドゥを付けてとりたてている。
（8）　出ンジャシビチー　所トックルンカイ　出ンジャチドゥ　ウヌ　戒イマシミミン　スル。
　　　　出すべきところに出してこそ，その咎めもするのだ。
　　　　　　　　　　　　　　　　　　　　　（多幸山，p. 72）

「極端」のサイ（さえ）は，語形的にも意味的にも現代日本語の「さえ」に対応する。日本語の二重母音 ae, ai は，琉球語では，メー（前），ヤ

セー（野菜）などのように融合して長母音 e: で現れるのが原則だが，サイは二重母音のままである。このことは，サイ（さえ）が借用された形式であることを示している。

琉球語には，名詞述語をつくる繋詞のヤン（だ）の譲歩形のヤティン（であっても），ヤラワン（であっても）が現代日本語の「極端」のとりたて助詞「も」と同じ「極端」を表す。ヤティンは，テ形のヤティ（で）に「極端」のン（も）を付けたもので，ヤラワンは，条件形ヤラワ（ならば）に「極端」のン（も）を付けたものである。

3. 琉球語のとりたて助詞の意味

琉球語のとりたて助詞は，「限定」「極端」「類似」が多く，「反限定」「反類似」が少ない。「反極端」を表すとりたて助詞はない。「限定」のドゥ（こそ），「類似」のン（も），「反類似」のヤ（は）は，他のとりたて助詞に比べて使用頻度も高い。「限定」と「反限定」，「極端」，「類似」と「反類似」の順に見ていく。

3.1 「限定」と「反限定」

「限定」を表すとりたて助詞には，ドゥ（こそ），ダキ（だけ），ビケーン（ばかり）があるが，現代日本語の「しか」に相当するとりたて助詞はない。

「限定(特立)」のドゥ（こそ）は，現代日本語の「こそ」と同じく，特に目立たせてとりたてたいものごとを表す単語の後ろに付ける。話し手が聞き手との関係の中で伝えたいこと，知りたいこと，疑わしいことを表す単語，句，節に焦点を当てて目立たせる。

「限定(特立)」のドゥ（こそ）は，名詞，動詞，形容詞，接続詞の後ろに付けることができ，現代日本語の「こそ」に比べて使用の制限が少なく，現代日本語の「こそ」に訳しにくい場合が多い。ドゥ（こそ）そのものは，卓立の強調のような特別なイントネーションで発せられるわけではないが，日本語訳を読むとき，卓立の強調にして発音すると，ドゥの特立の意味が伝わる。

ドゥ（こそ）は，文中の特定のものごとをとりだしてとりたてる特立の意味を表すが，ダキ（だけ），ビケーン（ばかり）のような同類のものの中から他を排して限定するという意味は含まれていない。また，場面のなかに与えられた他のものごとを排除するとき，排除されるものごとが同一文中，あるいは，先行する文に否定表現を伴って現れることがある。(9) は，追剝ではないかと疑われた人が相手に向かって言い返している場面である。このような話し手と聞き手の2人しかいない場面では，「我」「汝」のように，単語の語彙的な意味から排除されるものが容易に特定できる。

(9) 我ガ 目カラ 見ジーネー 汝ガドゥ 追剝ナティ 見ンデー。
（ワー）（ミー）（シー）（イャー）（フェーレー）（ミー）

俺の目から見ると，おまえこそ追剝に見えるぜ。
(多幸山，p. 46)

(10) は，長らく不明であった殺人犯が名乗り出てきた場面で，殺された人の妻が犯人に対して発したものである。殺人犯が長い間特定できず，他に想定された犯人がいたわけではない場合でも，「限定（特立）」のドゥを用いることができる。

(10) ハキサミヨー。我 夫ー 汝ガドゥ 殺チャンヤー。
（ワン）（ウトゥ）（イャー）（クル）

何だって！ 私の夫はおまえが殺したんだな。(多幸山，p. 54)

ドゥ（こそ）は，単語の表すものごとだけでなく，その単語を含む句や節を特立してとりたてることができる。(11) は目的語となる名詞「肩」の後ろにドゥを置いて，動詞句の「肩 持チョーミシェーンナー（肩をお持ちになっていらっしゃるんですか）」全体をとりたてている。

(11) 貴方ー クヌ 悪者ヌ 肩ドゥ 持チョーミシェーンナー。
（ウンジュ）（ヤナムン）（カタ）（ムッ）

貴方はこの悪者の肩をお持ちになっていらっしゃるんですか。
(多幸山，p. 64)

ドゥ（こそ）は，次の(12)のように接続詞をとりたてることもできる。

(12) ヤグトゥドゥ 言チャノー アラニ？
（イ）

だから，言ったんじゃないか。
(多幸山，p. 36)

2つの物事を対比する場合，ドゥ（こそ）とヤ（は）が同時に用いられ

ることがある。(13) のように，ヤが否定表現で用いられ，ドゥ (こそ) が肯定表現で用いられる。ヤ (は) を用いた文が前に置かれて，ドゥ (こそ) を用いた文が後ろに置かれる。

(13) 今カラー 人ヌ(ッチュ) 物ヤ(ムン) 盗マングトゥ(ヌス) 取イドゥ(トゥ) スンドー。
これからは人の物は盗まないで，取るんだよ。
(くちなしの花, p. 158)

次の (14) は，集合に遅れた娘を探しにきた婆さんと娘の会話である。娘は遅れた理由を説明しながら「妙ナ　事ドゥ　問イン (妙なことを聞く)」という動詞句をとりたてている。ここでは連体修飾語を含む目的語と述語がとりたてられている。さらに，婆さんの「何　問イタガ (何を聞いたの)」の疑問詞疑問文に対して，娘は旅人から聞かれた内容の全体をとりたてている。ドゥは単語だけでなく，句や節をとりたてることができるのである。

(14) 娘：アヌ　旅人ヌ(タビンチュ)　妙ナ　事ドゥ(イフー　クトゥ)　問インデー(トゥー)。
あの旅人が妙なことを聞くんだよ。
婆：何ガ(ヌー)，何(ヌー)　問イタガ(トゥー)？
なんだい，何を聞いたの。
娘：今カラ(ナマ)　二十五年前(ニジューグニンメー)　クヌ　村ヌ(ムラ)　人ヌ(ッチュ)　人ンカイ(ッチュ)　殺(クル)サッタシェー(ウ)　居ラニンディドゥ　インシェーンデー。
今から二十五年前この村の人が人に殺されたのはいないのかっておっしゃるんですよ。
(多幸山, p. 52)

分裂文は，(15) に見るように元の文の述語を文頭に移動して主題にし，特立してとりたてる部分にドゥ (こそ) を付けて述語にする。

(15) 合点(ガッティン)　ナランシェー　汝達ドゥ(イッター)　ヤルヒャー。
承知しないのは，お前たちだ。　(くちなしの花, p. 82)

「限定」のビケーン (ばかり) は，(16) のように限定したい名詞の後ろに付けて複数ある同類の他のものごとを排してとりたてる。

(16) アマヌ　童ー(ワラベ)　菓子ビケーン(クヮーシ)　食(カ)ドーンドー。
あそこの子は菓子ばかり食べているよ。

「限定」のダキ(だけ)が名詞をとりたてる場合は，(17)のように限定したい名詞の後ろに付けて複数ある同類の他のものごとを排してとりたてる。(17)はダキ(だけ)の後ろにヤ(は)を付けて同類の物と対比させ「限定」の意味を際立たせている。

(17) 持チョール　銭ー　全部　取ラスグトゥ　クヌ　刀ダケー
　　　(ムッ)　　　(ジノ)　　　(ムル)(トゥ)　　　(カタナ)
　　　返チ　呉ソーレー。
　　　(ケー)(クィン)
　　　持っている金は全部渡すからこの刀だけはお返しください。
　　　　　　　　　　　　　　　　　　　　　　(多幸山，p. 34)

「反限定」のンデー(でも)は，選択肢や可能性の1つとして提示する物事の後ろにつける。(18)は，休憩して行うことの例の1つとして雑談をあげている。

(18) ヘイヘイ，次良，憩ティ　雑談ンデー　ッシ　ンーダナ。
　　　　　　　　(ジラー)(ユク)(ユンタク)
　　　やあ，次良，休んでおしゃべりでもしてみよう。
　　　　　　　　　　　　　　　　　　　　　　(くちなしの花，p. 172)

「反限定」のン(も)は，(19)のように名詞の後ろに付けて同類のものごとが他にもあるかのように漠然と表す。

(19) 旅先ウティ　銭金　取ラッティ　汝ン　心労デーンナー。
　　　(タビサチ)　(ジンカニ)(トゥ)　(ナー)(シンドー)
　　　旅先で金を取られて貴方もたいへんですね。(多幸山，p. 42)

3.2 「極端」と「反極端」

「極端」を表すとりたて助詞には，マディ(まで)，ンチョーン(さえ)，ドゥン(さえ)，サイ(さえ)，ン(も)がある。

「極端」のマディ(まで)は，到達点を表す格助詞マディ(まで)と同音であり，意味的にも形式的にも現代日本語の「まで」に対応している。マディ(まで)は，想定された基準を尺度にして，そのものことがその基準外であることを示す。(20)は高貴な家に生まれた自分が女郎との間に子を作ることが基準から外れていることを表している。(21)は人を殺したと名乗り出てきた人から事情を聞いた僧侶がその人の言動から人殺しのような大罪を犯す人には思えないと言ったものである。

(20) 按司ヌ　子ニ　生マリタル　我ガ　女郎花トゥ　子マディ
　　　(アジ)　(クヮ)(ン)　　　　　　(ワー)(ズリハナ)　　(クヮ)

産^ナチャンディ 言^イル…

按司の子に産まれた私が女郎と子まで産んだという

(くちなしの花，p. 112)

(21) クヌ 旅人^{タビンチュ}ヌ 追剥^{フェーレー}ッシ 人^{ッチュ}マディ 殺^{クル}チャンデー 如何^{イカナ}シン 思^{ウマー}ランシガ。

この旅人が追剥をして人まで殺したとはとても思えないのだが。 (多幸山, p. 76)

マディ（まで）は，「極端」のン（も）を後に付けることがある。(22)は，マディ（まで）の後ろに「極端」のン（も）が付いていて，不始末を犯したお前だけでなく，想定外の「俺までも」叱られたことを表している。

(22) アヤー 前^{メー}ニ 勘違^{カンチゲー}ーサッティ 我^{ワン}マディン 叱^{ウンデー}サッタシェー。

奥様に勘違いされて俺までもお叱りを受けたじゃないか。

(くちなしの花，p. 104)

ンチョーン（さえ）は，前にあるものごとが想定された基準に反する極端な例であることを表す。「最低でも，それさえ」という気持ちが含まれる。(23)は，これまでは親孝行ができなかったが，これからではあっても親孝行したいということを表している。(24)は利き腕での腕相撲で全く歯が立たなかった者が左腕での勝負を申し出たのに対して，右腕での勝負を基準にすると，左腕ではまして勝負にならないということを表している。

(23) 貴方ガ 居^{ウンジュ}タグトゥドゥ 我ニン 生^ウマリタル。クリカランチョーン 我ニ 孝行^{コーコー} サッティ 呉^{クィン}ソーレー。

貴方が居たからこそ，私も生まれたのだ。これからでも私に孝行をさせてください。 (くちなしの花，p. 216)

(24) 左^{ヒジャイ}ヤー。右^{ニジリ}ンチョーン 敵^{カナー}ンムンヌ，左^{ヒジャイ}ヤ ユクンチャーガ ヤラヤー。

左ねえ。右さえ敵わないのに左はよけいどうだろう。

(くちなしの花，p. 182)

「極端」のドゥン（さえ）は，条件節専用のとりたて表現で，主文の出

来事が成立するための最低限の条件であることを表す。(25)は，動詞の条件形の「願レー」(願えば)をとりたてるのに，連用形の願イ(願い)の後ろにドゥンを付け，動詞のスン(する)の条件形シェー(すれば)を組み合わせた条件節を作って，条件節をとりたてている。

(25) 真心(マグクル) 尽(チク)チ 願イドゥン シェー 必(カンナ)ジ 女子(イナグングヮ) ウタビミシェーン。

真心を尽くして願いさえすれば，必ず女の子を授けてください ます。　　　　　　　　　　　　　　　　(くちなしの花，p. 126)

サイ(さえ)は条件節に含まれるものごとをとりたて，想定された基準を尺度にして極端な例として示す。(26)は，追剥が旅人から金さえ取れば，大切な刀は返してやると，刀を返す条件を述べている。

(26) 銭(ジン)サイ 取レー クヌ 刀(トゥ)ー 入用(イリユー)ヤ ネーラン。

金さえ取れば，この刀は必要はない。　　　(多幸山，p. 34)

ヤティン(であっても)とヤラワン(であっても)は，名詞述語を構成する繋詞ヤン(だ)の譲歩形で，格標示のない名詞と組み合わさって，通常であれば成立しないものごとがその想定に反して成立することを表す。(27)は少し前に逃げられた旅人に今なら追いつけることを表している。

(27) 何(ヌ)ヤ 逃(ヌガ)チャン。今(ナマ)カラ ヤティン 間(マ)ニ 合(アー)イン。

何が逃がしただ。今からでも間にあう。　　(多幸山，p. 26)

現代日本語の「でも」が「極端」でも「反限定」でも使用される多義的な形式であるのに対して，ヤティン(でも)とヤラワン(でも)は「極端」の意味しか持たない単義的な形式である。

「極端」のン(も)は，想定された基準を尺度にして想定外の極端な例として示す。想定外の「〜さえ」という気持ちが含まれる。(28)は，畑の大根を盗って食べた男を殴ったり蹴ったりしている村人たちに男を許してやれと声をかけた女性の発話である。人の真心は大きなものだけではなく，細い松の葉にも包めるくらいの真心もあるという意味の諺を引用しながら，それくらいの情けさえかけられないのかと村人たちを諭しているのである。

(28) 人間ヌ(ニンジン) 情ンディ イシェー 松葉ニン(マーチヌファー) 包マリーンチ(チチ) 有イドゥ(ア) スル。
　　　人間の情ってえのは松の葉にも包めるってのがあるんだ。
　　　　　　　　　　　　　　　　　　　　　（くちなしの花, p. 156)

　琉球語には,「なんて」「ぐらい」のような「反極端」を表すとりたて助詞はない。ものごとに対する低い評価を表す場合は,形式名詞のアタイ（ごとき）を用いる。(29)は,助詞なしの形で名詞を修飾できる二人称代名詞「汝」の後に置かれ,アタイが「汝」に対する評価の低いことを表している。

(29) 分際ン(ブンゼーン) 知ラン(シ)。汝(イヤー) アタイヌ 者ー(ムノー) ナランサ。
　　　身の程も知らない。おまえのごとき者はだめだ。
　　　　　　　　　　　　　　　　　　　　　（くちなしの花, p. 102)

3.3 「類似」と「反類似」

　「類似」のン（も）は,とりたてられたものごとと同類のものごとが他にもあることを表す。(30)は,追剥が先に奪った銭（お金）に刀を添加している。

(30) クヌ 刀ン(カタナ) 我ガ(ワー) 預トーチュサ(アジカ)。
　　　この刀も俺が預かっておくよ。　　　（多幸山, p. 34)

　「反類似」のヤ（は）は,現代日本語の「は」と同じく,同類のものごととの対比を表す。ある物事をヤ（は）でとりたてる場合,その要素の後にヤ（は）を付けて,同類のものごとと対比する。(31)は,「国頭ウティ（国頭で）」と「クマウティ（ここで）」の2つの場所名詞にヤ（は）をつけて並べて,対比するものごとを明示している。なお,ウテー（では）は,ウティ（で）にヤ（は）が付いて融合した形式である。

(31) 国頭ウテー(クンジャン) 生チ神ガ(イガミ) ヤラ 何ガ(ヌー) ヤラ 分ランシガ(ワカ) クマウテー(ッチュクル) 人殺サー(フェーレー) 追剥ドゥ ヤル。
　　　国頭では生き神だか何だか知らないがここでは人殺し,追剥だ。
　　　　　　　　　　　　　　　　　　　　　（多幸山, p. 82)

4. 琉球語のとりたて表現の位置

琉球語のとりたて助詞は名詞の後ろに付け，格助詞があるときはさらにその後ろに付ける。

主語をとりたてるとき，ヤ（は），ン（も）を主語を表す格助詞のガ（が），ヌ（が）のさらに後ろに付けることができる。現代日本語が主語を表す「が」の後ろに「は」，「も」を付けることができないのと大きく異なる。

表2　主語のガ（が），ヌ（が）ととりたて助詞の接続

	ガ格	ヌ格
とりたて助詞なし	ワーガ（私が）	ッチュヌ（人が）
ン	ワーガン（私がも）	ッチュヌン（人がも）
ヤ	ワーガー（私がは）	ッチュノー（人がは）
ドゥ	ワーガドゥ（私がこそ）	ッチュヌドゥ（人がこそ）

まず，ン（も）は，現代日本語と異なり，主語をとりたてるとき格助詞のガ（が），ヌ（が）のさらに後ろに付けることができる。ガンとヌンは，主語として動作の主体，状態の持ち主を表しながら，「極端」と「類似」の意味を表す。

(32)のン（も）は，使用人に厳しい主人さえ亀千代を可愛がっているという「極端」を表し，(33)のン（も）は，自分の妻を貶された漁師が自分も相手の百姓の妻のことを「大したことない」と言い返している場面で，「類似」の意味を表している。格標示無しの名詞にン（も）の付けた主語に比べて，動作主の明示が際立たせられる。なお，琉球語と日本語のバイリンガルの年配の話者が日本語を話すとき，「～がも」のように主語の「が」に「も」を付けて話す。

(32) 御旦那ヌ　前ガン　クニヒャー　亀千代ヤ　ユー働者ンディ
　　　ウダンナ　メー　　　　　　　カミジャー　　ハタラチャー
　　言チ　愛サソーミシェーンドー。
　　イ　　　カナ

旦那様もこいつ亀千代は働き者だといって可愛がっているよ。　　　　　　　　　　　　　　　　（くちなしの花，p. 174）

(33)　我ガー（ワー）　汝達（イッター）　ユム妻ヤ（トゥジ）　エヘンドゥ　ヤル。
　　　俺にはおまえの妻は大したことない。
　　　我ガン（ワー）　汝達（イッター）　ユム妻ヤ（トゥジ）　エヘンドゥ　ヤル。
　　　俺もおまえの妻は大したことない。　　　　（豊年，p. 244）

　主語として動作の主体，状態の持ち主を表しながら，対比の意味を加えるとき，名詞に格助詞ガ（が），ヌ（が）を付け，さらにその後ろにヤ（は）を付けて表すことができる。(34)のノー，(35)のガーは，それぞれガ（が），ヌ（が）にヤ（は）をつけた例である。格標示は日本語の「が」に対応しているが，意味的には日本語の「には」「では」の意味を表している。

(34)　侍ヌ（サムレー）　義理ンディシェー（ジリ）　私達（ワッター）　下々ノー（シムジム）　分カヤビラン。
　　　侍の義理というのは，私たち下々の者には分かりません。
　　　　　　　　　　　　　　　　　　　　　（くちなしの花，p. 114）

(35)　汝達ガー（イッター）　亀千代ンカイヤ　如何ン　ナランムンナー。
　　　おまえたちでは亀千代にはどうにもならないな。
　　　　　　　　　　　　　　　　　　　　　（くちなしの花，p. 186）

　なお，バイリンガルの年配の話者が日本語を話すとき，「がは」のように主語の「が」に対比の「は」を付けて話す。
　「限定（特立）」のドゥ（こそ）は，ヤ（は），ン（も）と同じく主語を表すガ，ヌの後ろに付いて主語を際立たせてとりたてる。(36)の「汝ガドゥ」は直訳すると「おまえたちがこそ」で，(37)の「銭ヌドゥ」は「金がこそ」になる。現代日本語が「こそ」の後ろに「が」を付けて「こそが」となるのと順序が逆になる。

(36)　汝ガドゥ（イヤー）　加那ンカイ（カナー）　腕掛キランディ（ウディ　カ）　言チャノー（イ）　アラニ。
　　　おまえこそが加那に腕相撲しようと言ったんじゃないか。
　　　　　　　　　　　　　　　　　　　　　（くちなしの花，p. 180）

(37)　慣リラン（ナ）　旅先ウトーテー（タビサチ）　銭ヌドゥ（ジン）　先　ナユシガ（サチ），

慣れない旅先では金こそが先になるのだが，

(くちなしの花，p. 142)

　動詞句をとりたてるとき，動詞にとりたて助詞を付けるのではなく，動詞句を構成する目的語の後ろにとりたて助詞を付けて表す。(38)は，目的語の「刀」の後ろにン（も）を付けて動詞句「刀ン取ティ来ワ（刀を取って来い）」をとりたてている。

(38)　大父(ウフスー) 早ク(ヘー) 合図ッシ 呼ディ 来ワ(クー)。ウリカラ 刀(カタナ)ン 取ティ来ワ(クー)。

爺さんを早く声を掛けて呼んで来い。それから刀も取って来い。　　　　　　　　　　　　　　　　　　(多幸山，p. 58)

　ビケーン（ばかり）もダキ（だけ）も動詞や動詞句をとりたてる場合は，(39)(40)のように動詞の連体形の後ろに付ける。

(39)　刀(カタナ)ー 持(ムッ)チョールビケーンッシ 咎(トゥガ) ナイビーンドー。

刀は持っているだけで罪になりますよ。

(40)　一目(チュミ) 見(シー)ジュルダキドゥ ヤグトゥ 見(ミ)シティ 呉(クィン)ソーレー。

一目見るだけだから，見せてください。　(多幸山，p. 32)

　他のとりたて助詞と同じく「反限定」のンデー（でも）も，(41)のように名詞の「離島」の後ろの格助詞ンカイ（に）の後ろに置かれるのを原則とするが，その一方で，(42)では名詞「八重山」と格助詞ンカイ（に）の間に入っている。この場合，ぼかしの意味がより前面にでてくる。

(41)　今度(クンドゥ)ー 遠旅(トゥーサタビ) 離島(ハナリ)ンカインデー 行ジャビラナ。

今度は遠く離島にでも行きましょう。

(くちなしの花，p. 142)

(42)　宮古(ナーク)カラ 八重山(ユーマ)ンデーンカイ 飛(トゥ)バチ 行ジャビラナ。

宮古から八重山にでも行きましょう。

(くちなしの花，p. 142)

5. 琉球語のとりたて表現におけるドゥと述語制限

　琉球語の「限定（特立）」のドゥ（こそ）は，「類似」のン（も），「反類

似」のヤ（は）と同じく使用頻度が高く，現代日本語の「こそ」に比べて制限が少ない。前出の(13)(14)(15)や次の(43)などの断定文，(44)の推量文，(45)の肯否疑問文などいろいろなタイプの文に現れる。

(43) ぐま盗人小 スシガドゥ 後ー 大盗人 ナインドー。
　　　　　ヌスドゥグヮー　　　　アト　　ウフヌスドゥ
　　　小さな盗みをする奴こそが後々は大泥棒になるんだぞ。
　　　　　　　　　　　　　　　　　　　（くちなしの花，p. 154）

推量文の場合，不確かなことを述べるなかで，可能性のあるものごとを推量の対象にする。(44)では主人公の男に旅の僧が2人の出会いの不思議な縁について，その理由を推量している。

(44) カンシ 会イシン 何ガナヌ 縁ヌ 有ティドゥ ヤルハジ。
　　　　　　イチャ　　　　ヌー　　イン　ア
　　　こうして出会うのも何かの縁があってこそなのだろう。
　　　　　　　　　　　　　　　　　　　　　（多幸山，p. 44）

肯否疑問文の場合，いくつかある可能性の中から話し手が確認したいものごとを表す単語の後ろにドゥ（こそ）を付けて聞き手に確認する。(45)は，25年前に亡くなった人の素性を追剥仲間だった相手に向かって質問している。

(45) アヌ 人ン 追剥ドゥ ヤタンナー？
　　　　　　　ッチュ　フェーレー
　　　あの人も追剥だったの。　　　　　　（多幸山，p. 90）

原因・理由を表す従属節の述語にドゥ（こそ）が付いて，主文の出来事が成立するための原因を表す。このとき，ドゥ（こそ）は従属節全体をとりたてる。(46)は，追剥だった男が逃げていく理由を従属節で際立たせて述べている。

(46) 弱ミヌ 有クトゥドゥ 逃ギティ 行チュル。
　　　ヨー　　ア　　　　　　ヌ　　　　イ
　　　弱みが有るからこそ逃げていくのだ。　　（多幸山，p. 90）

ドゥ（こそ）は，命令文には現れないが，命令文を主文にもつ条件的な従属節には現れる。(47)は，命令する条件がとりたてられている。

(47) クヌフージー 盗人ヤ 打チ殺シワドゥ 性 入グトゥ
　　　　　　　　　　　　ヌスラー　ウ　クル　　　　　ソー　イー
　　　ナーヒン 叩殺セー。
　　　　　　　タックル
　　　こんな盗人は打ち殺せば性根が入るから，もっと叩き殺せ。
　　　　　　　　　　　　　　　　　　　（くちなしの花，p. 152）

ドゥ（こそ）は，疑問詞疑問文にも現れない。(48)(49)のような疑問詞疑問文の場合，疑問詞そのものが特立されているため，それにさらにドゥ（こそ）をつける必要がないためである。

(48) 汝ガ　驚カチャル　ウヌ　旅人　マーンカイ　行チュタガ。
　　　(イャー)(ウドゥル)　　　　　(タビニン)　　　　　　(イ)
　　　おまえが驚かせたその旅人，どっちに行ったんだ。
　　　　　　　　　　　　　　　　　　　　　　　　(多幸山，p. 38)

(49) 何ヌ　恨ミヌ　有ティ　我達　父　殺チャガ？
　　　(ヌー)(ウラ)　(ア)　(ワッター)(スー)(クル)
　　　何の恨みがあってうちの父を殺したんだ。
　　　　　　　　　　　　　　　　　　　　　　　　(多幸山，p. 66)

　琉球語の動詞の終止形は，語末にンが現れ，語末にルの現れる連体形と語形が異なる。文中にドゥを含む文の文末の述語には連体形と同音の語末にルの現れる強調形が現れる。(50)は，連体形の曲ガイル（曲がる）と文末の強調形の曲ガイル（曲がる）が同音である。(51)の文末の動詞も強調形である。なお，終止形は曲ガインと生マリールである。

(50) 幼サイニカラ　曲ガイル　木ヌドゥ　曲ガイル。
　　　(クー)　　　(マガ)　(キー)　　(マガ)
　　　幼いころから曲がる木が曲がるのだ。

(51) 縁ヌ　有タグトゥドゥ　子マディン　生マリタル。
　　　(イン)(ア)　　　　　(ックヮ)　(ン)
　　　縁があったからこそ子まで生まれたのだ。
　　　　　　　　　　　　　　　　　　　　　(くちなしの花，p. 120)

　ドゥ（こそ）が古代日本語の「ぞ」に対応すること，ドゥ（こそ）を含む文の述語に連体形と同音の強調形が現れることから，古代日本語と同じく，琉球語のドゥ（こそ）と文末の述語との間にも「係り結び」があるといわれてきた。

　しかし，ドゥ（こそ）は，疑問詞疑問文，命令文以外のさまざまなタイプの文に現れ，(48)(49)などに見るように強調形以外のさまざまな述語形式と共起する。

　その一方で，(52)(53)のようなドゥ（こそ）を含まない文の述語に「名乗イ出タル」（名乗り出た），「持ッチョール」（持っている）のような，語末ガルで終わる強調形が現れる例も少なからず存在する。

(52) 父ヤ　覚悟ヌ　上ニ　名乗イ出タル。
　　　(スー)(カクグ)(ウィー)(ナヌ)(ンジ)

　　　　　　　父は覚悟の上で名乗り出たのだ。　　　　（多幸山，p. 86）
　　　　　　　　　ヌー　　ヒャクショー　　　　　ム
　（53）　何ガ　百姓ヌ　ウリ　持ッチョール。
　　　　　　　なぜ百姓がそれ（刀）を持っているんだ。　　（多幸山，p. 30）

　（9）（10）（11）（12）（13）（14）（15），および（43）（44）（45）のように，琉球語にはドゥがあっても強調形が現れない文がある。ドゥが無くても強調形の現れる文もある。文中の特定の助詞が文末の特定の述語形式の出現に制約を与えて支配することを「係り結び」とするなら，琉球語に係り結びはないことになる。琉球語では，現代日本語と同様にモダリティ表現は主に述語形式で表される。しかし，その述語形式を支配する機能をドゥ（こそ）が持っているとは言えない。なお，かりまたしげひさ（2011）では，沖縄本島北部の今帰仁村方言と宮古島市平良下里方言と石垣市四箇方言に「限定（特立）」のドゥ（こそ）があるが，那覇方言と同じようにドゥと文末の述語形式の間に係り結びの関係が無いことを論じている。

　否定形式を述語にもつ文では，義務的といってよいほどヤ（は）が現れる。琉球語では，日本語と同じように形容詞の否定形は語尾にクを有する連用形にヤ（は）を付け，補助動詞の無ラン（無い）を組み合わせる。（54）では「裕福サン（裕福な）」の形容詞の連用形「裕福ク」にヤ（は）の付いた「裕福コー」が「無ラン」と組み合わさった形式が使用されている。ヤ（は）を含まない「裕福ク　無ラン」のような言い方は不自然である。
　　　　　　　　ミーシ　　　　　イャー　トゥマ　　　　　　ワッター　　　ユチ
　（54）　見ジ知ラジヌ　汝　泊ラスル　アタイ　我等ヤ　裕福コー
　　　　　　ネー
　　　　　無ランサ。
　　　　　　　見ず知らずのおまえを泊めるほどうちは裕福ではないよ。
　　　　　　　　　　　　　　　　　　　　　　　　　　（多幸山，p. 44）

　動詞でも同様に，否定文ではヤ（は）が用いられる。（55）の「合点ノー　サン」は，動詞「合点スン」の否定形で，この場面では「承知しない」の意味で使用されている。（56）は罪を問われて謝罪する場面で発した，謝罪のための定型表現だが，否定表現であるために「申訳」にヤ（は）が付いて融合した「申訳ケー」が使われている。この場合，肯定文の場合とは異なり明確な対比される対象があるわけではない。

(55) 我達(ワッター) 御旦那(ウダンナ)ンカイ 手(ティー) ネーイネー 我(ワー)ガ 合点(ガッティ)ノー サンドーヤー。
　　 うちの旦那様に手を出したら，俺が承知しないぞ。
　　　　　　　　　　　　　　　　　　　　　　　　（多幸山，p. 82）
(56) ウー 申訳(モーシワ)ケー 無(ネー)ビラン。
　　 はい，申訳ありません。　　　　　　　　　（多幸山，p. 70）

6. まとめ

　この論文では，琉球語のとりたて表現を現代日本語や古代日本語と比較しながら概観し，(57)から(60)を明らかにした。

(57) 琉球語のとりたて表現は，ヤ（は），ン（も），ドゥ（こそ），ダキ（だけ），ビケーン（ばかり），マディ（まで），ンチョーン（さえ），ドゥン（さえ），サイ（さえ），ンデー（でも）のとりたて助詞が表す。

(58) 「類似」のン（も），「限定」のドゥ（こそ），ダキ（だけ），ビケーン（ばかり），「極端」のマディ（まで），ンチョーン（さえ），ドゥン（さえ），サイ（さえ），「反類似」のヤ（は）があるが，「反極端」を表すとりたて助詞はない。

(59) 主語をとりたてるとき，主語を表す格助詞ガ（が），ヌ（が）の後ろにン（も），ヤ（は），ドゥ（こそ）を付けてガン（がも），ヌン（がも），ガー（がは），ノー（がは），ガドゥ（がこそ），ヌドゥ（がこそ）の形式にして，「類似」，「反類似」，「限定(特立)」の意味を付け加える。

(60) 古代日本語の「ぞ」に対応するドゥ（こそ）は，使用頻度が高く，現代日本語の特立の「こそ」に比べて現れる文の制限が少なく，疑問詞疑問文，命令文以外の文に現れる。連体形と同音の強調形が文末の述語に現れるため，係り結びがあるといわれてきたが，強調形以外の形式が現れることも多く，ドゥのない文に強調形が現れることもあり，ドゥには係り結びの働きがあるとは言えない。

調査資料

『那覇の方言―那覇市方言記録保存調査Ⅲ　沖縄言語研究センター研究報告』沖縄言語研究センター（編），1994.

「沖縄芝居テキスト・喜歌劇『豊年』」『琉球列島における音声の収集と研究Ⅱ　琉球列島班研究成果報告書』（文部科学省重点領域研究『日本語音声における韻律的特徴の実態とその教育に関する総合的研究』），1993.

参照文献

かりまたしげひさ（2011）「琉球方言の焦点化助辞と文の通達的なタイプ」『日本語の研究』7-4，pp. 69–81，日本語学会.

野原三義（1986）『琉球方言助詞の研究』武蔵野書院.

第3部

東アジア・東南アジアの言語のとりたて表現

韓国語のとりたて表現

鄭　相哲

1. この論文の主張

　この論文では，日本語と韓国語のとりたて表現を比較し，その類似点や相違点について，(1)から(4)のことを述べる。

（1） 韓国語のとりたて表現の形態は，主に助詞と副詞からなり，日本語と共通する点が多い。意味的にも，「限定」「反限定」「極端」「反極端」「類似」「反類似」について，いずれも日本語とほぼ対応する形態を持つ。

（2） 韓国語のとりたて助詞の位置は，日本語と同じでとりたてる対象の後に置くのが普通である。しかし，日本語では問題なく現れる位置に現れない場合や，逆に日本語では現れない位置に問題なく現れる場合がある。

（3） 韓国語のとりたて表現のなかには，文末に制約のあるものがある。とくに，「反類似」を表す(i)ya (は) は，断定文や推量文には現れるものの，疑問文や命令文，勧誘文，話者の意志を表す文には用いることができない。

（4） 韓国語の「反類似」の (i)ya (は) は，「反極端」のとりたて助詞に付加して用いられることがある。また，反語文では(i)ya が「極端」の意味に近づいている。

　2. から5. では，(1)から(4)についてそれぞれみていく。6. はまとめである。なお，韓国語の表記は Yale 式のローマ字に従うことにする。

2. 韓国語のとりたて表現の形態と意味

　ここでは，韓国語のとりたて表現の形態と意味についてみていく。韓国語は日本語とよく似ていて，「主語 – 目的語 – 述語（SOV）」言語であり，格を助詞でマークする。韓国語のとりたて表現は主に助詞と副詞が用いられる。ただし，日本語と同様，とりたて助詞のほうが種類が多くより頻繁に用いられる。

　最近では，朴鎭浩（2015）や林東勳（2015）などのように，このとりたて助詞を「補助詞」や「後置詞」という用語で扱うこともあるが，ここではとりたて表現の品詞論には深入りせず，伝統的な方法にしたがってとりたて助詞と呼ぶことにする。

　表1は，本書の「とりたて表現の対照研究の方法」（野田尚史）の枠組みを用いて韓国語のとりたて表現の意味と形態をまとめたものである。

表1　韓国語のとりたて表現の形態と意味

限定	man（だけ，ばかり） ppwun（だけ，ばかり） pakkye（しか）［否定文］ yamallo（こそ）	反限定	lato（でも） to（も） ttawi（なんか）
極端	kkaci（まで） cocha（さえ） macey（さえ） to（も）	反極端	ttawi（なんて，なんか） cengto（ぐらい） ccum（ぐらい）
類似	to（も）	反類似	(n)un（は） (i)ya（は）

　表1からわかるように，日本語のとりたて助詞と韓国語のとりたて助詞はとてもよく似ており，それぞれほぼ対応する形態を持つ。

　ただし，いくつか意味的な違いもある。たとえば，韓国語には「限定」のとりたて助詞 man は日本語の「だけ」によく似ている。しかし，(5)(6)のように日本語では「ばかり」を用いたほうが自然な場面で，man が問題なく用いられることがある。つまり，韓国語の「限定」のとりたて助詞には「だけ」と「ばかり」にあるような使い分けがない。

（ 5 ） ciro-nun myail manhwachyak-man ponta.
　　　　次郎-は　　毎日　漫画-ばかり　　　　読んでいる
（ 6 ）#次郎は毎日漫画だけ読んでいる。

　ほかにも，韓国語には「反類似」の対比を表す(i)yaという形態がある。(i)yaは日本語の「は」にはない意味を表す場合がある。蔡琬(1977)は(i)yaは単なる対比を表すのではなく，「当然の事実」を表す場合に用いることを指摘している。たとえば，（ 7 ）のような文はそのままでは不自然になる。しかし，（ 8 ）のようにmwullon（もちろん）などの副詞とともに用いると自然になる。

（ 7 ）*salam-iya isengcek tongmwul-ita.
　　　　人間-は　　　理性的　　動物-である
（ 8 ）salam-iya mwullon isengcek tongmwul-ita.
　　　　人間-は　　もちろん　理性的　　動物-である
　　　　　　　　　　（蔡琬(1977: p. 29)，グロスは筆者による）

　ほかにも，(i)yaは（ 9 ）（10）（11）のように，「もっとも」「どうせ」「そもそも」など，話し手と聞き手が共有している知識を確認するような副詞とともに用いることが多い。

（ 9 ）hakin chelswu-pota-ya saburo-ka pyakpya nasci.
　　　もっとも チョルス-より-は　三郎-が　　百倍　　マシだ
（10）heysalanun-ken. echaphi uli-ya silphyahanun kesto
　　　刑事-とはなあ。　どうせ　我々-は　失敗する　　こと も
thukkiya.
仕事の1つだよ
（11）A: paksacang ipen-en himtulkessci?
　　　　　朴社長　　今度-は　難しいだろ
　　　B: moluci. ku inkan-iya wenchye anun salam-i manhu-nikka...
　　　　　知らない あいつ-は　そもそも　知り合い-が　多い-から

　副詞以外にも，述語がkwaynchanta（大丈夫だ），tangenhata（当たり前だ）などが用いられた場合にも(i)yaはよく用いられる。（12）（13）はその例である。

(12) cip-e tolakameyn tangsin-iya kwaynchanh
　　　家-に　帰れば　　　あなた-は　　大丈夫

　　　kyessci-man cye insyang-un kkuthyeyo.
　　　でしょう-けど　私の　人生-は　　終わりですよ

(13) A: tyache way ilenun kecyo?
　　　　　いったい どうして こういうこと するの？

　　　B: ku-ya tangenhan ke anipnikka.
　　　　　それ-は 当たり前な こと ではないですか

　また，(i)ya は傾向として，(14)や(15)のように na (私)のように1人称代名詞と共起することが多い。

(14) taro-hako na-ya kiek mos hyato kwaynchana.
　　　太郎-と　　私-は　記憶　できなくてもいい

　　　kuntye, ne hakkyo taniltya ciro-hantye
　　　でも　　お前　高校時代　　　　次郎-に

　　　elmana sangche cwessnuncinun kieknanay?
　　　どの位　傷　　　付けたか　　　　　覚えているの？

(15) A: na hakkyo kumantwulkka?
　　　　　私 学校　辞めようか？

　　　B: way an tway? na-ya cohci.
　　　　　どうして だめなの？ 俺-は　いいよ

　このような意味的制約は，韓国語の(n)un (は)と日本語の「は」ではみられないものである。

3. 韓国語のとりたて表現の位置

　韓国語のとりたて助詞は，日本語と同様にとりたてる対象の直後に置くのが普通である。格成分をとりたてる場合は，(16)のように当該の要素の後ろにとりたて助詞を置く。動詞句をとりたてる場合は，(17)のように動詞の後ろにとりたて助詞を置く。

(16) ku salami-yamallo cengmal sanakin-ita.
　　　その　人-こそ　　　　　本当の　　山岳人-である

(17)　ciro-nun　sorichil-ppwunmananila　nunmul-ul　hulliki-to　hyassta.
　　　　次郎-は　　叫ぶ-だけではなく　　　　涙-を　　　流し-も　　　した.

3.1　man（だけ），ppwun（だけ），yamallo（こそ）

　韓国語のとりたて助詞のなかには，日本語では問題ない位置に現れない場合や，逆に日本語では現れない位置に問題なく現れる場合がある。たとえば，日本語の「だけ」は分裂文の焦点部分に問題なく現れ，コピュラを後接することができる。しかし，韓国語の man（だけ）は文中の名詞に付加して動詞が続くのが普通であり，分裂文の焦点位置には現れない。(18)はその例である。韓国語でこのような場合に「限定」のとりたて助詞を用いるときは，(19)のように ppwun（だけ）のほうを用いる必要がある。

(18)　*wusan-i　epsnun　salam-un　na-man-ita.
　　　　傘-が　　ない　　　人-は　　　私-だけ-だ

(19)　wusan-i　epsnun　salam-un　na-ppwun-ita.
　　　　傘-が　　ない　　　人-は　　　私-だけ-だ

　反対に，(20)のように ppwun（だけ）は文中の名詞に付加して動詞が続く場合に用いることはない。

(20)　*ciro-nun　myail　manhwachyak-ppwun　ponta.
　　　　次郎-は　　毎日　　漫画-ばかり　　　　　　読んでいる

　つまり，man と ppwun は現れる位置によって使い分けがなされているのである。

　また，韓国語には主に名詞にのみ付加するとりたて助詞がある。日本語の「限定（特立）」のとりたて助詞「こそ」は問題なく従属節に後接することができるが，韓国語の yamallo（こそ）は名詞にしか後接することができない。たとえば，日本語では「知っていたからこそ」のように「から」節に「こそ」が付加するが，(21)にみるように yamallo（こそ）はそのような接続が許されない。

(21)　*kil-ul　alko　iss-esski-yamallo　kantanhake　kalswu iessten kesita.
　　　　道を　　知って　いた-から-こそ　　　簡単に　　　　行けたのである.

3.2 ttawi（なんて，なんか），cengto（ぐらい）

「反極端」を表す ttawi（なんて，なんか）や cengto（ぐらい）も同様に (22)(23) のようにとりたてる対象が名詞に限られている。

(22) na-ttawi-ka kamhi ettehkye ku hoyuy-ye kal swu ikesssupnikka.
　　 私-なんか-が どうして　　　あのような会議-に 行けるでしょうか

(23) khephi kaps-cengto-nun ce-to isssupnita.
　　 コーヒー代-ぐらい-は 　　私-も 持っています

副詞に後接している (24) や述語に後接している (25) の日本語の「なんか」「ぐらい」の例は自然だが，(26)(27) の ttawi（なんか）や cengto（ぐらい）の例は不自然である。

(24) これ以上速くなんか歩けないよ。

(25) 世話になったのだから，お礼を言いくらいしてもよさそうなものだ。　　　　（日本語記述文法研究会（編）(2009: p. 131)）

(26) *i isang ppalli-ttawi kelul swu elpta.
　　 これ 以上 早く-なんか 歩けないよ

(27) *sinsye-lul ceyssu-nikka insa-lul malhaki-cengto hya-to
　　 世話-を　 なった-のだから 挨拶-を 　いう-ぐらい 　　　して-も
　　 cohul kes kathta.
　　 いいだろう

3.3 cocha（さえ），to（も）

日本語の「さえ」は (28) のように条件節のなかに現れて最低限の条件の意味を表すことができる。しかし，韓国語の cocha（さえ）が条件節に現れてもそのような意味にはならない。韓国語で最低限の条件を表す場合は，(29) のように「限定」の man（だけ）を用いる。

(28) サインさえしてくれれば，あとは全部こちらでやります。
　　　　　　　　　　　　（日本語記述文法研究会（編）(2009: p. 88)）

(29) sain-{#cocha/man} haycwumeyn nameci-nun cenpwu
　　 サイン-さえ/だけ 　　してくれれば あと-は 　　　全部

ceka   hakesssunita.
こちらで　やります

　反対に，日本語のとりたて助詞が現れない位置に，対応する韓国語のとりたて助詞が現れる場合もある。(30) にみるように，日本語の「まで」は形容詞述語をとりたてると不自然になるが，(31) のように韓国語の kkaci（まで）はそれが可能である。

　　(30) *マラソンを走り終えた彼女の顔は，美しくまであった。

　　　　　　　　　　（日本語記述文法研究会（編）(2009: p. 99)）

　　(31)　malathon-ul wancwuhan kuneyuy elkwul-un
　　　　　マラソン-を　　完走した　　　彼女の　　顔-は

　　　　　alumtapkki-kkaci hyassta.
　　　　　美しく-まで　　　　　あった

　ほかにも，澤田恵美子 (2007) が指摘しているように，日本語の「も」は問題なく数量表現に後接するが，(32) にみるように韓国語の to（も）はそれができない。韓国語ではそのような場合，to ではなく ina（でも）を用いる必要がある。

　　(32) *haksyang-i pyakmeyng-{*to/ina} moeyssta.
　　　　　生徒-が　　　100人-　　　　　も/でも　集まった。

4. 韓国語のとりたて表現の文法的制約

　韓国語のとりたて表現のなかには，特定の文タイプには現れないものがある。日本語の「反類似」の「は」と韓国語の (n)un（は）はとても共通点が多い。一方，韓国語のもう1つの「反類似」のとりたて助詞である (i)ya は，さまざまな点で日本語の「は」や (n)un とは異なった性質を持つ。ここではとくに，「反類似」の (i)ya（は）の文タイプの制約を中心にみていく。

　日本語の「反類似」の「は」や韓国語の (n)un（は）は，どのような文とも呼応でき，文のタイプを選ばない。一方，(i)ya は，疑問文，命令文，勧誘文などの聞き手へ働きかける文や話し手の意志を表す文などでは用いることができない。(33) から (36) はそれぞれの例である。

(33)　（太郎はサッカー見に行ったけど）
　　　＊ne-ya　　an kani?
　　　　あなた-は　行かないの

(34)　（太郎はここにいてもいいけど）
　　　＊ne-ya　kala.
　　　　お前-は　行きなさい

(35)　＊uli-ya　　yaykwuhale kaca.
　　　　私たち-は　野球しに　　行きましょう

(36)　＊nan-ya yakwuhale kanta.
　　　　私-は　野球しに　　行く

韓国語の(i)ya（は）は断定文や推量文など話し手の判断を表す文に現れる。(37)と(38)はそれぞれの例である。

(37)　uri cip-iya　　nya-ka eyngayngsako yorisaya.
　　　　私たちのうち-は　私が　栄養士で　　　料理人だよ

(38)　na　epsumeyn tangsin cohtanun eyca-ya
　　　　私が　いなくなると あなたが 好きという 女-は
　　　isskyessciman.
　　　　出てくるでしょうけど

ただし，断定文であっても(i)yaを用いることができない場合もある。(39)のように，主節と従属節で対比の対立項が明示されている場合は，(i)yaは必ず従属節中で用いる必要がある。(39)は従属節が「酒」について述べられており，主節は「タバコ」について述べられていて両者が対比されている例であるが，(i)yaは従属節でしか用いることができない。

(39)　swul-iya ttak　hancan maseypon cek issciman
　　　　酒-は　　たった1杯　飲んだことがあるけど
　　　tampya-{nun/＊iya} phiun ceki epstakwuyo!
　　　　タバコ　は/は　　　吸った こと ないです

5. 韓国語のとりたて表現 (i)ya の運用

最後に，主に「反類似」として用いられる (i)ya が，「反極端」のとりたて助詞に後接する場合と，用いられる環境によって「極端」の意味に近づく現象について記述しておく。

5.1 「反極端」のとりたて表現と共起する場合

韓国語の (i)ya は，cengto（ぐらい），ttawi（なんて），ccum（ぐらい）などに後接して，「反極端」の意味をとりたてるものとして用いられる場合がある。(40) から (42) は，それぞれの例である。

(40) ilpone-lul cenkonghyassu-nikka cakisokya-cengto-ya
　　 日本語-を　 専攻した-ので　　　　 自己紹介-ぐらい-は
　　 kanunghakyessciyo.
　　 可能でしょう

(41) yeekhon-ul kocheyssu-nikka icye phokeym-ttawi-ya
　　 エアコン-を　修理した-ので　　もう　猛暑-など-は
　　 mwusepcianhta.
　　 怖くない

(42) ce salam hana cwukinun kes ccum-iya nyakye
　　 あいつ　　1人　 殺す　　　こと ぐらい-は　俺に
　　 eleyul kye epsta.
　　 難しくない

日本語の「反類似」の「は」は，「命だけは助けてください」「明日こそは早起きする」のように「だけ」や「こそ」に接続して用いることができる。しかし，(i)ya はどのようなとりたて助詞にも接続できるわけではない。(43) は man（だけ）に (i)ya が付加した例で，(44) は yamallo（こそ）に (i)ya が付加した例であるが，いずれも不自然である。

(43) *ne man-iya kkok kala.
　　　お前 だけ-は　必ず　行きなさい

(44) *hankul-iyamallo-ya sekyey-e calanghalmanhan
　　　ハングル-こそ-は　　世界-に　　ほこれる

```
         uli     mwunhwayusanita.
                私たち 文化遺産である
```

　このように，(i)ya は cengtoya（ぐらいは），ttawiya（なんかは），ccumiya（ぐらいは）など，「反極端」の意味とは自然に用いられるが，maniya（だけは），yamalloya（こそは）のとりたて表現とは共起しないという特徴がある。

5.2 「極端」の意味に近づく場合

　また，(i)ya が「極端」の意味に近づいている例もある。それは，(i)ya が反語文で用いられた場合である。反語文は天野みどり（1998），丹羽哲也（2006），砂川有里子（2000）などで指摘されている，いわゆる「全体焦点文」であると思われる。鄭相哲（1998，2017）が指摘しているように，反語文は（45）（46）のように日本語も韓国語も基本的に「反類似」の「は」や(n)un（は）が現れない。

（45）　どうして俺 {が／*は} あの家に帰れるだろうか。

```
（46）   nya-{ka/*nun} ettehkye ku   cipye tolakalswuisskyessni!
        私-が/は          どうやって あの 家へ  帰れるものか
```

　しかし，(i)ya は問題なく反語文に現れることができる。(47) から (49) はその例である。なお，いずれの例でも (i)ya を (n)un に置き換えることはできない。(47) は「あなたには足りないものは何もない」，(48) は「私が田舎でやることは何もない」，(49) は「たいしたことはない」ということを表している。

```
（47）   sasil  ne-ya     pwucokhal kes    mwe issnay?
             事実    あなたに-は  足りない      ものが 何か   ある？
（48）A:  ne-nun  way    sewul-e wasse?
             あなた-は どうして ソウル-に 来たの？
      B:  na-ya  mwe kkangchon-ese halkke issnay?
             私-は    何か 田舎-で         やること あるの？
（49）   lyail  pi-ka ontako-hanuntye peylil-iya   isskesse.
             明日   雨-が 降る-というが       たいしたこと-は あるだろうか？
```

反語文に現れた(i)yaは，もっとも実現可能性が低いものをとりたてて，「極端」のような意味を表している。2.でみたように，「反類似」の意味でとりたてるとき，(i)yaは「もちろん」などの副詞とともに用いられたり，「当たり前だ」などの述語とともに用いられたりする。つまり，話し手と聞き手が当然だと思っているような事態を，改めてとりたてるような場合に用いられる。
　(50)の場合は，「嘘をつく」という事態は実現可能性がもっとも低いと話者が判断している。そして，「嘘をつくということが起きるだろうか (いや，それは当然起きない)」ということを表している。このとき，(i)yaは実現可能性がもっとも低い「嘘をつく」に付加する。驚きを表すkkaci (まで)などの「極端」のとりたて助詞もまた，実現可能性がもっとも低い要素に付加して，「起きないと思っていたことが起きて，意外である」ということを表す。「極端」のとりたて助詞は，反語文で「実現可能性が低いできごとまで起きるだろうか (いや，それは起きない)」ということを表す。結果的に，反語文では両者の意味が近づくものと考えられる。

　　(50)　haciman　keylhon-kkaci　hantanunte　　selma　kecismal-iya
　　　　　でも　　　結婚-まで　　　するというのに　まさか　嘘-は
　　　　　hyasskesse.
　　　　　いっただろうか

　(51)は動詞句であるccaluki (首を切ること，解雇) を(i)yaでとりたてた同様の例である。(51)でもまた，話者は，「首にする」という事態はもっとも実現可能性が低く，「当然そのようなことは起きない」と判断している。

　　(51)　cikakk　hanpen　hyassta-ko　　　selma　ccaluki-ya　hakessnay?
　　　　　遅刻　　1回　　　した-からといって　まさか　解雇-は　　　するだろうか?

　(52)は，「極端」を表すとりたて詞であるkkaci (まで) が反語文に現れた例である。さらに，(53)のように，kkaci-ya (まで-は) として両者を組み合わせて用いることも可能である。

(52) amwuri yununghata-kohyato hanul-uy
いくら　有能だ-としても　空-の
peylttaki-kkaci hakesssupnikka?
星とり-まで　　　できるでしょうか?

(53) amwuri yununghata-kohyato hanuluy
peylttaki-kkaci-ya hakesssupnikka?

　(50)から(53)は,「反類似」のとりたて助詞が反語文で「極端」のとりたて助詞に近づくことを端的に表している。なお,このような現象はとくに(51)(53)がそうであるように,(i)ya が動詞句をとりたてた場合に顕著にみられる。

　5.でみてきたように,(i)ya は基本的には「反類似」の意味を表しているが,「話し手が当然だと思っているものをとりたてて対比させる」という性質によって,他のとりたて助詞に付加して「反極端」の意味の一部となったり,反語文で用いられることで,「極端」の意味に近づくことができるのである。

6. まとめ

　この論文では,(54)から(57)のことを述べた。

(54) 韓国語のとりたて表現の形態は,主に助詞と副詞からなり,日本語と共通する点が多い。意味的にも,「限定」「反限定」「極端」「反極端」「類似」「反類似」について,いずれも日本語とほぼ対応する形態を持つ。ただし,とりたて助詞の意味が少し異なる場合があり,たとえば日本語の「だけ」と「ばかり」のような使い分けがあるようなとりたて助詞はなく,また(i)ya のように日本語に直接対応する形態のないとりたて助詞も存在する。

(55) 韓国語のとりたて助詞の位置は,日本語と同じでとりたてる対象の後に置くのが普通である。しかし,ppwun(だけ／ばかり)は,コピュラが後接する位置専用の形態であり,yamallo(こそ),ttawi(なんか),cengto(ぐらい)などのとり

たて助詞は名詞のとりたて専用の形態であるなど，日本語にはない位置の制約がみられる．また，日本語の「まで」は形容詞語幹に付加するのが不自然である一方，韓国語のkkaci（まで）はそれが自然であるなど，日本語より位置の制約がゆるいものもある．

(56) 韓国語のとりたて表現のなかには，文タイプに制約のあるものがある．とくに，「反類似」を表す(i)ya（は）は，疑問文や命令文，勧誘文，話者の意志を表す文では用いることはできず，断定文や推量文など，話者の判断を表す文で用いる必要がある．なお，断定文であっても主節と従属節で対比の対立項が明示されている場合は，(i)yaは必ず従属節中で用いる必要があるなどの文法的な制約がある．

(57) 韓国語の「反類似」の(i)ya（は）は，「反極端」のとりたて助詞と一緒に用いられることがある．また，反語文では(i)yaが「極端」の意味に近づいている．これは，(i)ya（は）が話し手と聞き手が当然だと思っているものを改めてとりたてるという(i)ya（は）の意味的性質によるものである．

参照文献

天野みどり（1998）「「前提・焦点」構造からみた「は」と「が」の機能」『日本語科学』3, pp. 67–85, 国立国語研究所.

澤田美恵子（2007）『現代日本語における「とりたて助詞」の研究』くろしお出版.

砂川有里子（2000）「談話主題の階層性と表現形式」『文藝言語研究・言語篇』38, pp. 117–137, 筑波大学文芸・言語学系.

鄭相哲（1998）「日本語反語文の研究」『日本学報』41, pp. 217–230, 韓国日本学会.

鄭相哲（2017）「反語文の情報構造について」『日本語文學』76, pp. 121–142, 日本語文學會（韓国）.

日本語記述文法研究会（編）（2009）『現代日本語文法5 第9部 とりたて 第10部 主題』くろしお出版.

丹羽哲也（2006）『日本語の題目文』和泉書院.

朴鎭浩 (2015)「보조사의 역사적 연구」[補助詞の歷史的研究]『國語學』73, pp. 375–435, 國語學會(韓国).

林東勳 (2015)「보조사의 의미론」[補助詞の意味論]『國語學』73, pp. 335–373, 國語學會(韓国).

蔡琬 (1977)「현대국어 특수조사의 연구」[現代国語特殊助詞の研究]『國語研究』39, pp. 1–56, 國語研究会(韓国).

中国語のとりたて表現

井上　優

1. この論文の主張

　この論文では，中国語のとりたて表現について，(1)から(4)のことを述べる。

- (1) 中国語では，副詞がとりたて表現として用いられる。とりたて副詞は「主語と述語の間」に置かれる。
- (2) 中国語のとりたて副詞は主に「限定」「極端」「類似」を表し，基本的に「反限定」「反極端」「反類似」は表さない。
- (3) とりたて副詞を含む文の語順には，「とりたてる対象－とりたて副詞－述語」，「とりたて副詞－述語－とりたてる対象」という2つのパターンがある。
- (4) 日本語のとりたて表現と中国語のとりたて表現は，意味が同じでも，使い方が異なることがある。

　2.では(1)について述べる。3.から5.ではそれぞれ(2)から(4)について述べる。6.はまとめである。

2. 中国語のとりたて表現の形態

　中国語は語順が重要な言語である。基本語順は，(5)に示したように，「主語(主題)－述語－目的語」である。

- (5) 我　去　北京。
　　　私　行く　北京

　　　　　私が北京に行く。／私は北京に行く。

目的語を主題化する場合は，（6）のように，目的語を文頭に置く。

　（6）　<u>北京</u> 我 去过　　　 両次。
　　　　 北京　私　行ったことがある　2回

　　　　北京には私は2回行ったことがある。

前置詞句や副詞的要素は，（7）のように，述語の前に置く。

　（7）　我 <u>已经</u>　<u>给 孩子</u> 做好　饭　了。
　　　　 私　すでに　に 子ども　つくる　食事　た

　　　　私はすでに子どもに食事をつくった。

中国語では，副詞がとりたて表現として用いられる。とりたて副詞は「主語と述語の間」に置かれる。例文では，とりたて副詞を下線，とりたてる対象を点線で示す。

　（8）　<u>他</u> <u>都</u>　去过　　　 北京。
　　　　 彼　さえ　行ったことがある　北京

　　　　彼さえ北京に行ったことがある。

　（9）　我 <u>只</u>　去过　　　 北京。
　　　　 私　だけ　行ったことがある　北京

　　　　私は北京にだけ行ったことがある。

本書の「とりたて表現の対照研究の方法」(野田尚史)に示された枠組みを用いて，中国語の主なとりたて副詞を分類すると，**表1**のようになる。

表1　中国語のとりたて副詞の形態

限定	ジー 只（だけ） ジン 净（ばかり） ツァイ オ（こそ）	反限定	イェ 也（も）
極端	リィエン　ドウ （连）…都（さえ） リィエン　イェ 连 …也（までも）	反極端	——
類似	イェ 也（も） ハイ 还（さらになお）	反類似	[語順]

表1の副詞のうち,「都」(ドウ)(さえ),「只」(ジー)(だけ),「净」(ジン)(ばかり),「也」(イェ)(も)は,とりたてを主な機能とする副詞である。中国語学では「範囲副詞」と呼ばれる。これらの副詞については,徐建敏(1988, 1993, 1994),張建華(1998),吴卫平(2014)がとりたての観点から分析をおこなっている。

「才」(ツァイ)「还」(ハイ)は多様な用法を持つ副詞だが,「才」には「限定(特立)」を表す用法,「还」には「類似」を表す用法がある。この論文ではこれらもとりたて副詞として扱う。

3. 中国語のとりたて副詞の意味

表1からわかるように,中国語のとりたて副詞は主に「限定」「極端」「類似」を表す。「反限定」「反極端」「反類似」は,「反限定(やわらげ)」の「也」をのぞき,とりたて副詞とは別の手段により表される。

3.1 「限定」のとりたて表現

「限定」を表す中国語のとりたて副詞は,「只」(ジー)(だけ),「净」(ジン)(ばかり),「才」(ツァイ)(こそ)である。

(10)は「只」(だけ)の例である。「しか(…ない)」とも訳せる。

(10) 他 只 去过 北京。
　　　彼 だけ 行ったことがある 北京

彼は北京にだけ行ったことがある(彼は北京にしか行ったことがない)。

(11)は「净」(ばかり)の例である。

(11) 他 净 说 别人 的 坏话。
　　　彼 ばかり 言う 他人 の 悪口

彼は人の悪口ばかり言う。

「才」(こそ)は,「是」(だ)と用いられた場合は,「これ以外は…とは言えない」という意味の「限定(特立)」を表す。

(12) 他 才 是 天才。
　　　彼 こそだ 天才

彼こそ天才だ。

「才」は多様な用法を持つ副詞であるが，その基本的な意味は「この条件でないとこのことが成立しない」ということである。(13)の「才」は「1時になるまで寝なかった」ことを表す。

 (13) 昨天 一点 <u>才</u> 睡。
    昨日 1時 やっと 寝る

   昨日は1時にやっと寝た（1時まで寝なかった）。

(14)の「才」は「『君が行く』以外の条件では不十分である」ことを表す。

 (14) 你 去，我 <u>才</u> 去。
    君 行く 私 はじめて 行く

   君が行かなければ私は行かない。

「限定（特立）」の「才」（こそ）の「これ以外は…とは言えない」という意味も，「これくらいでないと不十分だ」という意味に基づく。

3.2 「極端」のとりたて表現

「極端」を表す中国語のとりたて副詞は「都」（ドゥ）（さえ）である。(15)では，主語「他」（彼）がとりたてられている。

 (15) <u>他</u> 都 去过 北京。
    彼 さえ 行ったことがある 北京

   彼さえ北京に行ったことがある。

(16)のように，想定外の範囲を表す前置詞「连」（リィエン）（まで）と組み合わされることもある。

 (16) 连 <u>他</u> 都 去过 北京。
    まで 彼 さえ 行ったことがある 北京

   彼さえ北京に行ったことがある。

「都」には，(17)のように「すべて」「みな」という「総括」の意味を表す用法もあるが，この用法はとりたて副詞には含めない。

 (17) 他们 <u>都</u> 去过 北京。
    彼ら すべて 行ったことがある 北京

彼らはみな北京に行ったことがある。

「也」(も)も，(18)のように「连」(まで)とともに用いた場合は，「(连)…都」と同じく，「極端」を表す。

(18) 连 他 也 去过　　　北京。
　　　まで 彼 も 行ったことがある 北京

彼までも北京に行ったことがある。

なお，日本語の「も」には，「ビールを3本も飲んだ」のように，予想外の量を表す用法があるが，「也」(も)にその用法はない。予想外の量を表すには，(19)のように「竟」(意外にも)を用いる。

(19) 昨天 他 竟　　　喝了 三瓶 啤酒。
　　　昨日 彼 意外にも 飲んだ 3本 ビール

昨日彼はビールを3本も飲んだ。　　（楊凱栄(2002: p.181)）

3.3 「類似」のとりたて表現

「類似」を表す中国語のとりたて副詞は「也」(も)，「还」(さらになお)である。(20)(21)は「也」(も)の例である。

(20) （「彼は北京に行ったことがある」と聞いて）

　　　我 也 去过　　　北京。
　　　私 も 行ったことがある 北京

私も北京に行ったことがある。

(21) 我 去过　　　　　北京, 也 去过　　　　　上海。
　　　私 行ったことがある 北京　も 行ったことがある 上海

私は北京に行ったことがあり，上海にも行ったことがある。

(22)は「还」(さらになお)の例である。

(22) 除了 北京, 我 还　　　去过　　　　　上海。
　　　以外 北京　私 さらになお 行ったことがある 上海

私は北京以外にさらに上海にも行ったことがある。

「还」は多様な用法を持つが，その基本的な意味は「述語が表す事柄の程度が限界に達していない」ということである。(23)は，「いる」状態がなお続いていることを表す。

(23) 他 还 在 家。
　　　彼 まだ いる 家

　　彼はまだ家にいる。

(24)は,「暑い」程度がなお上であることを表す。

(24) 今天 比 昨天 还 热。
　　　今日 より 昨日 なお 暑い

　　今日は昨日よりなお暑い。

「類似」の「还」(さらになお)の意味も,「限界に達していない」という基本的な意味に基づく。

3.4 「反限定」のとりたて表現

「也」(イェ)(も)には「反限定(やわらげ)」の用法がある。(25)では,「断定しきれない」気持ちが「也」(も)で表されている。

(25) 事情 也 只 能 如此 了。
　　　事　 も だけ ありうる このように なる

　　事はまあこうなるしかないだろう。

　　　　　　　　　　　　　(伊地智善継(編)(2002: p.1731))

日本語では,「でも」「なんか」が「反限定(例示)」を表す。「でも」は,当該の事物を「まず思いつく代表例」として挙げる。(26)では,「ビール」を「軽く飲める酒」の代表例として挙げている。

(26) ビールでも飲みに行こう。

「なんか」は,(27)のように,当該の事物を「とりあえず思いついた一例」として挙げる。

(27) これなんかどうですか?

中国語には「反限定(例示)」を表す副詞はない。まず思いつく代表例を挙げる場合は,(28)のように,「什么的」(かなにか)を用いる。

(28) 咱们 去 喝 点儿 啤酒 什么的 吧。
　　　私たち 行く 飲む 少し ビール かなにか しよう

　　ビールでも飲みに行こう(ビールかなにか飲みに行こう)。

とりあえず思いついた一例を挙げる場合は,特別な形式を用いずに,

(29)のように，思いついた例を挙げるだけでよい。

 (29) 这个 怎么样？
    これ どう
  これはどう？

3.5 「反極端」のとりたて表現

「反極端」を表す副詞は中国語にはない。日本語の「なんて」が表す「低評価」の意味，「ぐらい」が表す「最低限」の意味は，中国語では副詞とは別の手段で表す。

(30)の「金なんて」は，「金のようなものは」という意味である。この場合，金そのものではなく，金が持つ性質が問題にされている。

 (30) <u>金なんて</u>いらない。

中国語では，この場合はとりたて副詞ではなく，(31)の「一类的」（の類の）のような「種類」を表す表現を用いる。

 (31) 钱 <u>一类的</u> 东西 我 不要。
    金 の類の もの 私 いらない

  金などいらない（金の類はいらない）。

       （北京・商務印書館・小学館（編）(2016: p. 1413),
       日本語訳一部追加）

(32)の「ビールぐらい」は，「ビール程度は」という意味である。この場合も，ビールそのものではなく，ビールの「酒としての強さ」が問題にされている。

 (32) <u>ビールぐらい</u>飲めるさ。

中国語では，この場合もやはり，(33)の「之类的」（の類の）のような「種類」を表す表現を用いる。

 (33) 啤酒 <u>之类的</u> 我 还是 能 喝 点儿 的。
    ビール の類の 私 まだ できる 飲む 少し よ

  ビールぐらいはまだ少し飲めるよ（ビールの類はまだ少し飲めるよ）。

3.6 「反類似」のとりたて表現

「反類似」を表す副詞は中国語にはない。「反類似」の意味は，同一の主題に対して2つの文を並べることにより表す。

(34)では，「我」（私）という主題のもとで，目的語である「啤酒」（ビール）と「葡萄酒」（ワイン）が対比されている。

   (34) （「お酒は何を飲んだか」と聞かれ）

        我 喝了 点儿 啤酒, 没 喝 葡萄酒。
        私 飲んだ 少し ビール なかった 飲む ワイン

        私はビールは少し飲んだが，ワインは飲まなかった。

対比する目的語があらかじめ指定されている場合は，(35)のように目的語を述語の前に置いて，それぞれについて成り立つことを述べる。

   (35) （「ビールとワインはどれくらい飲んだか」と聞かれて）

        我 啤酒 喝了 点儿, 葡萄酒 没 喝。
        私 ビール 飲んだ 少し ワイン なかった 飲む

        私はビールは少し飲んだが，ワインは飲まなかった。

4. 中国語のとりたて副詞の位置

4.1 語順上の制約

日本語と中国語のとりたて表現の最も大きな違いは，中国語のとりたて表現が助詞ではなく，副詞であることである。日本語のとりたて助詞はとりたてる対象に直接付けられるが，中国語のとりたて副詞は，文中のどの対象をとりたてる場合でも，「主語と述語の間」に置く。「今日は天気がいい」のような文の主題「今日」を「也」（も）でとりたてる場合も，(36)のように主語「天気」の後に「也」（も）を置く。

   (36) 今天 天气 也 很 好。
        今日 天気 も とても いい

        今日も天気がいい。

また，中国語のとりたて副詞には，副詞によって「とりたてる対象」「とりたて副詞」「述語」の語順が異なるという特徴がある。この論文では，主語・述語・目的語の3つからなる文で主語と目的語をとりたて

る場合の語順について整理する。説明の便宜上，以下では「極端」「類似」「限定」「限定（特立）」の順で述べる。

4.2 「極端」の「都」（さえ），「连…也」（までも）

「極端」の「都」（さえ），「连…也」（までも）で主語をとりたてる場合は，(37)(38)のように，「都」（さえ），「也」（も）を主語の後に置く。前置詞「连」はとりたてる対象の前に置く。

(37) (连)他 都 去过　　北京。
　　　まで 彼 さえ 行ったことがある 北京
　　　彼さえ北京に行ったことがある。

(38) 连 他 也 去过　　北京。
　　　まで 彼 も 行ったことがある 北京
　　　彼までも北京に行ったことがある。

これらの文は，いずれも(39)の内容を述べている。

(39) 他の人について「北京に行ったことがある」が成り立つのはもちろんだが，同じことが成り立つ可能性が低い「彼」についてさえ，やはり同じことが成り立つ。

目的語をとりたてる場合は，(40)(41)のように，目的語を述語の前に置き，その後に「都」（さえ），「也」（も）を置く。

(40) 他(连)北京 都 去过。
　　　彼 まで 北京 さえ 行ったことがある
　　　彼は北京にさえ行ったことがある。

(41) 他 连 北京 也 去过。
　　　彼 まで 北京 も 行ったことがある
　　　彼は北京にまでも行ったことがある。

これらの文は，いずれも(42)の内容を述べている。

(42) 他の都市について「行ったことがある」が成り立つのはもちろんだが，同じことが成り立つ可能性が低い「北京」についてさえ，やはり同じことが成り立つ。

「都」（さえ），「连…也」（までも）を含む文の語順と意味は，(43)のよ

うにまとめられる。

(43) 語順：(連)－とりたてる対象(主語・目的語)－都/也－述語。
意味：とりたてる対象についてさえ，やはり同じことが成り立つ。

「極端」のとりたて副詞を含む文は，同じことが成り立つ可能性が低い対象を挙げて，その対象について「同じことが成り立つ」ことを述べることから，とりたてる対象は常に述語の前に位置する。

4.3 「類似」の「也」(も)，「还」(さらになお)

「類似」の「也」(も)で主語をとりたてる場合は，(44)のように，「也」(も)を主語の後に置く。この点，「都」(さえ)，「连…也」(までも)と同じである。

(44) (「彼は北京に行ったことがある」と聞いて)
我 也 去过 北京。
私 も 行ったことがある 北京
私も北京に行ったことがある。

この文は(45)の内容を述べている。

(45) 「彼」については「北京に行ったことがある」が成り立つが，「私」についてもまた同じことが成り立つ。

とりたてる対象について「同じことが成り立つ」ということを述べる点も，「都」(さえ)，「连…也」(までも)と同じである。

目的語をとりたてる場合は2つのパターンがある。第1のパターンは，目的語を述語の前に置き，その後に「也」(も)を置くパターンである。(46)がその例である。

(46) (「彼は北京に行ったことがある」と聞いて)
他 上海 也 去过。
彼 上海 も 行ったことがある
彼は上海にも行ったことがある。

この文は(47)の内容を述べている。

(47) 「北京」については「行ったことがある」が成り立つが，「上

海」についてもまた同じことが成り立つ。

　この第1のパターンは，目的語を述語の前に置き，「同じことが成り立つ」ということを述べる点で，「都」(さえ)，「连…也」(までも)で目的語をとりたてる場合と同じである。

　第2のパターンは，基本語順どおりに目的語を述語の後に置き，「也」(も)を述語の前に置くパターンである。(48)がその例である。

　　(48)　我 去过　　　　北京, 也 去过　　　　上海。
　　　　　私 行ったことがある 北京　も 行ったことがある 上海

　　　　私は北京に行ったことがあり，上海にも行ったことがある。

　この文は，(49)のように，主語「我」(私)について「別のことも成り立つ」ことを述べている。

　　(49)　「私」については，「北京に行ったことがある」が成り立つほか，「上海に行ったことがある」もまた成り立つ。

　「也」(も)を含む文の語順と意味の関係は，(50)(51)のようになる。便宜的に，(50)のようにとりたてる対象の後に置く「也」を「也₁」，(51)のようにとりたてる対象より前に置く「也」を「也₂」と呼ぶ。

　　(50)　語順：とりたてる対象(主語・目的語) －也₁－述語。
　　　　　意味：とりたてる対象についてもまた同じことが成り立つ。

　　(51)　語順：主語－也₂－述語－とりたてる対象(目的語)。
　　　　　意味：主語については，別のこともまた成り立つ。

　「还」(さらになお)は，「也₂」(も)と同じく，目的語しかとりたてない。語順も，(52)のように，目的語を述語の後に置いたまま，「还」(さらになお)を述語の前に置く。

　　(52)　我 还　　　　去过　　　　上海。
　　　　　私 さらになお 行ったことがある 上海

　　　　私はさらに上海にも行ったことがある。

　この文は(53)の内容を述べている。

　　(53)　「私」については，「上海以外の都市に行ったことがある」が成り立つだけでなく，さらに「上海に行ったことがある」も成り立つ。

「主語について別のことも成り立つ」ことを述べる点も，「还」（さらになお）は「也₂」（も）と同じである。「还」（さらになお）を含む文の語順と意味の関係をまとめると，(54)のようになる。

(54) 語順：主語－还－述語－とりたてる対象₍目的語₎。
　　　意味：主語については，さらに別のことも成り立つ。

3.3で述べたように，「还」は「述語が表す事柄の程度が限界に達していない」ことを表す。「類似」の「还」（さらになお）を含む文が「主語についてさらに別のことも成り立つ」ということを述べる文になるのも，「还」が「述語が表す事柄の程度」を表すからである。

4.4 「限定」の「只」（だけ）と「净」（ばかり）

「限定」の「只」（だけ），「净」（ばかり）の文法的性質は，「也₂」（も），「还」（さらになお）と似ている。すなわち，「只」（だけ），「净」（ばかり）は目的語しかとりたてず，その場合の語順も，目的語を述語の後に置いたまま，「只」（だけ），「净」（ばかり）を述語の前に置く。実際，(55)(56)はそれぞれ「北京にだけ行ったことがある」，「人の悪口ばかり言う」という意味にしかならない。

(55) 他 只 去过　　　北京。
　　 彼　だけ 行ったことがある 北京
　　 彼は北京にだけ行ったことがある。

(56) 他 净　说 别人 的 坏话。
　　 彼 ばかり 言う 他人　の　悪口
　　 彼は人の悪口ばかり言う。

これらの文は，それぞれ(57)(58)の内容を述べている。

(57) 「彼」については，「北京に行ったことがある」ということだけが成り立つ。

(58) 「彼」については，「人の悪口を言う」ということばかりが成り立つ。

これらはいずれも，「主語についてはこのことだけ（ばかり）が成り立つ」という意味である。「限定」の「只」（だけ），「净」（ばかり）と「類

似」の「也₂」(も),「还」(さらになお)は, 意味的には逆だが,「主語についてどれだけのことが成り立つか」を述べる文をつくる点では共通する面がある。まとめると(59)のようになる。

(59) 語順：主語－只／净－述語－とりたてる対象(目的語)。
意味：主語についてはこのことだけ(ばかり)が成り立つ。

「只」(だけ),「净」(ばかり)は目的語しかとりたてないことから,主語を限定する場合は, 文型を変えるか, 別の表現を用いる必要がある。たとえば, (60)の主語「外地人」(よそから来た人)を「净」(ばかり)で限定する場合は, 文型を(61)のような分裂文に変更し, もとの主語が「是」(だ)の後に位置するようにする。

(60) 外地人　　住　在那　一帯。
　　　よそから来た人　住む　に　あの　あたり

　　よそから来た人はあのあたりに住んでいる。

(61) 那　一帯　住　的　净　[是] 外地人。
　　　あの　あたり　住む　の　ばかり　だ　よそから来た人

　　あのあたりに住んでいるのはよそから来た人ばかりだ(あのあたりはよそから来た人ばかりが住んでいる)。

(侯学超(編)(1998: p. 339))

また, 主語を「只」(だけ)で限定する場合は,「只有」(だけは)という別の形式を用いる。「只有」は複数の用法があり, 辞書では接続詞とされるが,「だけは」の意の「只有」は前置詞と見ることもできる。

(62)の主語「他」(彼)を「只」(だけ)で限定する場合は, (63)のように,「只有」(だけは)を主語の前に置いて, 叙述の対象を「他」(彼)に限定したうえで,「彼に限り,『北京に行ったことがある』が成り立つ」という述べ方をする。

(62) 他　去过　　　　北京。
　　　彼　行ったことがある　北京

　　彼は北京に行ったことがある。

(63) 只有　他　去过　　　　北京。
　　　だけは　彼　行ったことがある　北京

彼だけは北京に行ったことがある（彼に限り北京に行ったことがある）。

否定文の目的語を限定する場合も，「只有」(だけは)を用いる。(64)の否定文の目的語「北京」を限定するには，(65)のように，「只有」(だけは)の後に目的語を置き，叙述の対象を「北京」に限定したうえで，「北京に限り，『行ったことがある』が成り立たない」という述べ方をする。

(64)　他　没　去过　　　北京。
　　　　彼　ない　行ったことがある　北京
　　　彼は北京に行ったことがない。

(65)　他　只有　北京　没　去过。
　　　　彼　だけは　北京　ない　行ったことがある
　　　彼は北京だけは行ったことがない（彼は北京に限り行ったことがない）。

先に述べたように，「只」(だけ)を含む文は「主語についてどれだけのことが成り立つか」を述べる文である。「どれだけのことが成り立つか」は「成り立つ」ことを前提としており，「成り立たない」という否定とは相いれない。そのため，否定文においては，目的語を限定する場合も「只」(だけ)は使えず，「只有」(だけは)を用いる。

4.5　「限定(特立)」の「才」(こそ)

「限定(特立)」の「才」(こそ)は，主語しかとりたてない。語順も，(66)のように，主語「他」(彼)の後にしか置けない。

(66)　他　才　是　天才。
　　　　彼　こそ　だ　天才
　　　彼こそ天才だ。

この文は(67)の内容を述べている。

(67)　「彼」以外の人について「天才である」ことが成り立つという見方もあるが，それは誤りで，「彼」くらいでないと「天才である」ことは成り立たない。

「限定(特立)」の「才」(こそ)を含む文は，すでに話題になっている属性が成り立つ対象を指定しなおすことを述べる文である。「どのような対象について，すでに話題になっていることが成り立つか」を述べる点で，「どのような対象について同じことが成り立つか」を述べる「都」(さえ)，「连…也」(までも)，「也₁」(も)と共通する点がある。まとめれば(68)のようになる。

  (68) 語順：とりたてる対象(主語) －才－述語。
     意味：とりたてる対象くらいでないと，すでに話題になっていることは成り立たない。

4.6 とりたて副詞を含む文の語順と意味の関係

 4.2から4.5で見てきた，中国語のとりたて副詞を含む文の語順と意味の関係は，次の2つのタイプに整理できる。

 第1のタイプは，「極端」の「都」(さえ)，「连…也」(までも)，「類似」の「也₁」(も)，「限定(特立)」の「才」(こそ)である。これらの副詞を含む文の語順と意味は，(69)のようにまとめられる。

  (69) 語順：とりたてる対象(主語・目的語) －都／也₁／才－述語。
     意味：「どのような対象について，すでに話題になっていることが成り立つか」を述べる。

 第2のタイプは，「類似」の「也₂」(も)，「还」(さらになお)，「限定」の「只」(だけ)，「净」(ばかり)である。これらの副詞を含む文の語順と意味は，(70)のようにまとめられる。

  (70) 語順：主語－也₂／还／只／净－述語－とりたてる対象(目的語)。
     意味：「主語について，どれだけのことが成り立つか」を述べる。

 中国語の文は，大きく「叙述の対象」と「叙述の内容(述語句)」の2つの部分に分かれる。とりたて副詞はその2つの間に置かれ，第1のタイプは「叙述の対象の追加・限定」を表し，第2のタイプは「叙述の内容の追加・限定」を表すという体系になっている。中国語は語順が重要な言語であるが，とりたてにおいても，とりたて副詞の意味と語順

とが密接な関係にあると言える。

5. 中国語のとりたて表現の運用

4.で見たように，中国語のとりたて副詞の文法的性質は，日本語のとりたて助詞とは大きく異なる。意味的にも，3.で見たように，中国語のとりたて副詞には「反限定」「反極端」「反類似」を表すものがほとんどなく，日本語のとりたて助詞とは大きな違いを見せる。

これに加えて，同じ意味を表す場合でも，日本語と中国語とでとりたて表現の使い方が異なることがある。たとえば，日本語では，「…のほかに」に続けて他の類似の対象を追加する場合，(71) a.のように「も」を用いてもよいが，「も」を用いずに(71) b.のように言ってもよい。

(71) a. 私はビールのほかにワイン<u>も</u> 1 杯飲んだ。
  b. 私はビールのほかにワインを 1 杯飲んだ。

これに対し，中国語では，「除了…」(…のほかに)に続けて類似の対象を追加する場合は，(72)のように「还」(さらになお)を用いる。

(72) 除了　啤酒, 我　<u>还</u>　　喝了　一杯　葡萄酒。
　　　のほかに ビール 私 さらになお 飲んだ 1杯　ワイン

　　　私はビールのほかにワインも 1 杯飲んだ。

「…のほかに」，「除了…」(…のほかに) は，ともに他の類似の対象を追加するための表現である。日本語では，「…のほかに」と言えば，その後に挙げられる対象は追加された類似の対象として理解され，「類似」の「も」を用いる必要はない。しかし，中国語では，「除了…」(…のほかに) の後に対象を追加する際には，「还」(さらになお) を用いる必要がある。

とりたて副詞に限らず，日本語では副詞が必要ないところで，中国語では副詞が必要なことが多い。たとえば，起床時間が想定より早いことを述べる場合，日本語では，(73) a.のように「もう」を用いてもよいが，(73) b.のように時間を強調するだけでもよい。

(73) a. 彼は 3 時にもう起きた。
  b. 彼は **3 時**に起きた。

中国語では，想定よりも早いことを表すには，(74)のように，副詞「就」(もう)を用いる必要がある。「三点」(3時)を強調するだけでは，想定より早いという意味は表されない。

(74) 他 三点 就 起床了。
　　　彼　3時　もう　起きた

　　　彼は3時にもう起きた。

複数の対象の中から1つを選んで指定する場合も，日本語では，(75)a.のように「ほかでもなく」「まさに」を用いてもよいが，(75)b.のように選んだ対象を強調するだけでもよい。

(75)a. 彼はほかでもなく(まさに)ここにいる。

　　b. 彼はここにいる。

中国語では，「ほかでもなく」「まさに」という気持ちを表すには，(76)のように，副詞「就」(まさに)を用いる必要がある。「这里」(ここ)を強調するだけでは，「ほかでもなく」「まさに」という気持ちは表されない。

(76) 他 就 在 这里。
　　　彼　まさに　いる　ここ

　　　彼はまさにここにいる。

井上優(2013)で述べたように，中国語は言語形式を組み合わせて，出来事の内容を具体的に描いていく言語であり，それゆえ，同じ出来事を述べる場合でも，日本語よりも具体性の高い表現をとることが多い。日本語でとりたて助詞が不要なところで，中国語でとりたて副詞が必要なことも，そのような現象の1つとして位置づけられる。

6. まとめ

この論文では，2.から5.でそれぞれ(77)から(80)のことを述べた。

(77) 中国語では，副詞がとりたて表現として用いられる。中国語のとりたて副詞には，とりたてを主な機能とする副詞と，多様な用法の1つとしてとりたての用法を持つ副詞がある。

(78) 中国語のとりたて副詞は「限定」「極端」「類似」を表す。

「反限定」「反極端」「反類似」は，とりたて副詞とは別の手段により表す。

(79) とりたて副詞は「主語と述語の間」に置かれる。とりたて副詞を含む文の語順には，「とりたてる対象－とりたて副詞－述語」，「とりたて副詞－述語－とりたてる対象」という2つのパターンがあり，その区別は「叙述の対象」と「叙述の内容」のどちらを追加・限定するかと関係する。

(80) 日本語ではとりたて助詞が不要なところで，中国語ではとりたて副詞が必要なことがある。これは，出来事を述べる場合に，中国語は日本語よりも具体性の高い表現をとることが多いことと関係する。

参照文献

伊地智善継（編）(2002)『白水社中国語辞典』白水社．
井上優 (2013)『相席で黙っていられるか―日中言語行動比較論―』岩波書店．
徐建敏 (1988)「中国語の"也"と日本語の「も」―とりたての観点からみた対応―」『都大論究』25，pp. 13–27，東京都立大学国語国文学会．
徐建敏 (1993)「とりたての観点から見た日本語の「さえ」と中国語の"都"」『都大論究』30，pp. 16–28，東京都立大学国語国文学会．
徐建敏 (1994)「中国語の"只"と日本語の「だけ」「しか」―とりたての観点から見た対応―」『都大論究』31，pp. 1–12，東京都立大学国語国文学会．
張建華 (1998)『日中語の限定表現の研究―「だけ」「ばかり」「しか」と"只""净"を中心に―』絢文社．
北京・商務印書館・小学館（編）(2016)『小学館日中辞典第3版』小学館．
楊凱栄 (2002)「「も」と"也"」，生越直樹（編）『対照言語学』（シリーズ言語科学4），pp. 161–182，東京大学出版会．
侯学超（編）(1998)《现代汉语虚词词典［現代中国語虚詞辞典］》北京大学出版社．
吴卫平 (2014)《日语提示助词和汉语焦点副词的对比语言学研究［日本語トリタテ助詞と中国語焦点副詞に関する対照言語学的研究］》，南开大学出版社（本文日本語）．

タイ語のとりたて表現

峰岸　真琴

1. この論文の主張

この論文はタイ語のとりたて表現の特徴を明らかにする。この論文の主張は（1）から（5）のとおりである。

（1） タイ語のとりたて表現には，とりたてる対象の前に置かれるとりたて助詞と，とりたてる対象の後に置かれるとりたて副詞との2種の形態によるもののほか，とりたてる語句を移動するという文法的手段によるものがある。

（2） とりたて表現の形態によって，とりたてる対象の性質，とりたての内容に対する話し手の評価のほか，文体による意味の違いがある。

（3） とりたて助詞によって，とりたてる対象の品詞や，主語，目的語など文法上の役割に関しての制限がある。

（4） 「反類似」のとりたては，語句を文頭に移動して主題化することで表す。

（5） 「反限定」の表現として，不定を表す意味の単語が組み合わされて定型化したものがある。

2. タイ語の特徴ととりたて表現の形態

タイ語は名詞や動詞の語形変化がなく，基本的な文法関係を主に語順で表現する。文の基本語順は「主語－動詞－目的語（SVO）」であり，

句の基本語順は「被修飾語＋修飾語」である。また助詞や助動詞など，文法関係を表す専用の形態が少なく，かわりに一般的な動詞や名詞から派生して生まれた形態を用いることも，タイ語の大きな特徴である。

　タイ語の文法上の特徴として，文中の目的語や副詞を文頭に移動して，その語句を文の主題にすることが挙げられる。また名詞や副詞を文末に移動することによって，問いかけに応じる答えの焦点とする。このような語句の移動がとりたての表現にも用いられることがある。

　タイ語のとりたての形態には，とりたてる対象の前に置かれるとりたて助詞によるものと，とりたてる対象の後に置かれるとりたて副詞によるものとの2種類がある。とりたて助詞は，とりたてる対象を前から修飾する点で，「被修飾語＋修飾語」の語順を原則とするタイ語では例外的な形態であるということができる。

　以降のタイ語表記では5つの声調の表記は割愛する。また，ひとまとまりの語句がいくつかの語に分割できる場合，語の境界をハイフンで示す。

　タイ語のとりたて表現の形態には**表1**に掲げるものがある。

表1　タイ語のとりたて表現の形態

限定	khεε（しか） phiaŋ（だけ） chaphɔʔ（だけ） tεε（だけ） thaw-nan（それだけ）	反限定	——
極端	krathaŋ（まで） khanaat（まで） mεε-tεε（さえ） taŋ（までも）	反極端	raaw-raaw （くらい） pramaan （くらい）
類似	thaŋ（も） kɔɔ（も）	反類似	[語句の文頭への移動]

　表1に示したように，とりたての形態には「限定」，「極端」，「反極端」，「類似」を表すものがあるが，「反限定」「反類似」を表すものは存

在しない。これらの形態のうち，thaw-nan（それだけ）およびkɔɔ（も）はとりたて副詞であり，それ以外はとりたて助詞である。

（6）は「限定」のとりたて助詞 phiaŋ（だけ）と，とりたて副詞 thaw-nan（それだけ）とで目的語を挟んだとりたてである。

 （6） phom ca rak (phiaŋ) khun (thaw-nan)
    僕 よう 愛する だけ 君 それだけ
   僕はただ君だけを愛していきます。

（6）の場合，助詞と副詞とのどちらかだけを用いることもできるが，phiaŋ（だけ）は主に書きことばで用いられ，thaw-nan（それだけ）は話しことばで用いられるという文体上の違いがある。

これらのとりたての形態を用いることに加え，特に主語をとりたてる場合などに，語句を文末，文頭に移動するなどの文法的手段を組み合わせる場合もある。一方，主語以外の「反類似」のとりたてでは，語句の文頭への移動が主なとりたて手段である。

3. タイ語のとりたて表現の意味

この節では，それぞれのとりたて表現の意味の違いについて述べる。

3.1 「限定」のとりたて表現の意味

（7）は「限定」のとりたて助詞 phiaŋ（だけ）を用いて目的語をとりたてた例である。

 （7） ŋaan-nii chəən phiaŋ phuu-yiŋ
    この催し 招待する だけ 女性
   この催しは女性だけを招待する。

（7）の場合，とりたてる対象が限定されていることを表すには，phiaŋ（だけ）の代わりに，khɛɛ（しか），chaphɔʔ（だけ），tɛɛ（だけ）のいずれかを用いることができるが，とりたて助詞によって次のような意味の違いがある。

phiaŋ（だけ）は，主に書きことばで用いられる。khɛɛ（しか）は，主に話しことばで用いるが，単にとりたてる対象や数量が限定されているだ

けでなく,「残念,意外,驚き,非難」といった感情を伴うとりたてに用いる。この場合,「残念ながら男性は入れない」という感情的な意味を伴う。

chaphɔʔ (だけ) は,とりたてる対象を「特別,専用」という意味で限定する場合に用いる。(7) では「対象が女性限定の催し」であることを意味する。

tɛɛ (だけ) は,とりたてる対象とそれ以外とを対比して限定するとりたてに用いる。(7) では「女性は招待される一方で,男性は招待されない」ことが念頭に置かれている。

さらに,とりたて助詞 khɛɛ (しか) と phiaŋ (だけ) とを組み合わせて khɛɛ-phiaŋ (しか),phiaŋ-khɛɛ (しか) とすることで,「残念,驚き」などの感情的な表現にすることができる。この場合,phiaŋ-khɛɛ (しか) よりも,khɛɛ-phiaŋ (しか) の方が「もっと多いほうがいいのに,残念だ」のような,強い感情的な意味合いを持つ。

(8) は,とりたて副詞 thaw-nan (それだけ) を用いた例である。

(8) ŋaan-nii chəən　phuu-yiŋ　thaw-nan
　　　この催し　招待する　女性　　それだけ

　　この催しは女性だけを招待する。

(8) は,とりたて助詞を用いた (7) と意味は変わらないが,主に話しことばで用いられるという文体上の違いがある。

「限定」のとりたて助詞のうち,khɛɛ (しか) と phiaŋ (だけ) の2つは,対象そのものでなく対象の数量をとりたてることもできる。これについては,すでにアッカラチャイ (2015) のタイ語コーパス (Thai National Corpus) を用いた研究がある。同報告によると,khɛɛ (しか) と phiaŋ (だけ) の2つは数量を含む名詞句の直前にそのまま置けるが,chaphɔʔ (だけ) と tɛɛ (だけ) は置けない。また,数量を含む名詞句の前に chaphɔʔ (だけ) あるいは tɛɛ (だけ) を置く場合は,後続する指示形容詞や関係節が名詞句を修飾している必要があるという。

(9) は「限定」のとりたて助詞を用いて名詞の数量のみをとりたてている。

(9) a. ŋaan-nii chəən phuu-yiŋ <u>khɛɛ</u> sip-khon
　　　 この催し　招待する　女性　　しか　　10人

　　b. ŋaan-nii chəən phuu-yiŋ <u>phiaŋ</u> sip-khon
　　　 この催し　招待する　女性　　だけ　　10人　　　　．

　　c. *ŋaan-nii chəən phuu-yiŋ <u>chaphɔʔ</u> sip-khon

　　d. *ŋaan-nii chəən phuu-yiŋ <u>tɛɛ</u> sip-khon
　　　 この催しは，女性を10人だけ招待する。

　（9）a., b. のように，khɛɛ（しか）と phiaŋ（だけ）は数量を限定してとりたてることができる。両者の違いは，（9）a. の khɛɛ（しか）が「女性をたった10人しか招待しないんだって」というような驚き，意外の感情が含まれるのに対し，（9）b. の phiaŋ（だけ）はそのような感情を含まない表現だという点である。また（9）a., b. ともに，女性は10人しか招待しないが，招待されなくとも来る女性や，男性も来るかもしれないという可能性を排除しない。

　一方，（9）c., d. のようにchaphɔʔ（だけ）と tɛɛ（だけ）を用いることはできない。ただし（9）c. の sip-khon（10人）に nii（この）を加えて sip-khon-nii（この10人）とすると，「10人」という数量の限定ではなく「（ほかの女性でなく）この10人の女性」という対象の限定になるため，適格文となる。しかしその場合でも tɛɛ（だけ）を用いることはできない。これは「この10人の女性」と対立する集合が具体的にどのようなものかが想定できないためである。

3.2 「極端」のとりたて

（10）は，「極端」のとりたて助詞 krathaŋ（まで）を用いた例である。

　（10）khaw thaan <u>krathaŋ</u> khruaŋ-nay muu
　　　　彼　　食べる　まで　　　内臓　　　　　豚
　　　　彼は豚の内臓まで食べる。

　krathaŋ（まで）の代わりに mɛɛ-tɛɛ（さえ）あるいは khanaat（まで）を使うこともできる。krathaŋ（まで）と mɛɛ-tɛɛ（さえ）は，ともにある水準，範囲を超えているという「極端」のとりたてを表すが，mɛɛ-tɛɛ（さえ）

の方は「そこまでしなくても」といった否定的な感情を伴う表現になる。khanaat（まで）は，「範囲」という意味の名詞から転用され，期待される数量を超えて極端に数量が多い場合に用いられる。近年の若い世代が「極端」のとりたての意味で使うようになったようである。

　（11）a. の taŋ（も）は，数量が多い場合に「そこまで，そんなに」といった感嘆の表現として用いる。(11) b. の taŋ（も）は，聞き手のチェンマイまでの訪問が，わざわざ来るのには特段の努力が必要な遠距離だという気持ちの表現である。

(11) a.　　kin　bia　　taŋ　sip-kɛɛw
　　　　　　飲む　ビール　も　　10杯

　　　　　ビールを10杯も飲んだ。

　　　b.　maa　taŋ　chiaŋmay, [...]
　　　　　来る　も　　チェンマイ

　　　　　わざわざチェンマイに来た[のだから，ごちそうしなければ]

3.3 「反極端」のとりたて

　「反極端」のとりたて助詞には raaw-raaw（くらい）と pramaan（くらい）がある。raaw-raaw（くらい）は，一般名詞 raaw（ロープ，線，筋道，話）の反復形である。タイ語では一般に，名詞や形容詞を反復することで，指示する対象が不特定のさまざまなものであることを示すが，この不特定の意味から転じて「反極端」のとりたてに用いられる。一方，pramaan（くらい）は「基準，評価する，見積もる，見計らう，計算する」というサンスクリット・パーリ語起源の借用語である。これらは数量表現の前に置いて「おおよそ，約～」という意味を付与するが，数量からさらに「想定される標準」という意味に拡張されて，名詞の「反極端」のとりたて助詞になったと考えられる。またこの「反極端」のとりたては，近年若い世代によって用いられるようになったようである。

　（12）の raaw-raaw（くらい）がとりたてているのは「数量」ではなく，一般の名詞「オムライス」である。ここでは料理の難易の標準となる尺度を話し手が想定し，オムライスをやさしい方向に位置づけて評価して

いる。

 （12） tham raaw-raaw khaaw-hɔɔ-khay
     作る くらい   オムライス
   オムライスくらいは作る。

raaw-raaw（くらい）の代わりに pramaan（くらい）を用いても，意味に大きな違いはない。

3.4 「類似」のとりたて

とりたて助詞 thaŋ（も）は（13）のように類似する対象をとりたてるために用いる。lɛʔ（そして）は使わなくともよい。

 （13） chəən thaŋ khun-phɔɔ thaŋ-(lɛʔ) khun-mɛɛ
     招待する も お父さん も- そして お母さん
   お父さんもお母さんも招待した。

一方（14）のとりたて副詞 kɔɔ（も）は，主語あるいは文の主題の後におかれ，「そして~もまた」という「類似」の意味を表す。（14）では「性別」という同じカテゴリーに属する「女」と「男」を並べ，両者を対比することで，「類似」のとりたてを表している。

 （14） phuu-yiŋ kɔɔ maa, phuu-chaay kɔɔ maa
     女   も 来る 男   も 来る
   女も来たし男も来た。

（13）が目的語をとりたてる例文であるのに対し，（14）の kɔɔ（も）は主語をとりたてている。助詞，副詞ともに，主語あるいは目的語をとりたてることができるのだが，とりたて副詞 kɔɔ（も）で目的語をとりたてるには，目的語を文頭に移動して主題化するという文法的手段も用いなければならない。

4. タイ語のとりたて表現の位置と構文

とりたての形態がとりたてる対象には品詞の制約がある。また主語や目的語などの文中での文法的機能によってとりたて表現の手段が異なる。

4.1 数量表現や目的語名詞のとりたて

これまで挙げてきた例文（6）～（14）のとりたてる対象は名詞，数詞あるいは数量を意味する副詞による数量表現であった。

表2はそれぞれのとりたて助詞あるいは副詞がとりたてるのが，名詞か数量かを，例文番号とともに示したものである。

表2　とりたての形態ととりたてる対象

意味	形態	語句	例文番号
限定	khɛɛ（しか） phiaŋ（だけ） thaw-nan（それだけ）	名詞と数量	(7) (9) (6) (7) (9) (6) (8)
限定	chaphɔʔ（だけ） tɛɛ（だけ）	名詞	(7) (7)
極端	krathaŋ（まで） khanaat（まで） mɛɛ-tɛɛ（さえ）	名詞	(10) (10) (10)
極端	taŋ（までも）	名詞と数量	(11)
反極端	raaw-raaw（くらい） pramaan（くらい）	名詞	(12) (12)
類似	thaŋ（も） kɔɔ（も）	名詞	(13) (14)

4.2 動詞のとりたて

タイ語のとりたて助詞は，基本的に動詞をとりたてることができない。しかし，「限定」のとりたて助詞 phiaŋ（だけ）および khɛɛ（しか）は，例外的に動詞をとりたてることもできる。

(15)　khaw　phiaŋ　phuut, tɛɛ　may　tham
　　　　彼　　だけ　　話す　しかし　ない　する

　　　彼は話しているだけでやらない。

一般に tɛɛ（だけ）は動詞をとりたてられないが，day-tɛɛ（するだけ），aw-tɛɛ（するだけ）という複合動詞は，例外的に動詞をとりたてることができる。

同様に chaphɔʔ（だけ）も動詞をとりたてられないが，役割分担を決める場合などは，例外的に動詞をとりたてることができる．

(16)　khon-nii tham chaphɔʔ laam, khon-nii tham chaphɔʔ
　　　この人　する　だけ　通訳　この人　する　だけ
　　　thaay-ruup.
　　　写真撮影する

　　　この人は通訳だけ，この人は写真撮影だけする．

(16) の laam（通訳する）および thaay-ruup（写真撮影する）はともに動詞であるが，ここでは「通訳の専門」，「写真撮影の専門」のように動詞が名詞と同様に扱われている．

4.3　接続詞のとりたて

(17) のように，「限定」のとりたて助詞 phiaŋ（だけ）は逆接の接続詞 tɛɛ（しかし）をとりたてることができる．

(17)　yaak pay, phiaŋ-tɛɛ may mii ŋən
　　　たい　行く　ただ　ない　ある　金

　　　行きたいけど，ただお金がないだけ（だから行けない．）

この場合は，phiaŋ-tɛɛ（ただ～だけ）という複合的な接続詞となって「お金がない」をとりたてていると考えられる．

4.4　文末移動による主語のとりたて

先に挙げた例文 (6)〜(14) では，(14) の主語の「類似」のとりたてを除き，目的語をとりたてる場合の例文だけを挙げてきた．タイ語では主語をとりたてることも可能なのだが，そのためにはとりたて助詞を用いるとともに，とりたてる対象を文末に移動する必要がある．

(18) は主語そのものをとりたてる場合である．

(18) a.　*khɛɛ nak-rian khon-nii maa
　　　　しか　学生　　この人　　来る

　　　b.　maa khɛɛ nak-rian khon-nii
　　　　　来る　しか だけ　学生　　この人

この学生だけが来た。

  c. nak-rian maa khɛɛ khon-nii
    学生 来る しか この人

  学生はこの人だけが来た。

（18）a. の nak-rian khon-nii（この学生）を主語位置に置いたまま，khɛɛ（しか）でとりたてると不適格文になるが，(18) b. のように，主語を文末に移動すると適格文になる。この場合，khɛɛ（しか）の代わりに，phiaŋ（だけ），chaphɔʔ（だけ），tɛɛ（だけ）を用いても適格文である。また (18) c. のように「この学生」から「この人」という修飾の表現だけをとりたてて文末に移動しても適格文となる。

　(19) は主語が数量表現を伴う場合のとりたてである。

  (19) a. *khɛɛ nak-rian saam-khon maa
     しか 学生 3人 来る

    b. maa khɛɛ nak-rian saam-khon
     来る しか 学生 3人

  3人の学生だけが来た。

    c. nak-rian maa khɛɛ saam-khon
     学生 来る しか 3人

  学生は 3 人だけ来た。

(19) a. のように，主語の位置にある nak-rian saam-khon（3 人の学生）を「限定」の khɛɛ（しか）でとりたてると不適格文になる。(19) b. のように，主語と数量表現をともに文末に移動するか，あるいは (19) c. のように，主語はそのまま残し，数量表現 saam-khon（3 人）だけを文末に移動しても適格文となる。(19) b. は「学生 3 人以外は誰も来ない」のに対して，(19) c. は主題ととりたての対象が分離しているため「学生は 3 人だが，ほかに先生も 2 人来た」というように，「反類似」の含意を持つという違いがある。

4.5 とりたて助詞と副詞との組み合わせによる主語のとりたて

　「極端」のとりたてで主語をとりたてるには，とりたて助詞ととりた

て副詞 kɔɔ（も）とを組みあわせる必要がある。
　(20) a., b. はそれぞれ「極端」のとりたて助詞 mɛɛ-tɛɛ（さえ）で主語をとりたてている。

(20) a.　<u>mɛɛ-tɛɛ</u>　prathaan-bɔɔrisat　<u>kɔɔ</u>　yaŋ　may　ruu　khaaw-nan
　　　　さえ　　社長　　　　　　　　も　　まだ　ない　知る　そのニュース
　　　社長さえもがそのニュースをまだ知らない。

b.　<u>mɛɛ-tɛɛ</u>　dek-dek　<u>kɔɔ</u>　yaŋ　ruu　khaaw-nan
　　さえ　　子ども　　も　　もう　知る　そのニュース
　　子どもさえもが，そのニュースをもう知っている。

　副詞 kɔɔ（も）は「類似」のとりたてにも用いられるが，「極端」のとりたての背景には，それと類似するさまざまな「極端」のレベルが想定できるため，「極端」のとりたてにも用いる。
　さらに，とりたて副詞と語句の移動による焦点化によって「類似」のとりたてを行う方法もある。
　(21) a., b. は，意味内容は同じ「お父さんもお母さんも」だが，「主語＋述語」の語順を持つ (21) a. は感情的に中立的な表現である。一方，(21) a. の主語を文末に移動して焦点化した (21) b. は，たとえば「結婚式などの大事な機会なのに，両親とも来なかったんだ」のように，感情的，批判的に評価している表現である。

(21) a.　<u>thaŋ</u>　khun-phɔɔ　<u>thaŋ-(lɛʔ)</u>　khun-mɛɛ　may　maa
　　　　も　　お父さん　　　も　　　　　お母さん　　ない　来る

b.　may　maa　<u>thaŋ</u>　khun-phɔɔ　<u>thaŋ-(lɛʔ)</u>　khun-mɛɛ
　　ない　来る　も　　お父さん　　　も　　　　　お母さん
　　お父さんもお母さんも来なかった。

4.6　分裂文によるとりたて

　とりたて形態と併せて主語をとりたてる文法的手段として，分裂文を用いることもできる。(22) は連体詞 thii（の）を用いて名詞句を作り，それを文末に置くことで「(学生のうち) 行きたくないの（者）」を焦点とした表現である。

(22) nak-rian khɛɛ saam-khon-nii thii may yaak pay
　　　学生　しか　この3人　　　の　ない　たい　行く

行きたくないのはこの 3 人の学生しかいない。

(22)は「学生たちのなかで行きたくない学生が存在する」という情報がすでに前提となっている場合に，「その行きたくない学生はどの何人か」という問いに答える場合に適切な文となる。

4.7　存在文によるとりたて

とりたての形態と併せて主語をとりたてる文法的手段として，(23)のような存在文を用いることもできる。

(23) nak-rian thii may yaak pay mii khɛɛ saam-khon-nii
　　　学生　の　ない　たい　行く　ある　しか　この3人

行きたくない学生はこの 3 人しかいない。

(23)は，連体修飾を含む「行きたくない学生」を主題とし，存在を表す動詞 mii（ある）とを組み合わせて，「この 3 人だけ存在する」（この 3 人しかいない）という存在文にして，主題の数量だけを限定してとりたてている。

(23)は，すでに「行きたい学生と行きたくない学生が存在する」という情報が前提となっている場合に，「行きたくない学生は何人いるのか」のような問いに答える場合に適切な文となる。

5.　タイ語における主題化による「反類似」のとりたて

タイ語では一般に，名詞あるいは時間や場所を表す副詞を文頭の位置に移動することで文の主題とすることができる。

タイ語には「反類似」のとりたての形態は存在しないが，主題化は他のものとは区別して叙述の範囲を明示するために用いられるため，「反類似」の役割を担っている。

5.1　主題の並置による「反類似」のとりたて

主題を持つ節を 2 つ以上並置したり，あるいは 2 つの主題を連続し

たりすることで「反類似」の表現となる。いずれの場合も，比較の可能な2つの主題を明示することが，「反類似」のとりたてとなる。

(24)は主題を持つ節を2つ以上並列した例である。

 (24) plaa thaan tɛɛ nɯa may thaan
    魚 食べる しかし 肉 ない 食べる

  魚は食べるが，肉は食べない。

(24)では thaan（食べる）の目的語である plaa（魚）と nɯa（肉）が主題化されている。ここで，動詞 thaan（食べる）の前にある名詞句が動作主であるか，あるいは動作対象であるかは，文脈によって決まる。(24)の動詞 thaan（食べる）の場合，話し手が食べ物の好みについて述べるという文脈が先行していれば，plaa（魚）と nɯa（肉）は動作の対象であると解釈される。

2つの主題を文頭に連続して「反類似」を表すこともある。(25)の場合，丸かっこ内の「昨日」がある場合とない場合とで，とりたてる範囲が異なってくる。

 (25) phon-kaan-wicay (mɯawaan) cɛɛŋ tɛɛ khaw
    研究結果   （昨日） 知らせる だけ 彼

  研究結果は（昨日は）彼だけに知らせた。

mɯawaan（昨日）がない場合，つまり「反類似」の主題が1つだけの「研究結果は彼だけに知らせた」の場合，「彼以外には伝えるつもりはない」ことになる。一方，主題を2つ連続させた「研究結果は昨日は彼だけに知らせた」の場合，「研究結果」と「昨日」との2つの主題が二重に叙述部分を限定するため，「昨日は彼だけに知らせた（が，今日はほかの人たちにも伝えるつもりだ）」という別の含意を持つことになる。

言いかえれば，この場合の tɛɛ（だけ）のとりたてる対象が，とりたてられる語句だけに留まり，ほかの可能性を完全に排除するのか，あるいは排除しないのかは，文脈による情報の累加によって初めて決まることになる。

5.2 主題化の形態による「反類似」のとりたて

　一般にタイ語の主題化には，主題を表す特別な形態は必要ないが，rɯaŋ（話，話題）などの名詞に由来する形態を用いて主題であることを明示することもできる。

　(26) は，主題標識 rɯaŋ（話，話題）を用いた「反類似」のとりたての例である。

　　(26) rɯaŋ　ŋən　phom　may　aw　　　duay
　　　　　話　　お金　私　　ない　引きうける　よ

　　　　お金のことは，私は引きうけないよ。

　(26) は，例えば仕事の割り振りをするような場合，「ほかのどんな仕事でも引き受けるけど，一方で，お金のことはいやだよ」というような場合に用いる表現である。

6. タイ語における定型化した表現による「反限定」のとりたて表現

　「コーヒーか何か飲みますか」のような「反限定」の表現を多用する日本語の場合と違い，タイ語では (27) a. のように「コーヒーを飲みますか」と直接たずねるほうが普通である。しかし，聞き手の好みがわからない場合は，(27) b. のように「反限定」の表現 rɯɯ-aray（とか何か）を用いる。

　　(27) a. kin　kaafɛɛ　may?
　　　　　　飲む　コーヒー　か

　　　　　コーヒーを飲みますか？

　　　　b. kin　kaafɛɛ　rɯɯ-aray　may?
　　　　　　飲む　コーヒー　とか何か　　　か

　　　　　コーヒーか何かを飲みますか？

　「反限定」の表現 rɯɯ-aray（とか何か）は，rɯɯ（あるいは），aray（何）の組みあわせが「とか何か」を表す表現として定型化したものである。これにさらに yaŋŋii（このような）を加えた rɯɯ-aray-yaŋŋii（とか何かその類い）もまた「このような何か」という意味で定型化した表現である。rɯɯ-aray（とか何か）に kɔɔ（も）と day（よい）とを組み合わせた rɯɯ-aray-kɔɔ-day「とか何かなんでもよい」という言い方も可能である。

(28) は，「反限定」のとりたて副詞 rɯɯ-aray-yaŋŋii（とか何かその類い）を用いた例である。

(28)　yaak kin kaafɛɛ　rɯɯ-aray-yaŋŋii
　　　たい　飲む　コーヒー　とか何かその類い
　　　コーヒーか何かその類いを飲みたい。

7.　まとめ

この論文の主張をまとめると，(29) から (33) のようになる。

(29)　タイ語のとりたて形態のうち，とりたて助詞は「限定」，「極端」，「反極端」，「類似」のとりたてに用いられる。一方，とりたて副詞は「限定」，「類似」のとりたてに用いられる。「反類似」は特別な形態によらず，語句を主題化することで表現される。

(30)　とりたて形態には意味と文体の違いによる使い分けがある。「限定」のとりたてには，とりたてる対象そのものを限定するか，対象の数量を限定するかによる使い分けがある。「極端」のとりたてには，話し手の評価が肯定的か否定的かによる使い分けがある。

(31)　タイ語のとりたて助詞は動詞に接続できないが，例外的に，とりたて助詞 phiaŋ（だけ）は動詞や接続詞を，khɛɛ（しか）は動詞をとりたてられる。文法的な観点からは，文の目的語や副詞など，とりたてる対象が動詞よりも後の語句はとりたてやすい。主語に「限定」あるいは「極端」のとりたてを行うには，とりたて助詞を用いるだけでなく，とりたてる対象を文末に移動するなどの文法的手段を用いてとりたてる必要がある。

(32)　「反類似」のとりたては，ある語句を文頭に移動して主題化するという文法的手段で表す。また文頭の主題を明示するために，主題を表す形態 rɯaŋ（話，話題）を用いることもある。

(33) 「反限定」の表現は特定の形態や文法的手段をもたず，多用されない。「反限定」を明示するには，単語を組み合わせて「とか何か，あるいはその類い」のように定型化した表現で表す。

調査資料

Thai National Corpus, [http://www.arts.chula.ac.th/~ling/tnc3/]

参照文献

アッカラチャイ，モンコンチャイ (2015)「タイ語の限定表現 khɛɛ, phiaŋ, tɛɛ, chaphɔ? の統語的特徴及び意味的特徴に関する考察―名詞句の前に位置する場合―」『言語・地域文化研究』21, pp. 61–85, 東京外国語大学大学院総合国際学研究科.

インドネシア語のとりたて表現

原　真由子

1. この論文の主張

　この論文では，日本語のとりたて表現を手がかりに，インドネシア語にはどのようなとりたて表現があるのかを見る。特に複数のとりたての意味を持つ saja を考察する。saja は「限定」「極端」の2つのとりたての意味系列を表し，さらにそれぞれの対立する意味である「反限定」「反極端」も表す多義的な表現である。

　論点は(1)から(4)の4点である。

(1) インドネシア語のとりたて表現の形態は主に副詞であり，意味的には「限定」「反限定」「極端」「反極端」「類似」を持つ。「反類似」にはとりたて表現の専用の形態はない。saja は，「限定」「反限定」「極端」「反極端」の意味を持つ。

(2) インドネシア語のとりたて表現 saja は意味によって，文での位置，構文などの文法的なふるまいが異なる。しかし，文での位置や構文が共通し，文脈でしか意味の区別ができない場合もある。

(3) saja には，疑問詞に付加する用法がある。疑問詞に付加した saja は，疑問詞疑問文に現れる用法と平叙文に現れる用法があるが，それぞれの意味は異なる。

(4) 「反限定」の saja は「限定」の saja から生じたもので，命令・勧誘の直裁さをやわらげ，聞き手への配慮を示す語用論

的効果を持つ。また，疑問詞疑問文に現れる saja も質問の直截さをやわらげる効果を持つ。

以下，2. ではインドネシア語のとりたて表現の意味の分布を概観したうえで，saja の持つ意味「限定」「反限定」「極端」「反極端」について見る。3. では saja が意味によって文の中で現れる位置と構文がどのように異なるのかを見る。4. では，疑問詞に付加する saja をとりあげ，2. や 3. との関連性を見る。5. では「反限定」の意味を持つ saja によって直截さをやわらげる効果が生まれることを見る。6. はまとめとする。

2. インドネシア語のとりたて表現の意味と形態

ここでは，インドネシア語のとりたて表現にはどのような意味や形態を持つものがあるかを概観する。

インドネシア語は，オーストロネシア語族に属す言語の 1 つであり，インドネシア共和国の国語として，また異なる母語を話す民族間の共通語としてインドネシア全国で用いられている。インドネシア語では，「とりたて」に近い概念として，インドネシア語参照文法を記述する Sneddon, Adelaar, Djenar, and Ewing (2010) が「焦点化副詞 (focusing adjuncts)」と呼ぶ語類がある。同研究では，juga (も)，pula (も)，hanya (ほんの，だけ)，saja (だけ)，pun (も，さえ) などがあげられ，それぞれの用法を詳しく記述している。しかし，それらの体系的な説明までは至っていない。

本書の「とりたて表現の対照研究の方法」(野田尚史) では，日本語のとりたて表現の意味を「限定」「反限定」「極端」「反極端」「類似」「反類似」という 6 分類によって体系的に捉えている。それを手がかりに 6 つの意味に相当するインドネシア語の主要なとりたて表現を示したのが表 1 である。

表1　インドネシア語のとりたて表現の意味と形態

限定	saja（だけ） hanya（ほんの） cuma（ほんの） sekadar（ほんの） semata-mata（単に） justru（まさに） terutama（特に） khususnya（特に） -lah（こそ）	反限定	saja（でも，など） juga（も）
極端	saja（も，でも，さえ） pun（も，でも，さえ） sampai（まで） juga（も，さえ） pula（も，さえ）	反極端	sekadar（ぐらい） saja（ぐらい，なんて）
類似	juga（も） pula（も） pun（も） baik...maupun〜（…も〜も）	反類似	——

　この表からインドネシア語のとりたて表現の意味における分布についてわかることが2つある。1つは，とりたて表現として専用の形態を持つものは，「類似」「限定」「極端」に見られ，「反類似」「反限定」「反極端」にはあまり見られないということである。「反類似」のkalau（の場合），「反限定」のatau sesuatu（か何か），「反極端」のpaling tidak（少なくとも）は，とりたて専用の形態ではないがあえて表したいときに用いられる。もう1つは，sajaは，「限定」「極端」にも，「反限定」「反極端」にも用いられるということである。一方，日本語では，1つのとりたて表現が複数の系列に見られる例はあるが，同系列の2つの対立する意味を表す例はない。

2.1 「限定」と「反限定」のsaja

　表1で見たように，sajaは「限定」「反限定」「極端」「反極端」の複数のとりたての意味を持つ多義的な語である。ここでは，「限定」「反限

定」の意味と形態について詳しく見る。

　sajaが持つ「限定」のとりたての意味は，おおよそ日本語の「だけ」「ばかり」に相当する。「だけ」によって表される，とりたてた要素が他の要素を排除する「限定」だけでなく，「ばかり」で表される，とりたてた要素に関わる事態が繰り返されたり継続したりする，あるいはとりたてた要素が多いという「限定」の意味も持つ。（5）では，sajaがroti（パン）をとりたて，「買ったのはパンだけである」のようにroti（パン）以外のものがないことを表す。（6）では，tadi pagi（今朝）をとりたて，外出した時間帯として昼や夜を除いている。また，（7）は，makan dan tidur（食べて寝る）をとりたて，他の行為の可能性も否定しないが，「食べて寝る」行為が繰り返され，継続することを表す。

　　（5）　Yang　　saya beli roti saja.
　　　　　［関係詞］　私　　買う　パン　だけ
　　　　　私が買ったのは，パンだけだ。
　　（6）　Hari ini　saya keluar tadi　pagi saja.
　　　　　日　これ　私　外出する　さっき　朝　だけ
　　　　　今日，私は朝だけ外出した。
　　（7）　Kemarin saya makan dan　tidur saja.
　　　　　昨日　　　私　　食べる　そして　寝る　だけ
　　　　　昨日，私は食べて寝てばかりいた。

　sajaは，（8）のように，しばしば，同じく「限定」のとりたて表現であるhanya（ほんの）とともに用いられる。

　　（8）　Anak saya hanya satu orang saja.
　　　　　子供　私　　ほんの　1　　人　　だけ
　　　　　私の子供はたったの1人だけである。

　「限定」のsajaは，命令や勧誘の文にもよく用いられる。インドネシア語辞書であるStevens and Schmidgall-Tellings（2010）とDepartemen Pendidikan Nasional（2008）に基づくと，sajaは複数の選択肢の中から，別のものでなく，ある1つに限るように命じたり勧めたりするという機能を持つ。（9）は，動詞duduk（座る）をsajaでとりたて，どこかへ

行くことはやめて，座ることを勧めている。(10) は，場所を表す副詞句 di sini（ここに）を saja で限定し，di situ（そこに）でなくここに座ることを勧める。(11) は，動詞 pulang（帰る）を saja でとりたて，そのまま続けることをやめて，帰るよう誘っている。

(9) Duduk saja. Jangan pergi-pergi.
　　　座る　だけ　するな　あちこち行く
　　座りなさい。どこかに行ったりせずに。

(10) Silakan duduk di sini saja. Di situ kotor.
　　　どうぞ　座る　で ここ だけ　で そこ 汚い
　　ここに座ってください。そこは汚い。

(11) Mulai turun hujan. Ayo pulang saja.
　　　始まる 降る 雨　さあ 帰る だけ
　　雨が降り始めた。さあ帰ろう。

これらの例は，対比される別の選択肢があり，それとは異なる行為や場所を選ぶよう命じたり，誘ったりすることから，「限定」のとりたての意味が前面に出ている。

saja は「限定」の意味を持つ一方，対立する「反限定」のとりたての意味も持つ。「反限定」の saja は，主に命令や勧誘を表す文において見られ，行為・動作をとりたて，「～でもしてください」「～でもしませんか」という意味を表す。(12) と (13) は，「限定」の例と同じく命令・勧誘の文であり，それぞれ duduk（座る），makan siang（昼食をとる）という動詞句を saja がとりたてている。「座ることでもしてください」，「昼食をとることでもしませんか」というふうに，むしろ限定の範囲をぼかしている。

(12) ［訪ねてきた人に対して］
　　Duduk saja.
　　　座る　でも
　　座ってください。

(13) Sudah jam satu. Bagaimana kalau makan siang saja?
　　　すでに ～時 1　いかが　もし 食べる 昼 でも

もう1時を過ぎています。昼食は（昼食でも）どうですか。

2.2 「極端」と「反極端」の saja

saja は多義的な語であり，「極端」の「さえ」「も」「でも」に相当する意味を持ち，その他に同じ意味系列において対立するカテゴリーである「反極端」の「ぐらい」「なんて」に相当する意味も持つ。

(14) は menulis Kanji yang sulit（難しい漢字を書く）を saja でとりたてている。その saja は「極端」の意味を表しており，日本語の文字習得の中で高度な段階である「難しい漢字を書く」ことだってできると意外性を示している。(15) では，menulis Hiragana（ひらがなを書く）を saja でとりたてている。その saja は「反極端」（ぐらい，なんて）を表し，初歩的な「ひらがなを書く」ぐらいは当然できるという軽視を示している。このように，saja は話者の捉え方や文脈によって「極端」にも「反極端」にもなりうる。

(14) Menulis Kanji yang sulit saja, dia bisa.
　　 書く　　漢字　［関係詞］難しい　さえ　彼　できる
　　 難しい漢字を書くことさえ，彼はできる。

(15) Menulis Hiragana saja, dia bisa.
　　 書く　　ひらがな　ぐらい　彼　できる
　　 ひらがなを書くことぐらい，彼はできる。

3. インドネシア語のとりたて表現 saja の位置

インドネシア語では，文中のある要素をとりたてる場合，たいてい，その要素の直後にとりたて表現が現れる。これまで見てきた通り，saja も同様である。ここでは，saja がとりたてる対象を確認したうえで，とりたてられる文の構成要素によって saja が現れる位置が異なることを見る。

3.1 とりたて表現 saja がとりたてる対象

saja がとりたてる対象は，名詞など1語であることもあれば，動詞

と目的語からなる動詞句などのより大きいまとまりであることもある。saja はとりたてる対象の直後に置くため，とりたてる対象が見かけ上では区別が難しいことがある。

(16) a. のように，名詞をとりたてる場合はその名詞の直後に置く。(16) b. のように，動詞句をとりたてる場合は動詞句の直後に置く。この場合，見かけ上は saja の位置が同じであり，いずれも「限定」の意味でとりたてるが，とりたてる対象が異なる。(16) a. は目的語の roti（パン）を「限定」の意味でとりたて，たとえば卵などの他の食べ物を排除している。(16) b. は動詞句 makan roti（パンを食べる）を「限定」の意味でとりたて，たとえば新聞を読むなど，他のことはしなかったことを表す。

(16) a.　Tadi　pagi　saya　makan　roti　saja.
　　　　さっき　朝　私　食べる　パン　だけ
　　　今朝，私はパンだけを食べた。（卵などの他の食べ物は食べずに）

　　b.　Tadi　pagi　saya　makan　roti　saja.
　　　　さっき　朝　私　食べる　パン　だけ
　　　今朝，私はパンを食べることしかしなかった。（新聞を読むなど他のことはせずに）

3.2　述語をとりたてるときの saja の位置

　文における saja の位置は，文のどの構成要素をとりたてるかということに加え，さらにとりたての意味によって異なる。saja が述語をとりたてる場合，「限定」の場合は述語の終わりに現れるが，「極端」と「反極端」の場合は述語の終わり，特に文末には現れない。

　3.1 の (16) a. と (16) b. の例で見たように，動詞文において，目的語や動詞句が「限定」の意味で saja によってとりたてられる場合，それらは文末に現れていた。つまり，述語の終わりに現れていた。

　それに対して，「極端」と「反極端」の意味で目的語を saja によってとりたてる場合，saja は文末に現れない。

(17) a. のように，目的語の berita rahasia（隠されたニュース）を「極端」の意味でとりたて，「隠されたニュースさえ彼は知っている」という場合，berita rahasia saja（隠されたニュースさえ）は動詞の後に現れることができず，述語 dia tahu（彼は知っている）よりも前に置く必要がある。saja にとりたてられた目的語が動詞の後に置かれる (17) b. は不自然である。(18) は「反極端」の意味で目的語の berita besar（大きなニュース）を saja がとりたてている。「極端」と同様に，とりたてられる目的語は動詞よりも前に位置する。

(17) a. Berita rahasia saja dia tahu.
　　　　ニュース 秘密の　さえ 彼　知る

　　　（彼は記者であるため）隠されたニュースさえ，知っている。

　　b. *Dia tahu berita rahasia saja.
　　　　彼　知る ニュース 秘密の　さえ

(18) a. Berita besar saja dia tahu.
　　　　ニュース 大きな ぐらい 彼　知る

　　　（彼はニュースに疎いが）大きなニュースぐらいは，知っている。

　　b. *Dia tahu berita besar saja.
　　　　彼　知る ニュース 大きな ぐらい

3.3　主語をとりたてるときの saja の位置

主語を saja がとりたてる場合，「限定」と「極端」の間では，用いられる構文に違いが見られる。

(19) a. は，saya（私）を「限定」の意味でとりたてている。「私だけがパンを食べた」のように，主語の「私」を「限定」の意味でとりたてる場合は，インドネシア語では分裂文の形式をとる。つまり，「私だけである，パンを食べたのは」という語順となる。saya saja（私だけである）が述語を構成し，その後に関係詞 yang に導かれる名詞修飾節 yang makan roti（パンを食べた人）が主語として続く。一方，(19) b. は分裂文ではないため，「限定」の意味でとりたてているのであれば非文である。

ただし，3.2で見たように，「極端」の意味であれば正しい。

このような「私だけが～する」というように，主語を「限定」の意味でとりたてる場合，分裂文で表現する必要があるという特徴に関しては，本書の「ヘレロ語のとりたて表現」(米田信子)で言及される現象と共通している。

なお，(19)c.のようにsaya(私)から離れ，文末にsajaを置いても，saya(私)を「限定」の意味でとりたてることはできない。(16)a.と(16)b.のように，直前のroti(パン)あるいはmakan roti(パンを食べる)，すなわち述語をとりたてることになる。

 (19)a. Tadi pagi <u>saya</u> <u>saja</u> yang makan roti.
    さっき 朝 私 だけ [関係詞] 食べる パン
    今朝，私だけがパンを食べた(私だけである，パンを食べたのは)。

  b. *Tadi pagi <u>saya</u> <u>saja</u> makan roti.
    さっき 朝 私 だけ 食べる パン

  c. *Tadi pagi <u>saya</u> makan roti <u>saja</u>.
    さっき 朝 私 食べる パン だけ

また，(19)a.のような分裂文では，とりたてられる名詞に，おおよそ「こそ」に相当するとりたて表現である接尾辞-lahが付加することがある。(20)a.のようにsaya saja(私だけである)のsaja(だけ)に-lah(こそ)が付加し，とりたて表現が連続する場合と，(20)b.のようにsaya(私)に-lah(こそ)が付加する場合の両方が可能である。

 (20)a. Tadi pagi <u>saya</u> <u>saja-lah</u> yang makan roti.
    さっき 朝 私 だけ-こそ [関係詞] 食べる パン
    今朝，私だけがパンを食べた(私だけである，パンを食べたのは)。

  b. Tadi pagi <u>saya-lah</u> yang makan roti.
    さっき 朝 私-こそ [関係詞] 食べる パン
    今朝，私こそがパンを食べた(私こそである，パンを食べたのは)。

なお，(21) のように，他の terutama（特に）などの「限定（特立）」のとりたて表現によって主語をとりたてる場合も同様に分裂文の形式をとる。

(21) Terutama dia-lah yang pantas untuk ketua.
　　　特に　　彼-こそ［関係詞］ふさわしい に　　委員長
　　　とりわけ彼こそが委員長にふさわしい（とりわけ彼こそである，委員長にふさわしいのは）。

次に，主語が「極端」の意味で saja にとりたてられる例を見る。(22) は，主語の Budi（ブディ）が saja によって「極端」の意味でとりたてられ，「（記者である）ブディでさえ知らない」となる。このように，上で見たように「限定」の意味で主語をとりたてるときは分裂文を用いるが，「極端」の場合は分裂文をとらない。

(22) Budi saja tidak mengetahui isi berita itu.
　　　ブディ さえ ない 知る 　　内容 ニュース それ
　　　（ブディは記者であるにも関わらず）ブディでさえそのニュースを知らなかった。

3.4　従属節をとりたてるときの saja の位置

saja は従属節もとりたてる。その場合，とりたての意味には「限定」「極端」「反極端」が見られる。いずれの意味の場合も saja は従属節の終わりに現れる。しかし，「限定」は，「極端」「反極端」とは，その従属節の現れる位置が異なる。「限定」の意味では主文の前でも後でも良いが，「極端」「反極端」の場合は saja がとりたてる従属節は主文より前に位置する。

(23) a., b. は「限定」の意味で saja が従属節 waktu terjadi kejadian darurat saja（緊急事態が起こったとき）をとりたて，saja は従属節の後ろに現れている。(23) a. は従属節が主文の前に置かれ，(23) b. は主文の後に置かれている。インドネシア語の「とき」節は，主文の前にも後ろにも現れることができ，「限定」のとりたての意味で saja が現れる場合も同様である。

(23) a. Waktu terjadi kejadian darurat saja,
　　　　 とき　起こる　事態　　　緊急の　　だけ
　　　　 Anda boleh　menekan tombol ini.
　　　　 あなた してよい 押す　　ボタン これ
　　　　 緊急事態が起こったときのみ，このボタンを押してよい。
　　 b. Anda boleh　menekan tombol ini
　　　　 あなた してよい 押す　　ボタン これ
　　　　 waktu terjadi kejadian darurat saja.
　　　　 とき　起こる　事態　　　緊急の　　だけ

(24) a. では，「極端」の意味で saja が従属節をとりたてている。従属節をとりたてる「極端」の saja は「限定」の場合と同様に節の後ろに置かれるが，その saja でとりたてられた従属節は，(24) a. のように主文の前に現れる。主文の後に「極端」の saja でとりたてられた従属節が置かれる (24) b. は，避けられる。

(24) a. Waktu hujan lebat saja, dia bekerja di sawah.
　　　　 とき　雨　　激しい さえ 彼 働く　　で 田
　　　　 大雨が降ったときでさえ，彼は田で働く。
　　 b. *Dia bekerja di sawah waktu hujan lebat saja.
　　　　 彼 働く　　 で 田　 とき　雨　　激しい さえ

(25) a. では，saja が「反極端」の意味で従属節をとりたてている。この例もまた，主文の前に saja でとりたてられた従属節が置かれる。主文の後に従属節が現れる (25) b. は避けられる。

(25) a. Kalau ke pasar yang　dekat saja,
　　　　 の場合 へ 市場 ［関係詞］近い　ぐらい
　　　　 kenapa dia tidak berjalan kaki?
　　　　 なぜ　彼　ない　歩く　　足
　　　　 近場の市場に行くときぐらい，どうして彼は歩かないのか？
　　 b. *Kenapa dia tidak berjalan kaki,
　　　　 なぜ　彼　ない　歩く　　足

kalau ke pasar yang　　dekat saja?
の場合　へ　市場　[関係詞]　近い　　ぐらい

(23) (24) (25) の 3 例において，saja はそれぞれ「限定」「極端」「反極端」の意味で従属節をとりたてるが，「限定」の (23) は主文の前と後の両方に位置することが可能であり，一方「極端」「反極端」の (24) (25) は主文の前に位置し，主文の後は避けられるという違いがある。この位置関係は図1のように示すことができる。このことは，3.2 で見たように，目的語など述語をとりたてる場合，「限定」の saja は文末に現れることができるが，「極端」と「反極端」の saja は述語の前の位置を基本としており，文末には現れないという違いと共通している。

図1　saja によってとりたてられる従属節の位置

4. 疑問詞に付加する saja の特徴

saja は 2. と 3. で見たように「限定」「反限定」「極端」「反極端」の意味で，動詞，目的語，主語，従属節などをとりたてる。その他にも saja は，siapa saja (siapa は「誰」を表す) のように疑問詞に後続して用いることができる。この場合の saja は，疑問詞疑問文にも平叙文にも現れるが，意味と構文が異なる。疑問詞と共起する saja は上述のいわば"基本的な"とりたて表現と同じではなく，特殊な用法であるが，saja が持つとりたての特徴を明らかにするうえで考察する必要がある。この形式は apa saja (apa は「何」を表す) など種々の疑問詞で用いることができるが，ここでは siapa (誰) を例として述べる。

4.1　疑問詞疑問文における siapa saja

疑問詞疑問文における siapa saja (誰なのか) は，(26) のように，1人ではなく何人かいることが想定されている。「誰」の範囲すべてを尋ね，

列挙を求めている。日本語ではこのような表現の仕方はなく，あえて訳すとしたら，たとえば「誰と誰なのか」となる。一方，saja がない場合は，必ずしも複数の含意はない。(27) のように確実に 1 人しか該当しない場合は saja は現れない。

(26) ［電話での会話］

Sepertinya banyak orang di sekitar kamu.
らしい　　　多い　　人　　で　周り　君

Ada siapa saja sekarang di sana?
いる　誰(複数)　だけ　今　　　で　あそこ

君の周りはたくさん人がいるみたいだね。
今，誰と誰がそこにいるの。

(27) Kamu dapat tiket film gratis untuk dua orang.
君　　得る　切符　映画　無料　のため　2　　人

Mau menonton dengan siapa?
つもり　観る　　　と　　　誰

君は映画のペア無料券をもらったんだね。誰と観るの。

また，「誰と誰が〜したのか」のように，「誰と誰」が主語である場合，インドネシア語では分裂文で表す必要がある。(28) のように，siapa saja (誰と誰なのか)，yang hadir pada rapat kemarin (昨日の会議に出席したのは) という構造となる。これは，3.3 で見たように，主語を「限定」の意味でとりたてる場合と同じ特徴である。

(28) Siapa saja yang hadir pada rapat kemarin?
誰(複数)　だけ　［関係詞］　出席する　に　　会議　昨日

昨日の会議には誰と誰が出席したのか（誰と誰なのか，昨日の会議に出席したのは）。

4.2 平叙文における siapa saja

平叙文において疑問詞に saja が後続する場合，たとえば siapa saja (誰でも) の場合，想定される同類の人すべてに述語の内容が適用される。(29) では，「明日の会議に出席してよい」という許可を表す内容の述

が続き，想定される同類の人すべてを許可している。この用法では分裂文とはならない。これは，3.3 で見た，主語を「極端」の意味でとりたてる場合と同じ文法的特徴である。

(29) Siapa saja boleh hadir pada rapat besok.
　　　誰　でも　してよい　出席する　に　会議　明日
　　　明日の会議に，誰でも出席してよい。

このように，4.1 と 4.2 で見た疑問詞をとりたてる 2 種類の saja は，主語をとりたてるときに分裂文で表すかどうかが異なる。すなわち，疑問詞疑問文では分裂文を用い，平叙文では用いない。その違いは，3.3 で明らかになった「限定」と「極端」の違いと共通する。分裂文を用いるのが「限定」の特徴，用いないのが「極端」の特徴であるとするならば，疑問詞疑問文における疑問詞をとりたてる saja は「限定」の意味，平叙文における疑問詞をとりたてる saja は「極端」の意味を持つと言える。

5. インドネシア語のとりたて表現 saja の運用
5.1 「反限定」の saja の語用論的機能

ここでは，2.1 で見た「反限定」のとりたての意味を持つ saja が，「限定」の saja から生じたもので，聞き手への配慮を示す語用論的機能を果たすことを示す。

2.1 で見たように，「反限定」の saja は，命令や勧誘の文に用いられることが多い。(30) では duduk（座る），(31) では makan siang（昼食をとる）を saja でとりたて，聞き手への命令や勧誘の押しつけをやわらげている。saja によって，聞き手への配慮があることが示され，直接的な印象を減じる効果を持ちうる。

(30)　[訪ねてきた人に対して]
　　　Duduk saja.　　　　　　　　　　　　　　　(=(12))
　　　座る　でも
　　　座ってください。

(31)　Sudah jam satu. Bagaimana kalau makan siang saja? (=(13))
　　　すでに　〜時 1　いかが　もし　食べる　昼　でも

もう1時を過ぎています。昼食は（昼食でも）どうですか。

「反限定」のsajaは，なぜ主に命令と勧誘を表す文に見られ，押しつけをやわらげる効果を持つのだろうか。ここでは，「反限定」のsajaは「限定」から発展したものと考えたい。話し手と聞き手の関係によって，命令や勧誘には聞き手への配慮が働く。その際，2.1で見た，選択肢の中からある1つを選ぶよう促す「限定」のsajaが，「（別の選択肢ではなく）～だけでもお願いします」「～だけでもしませんか」のように聞き手への配慮を示す命令・勧誘表現として使われるようになったのではないだろうか。その結果，命令・勧誘の文でのsajaは「限定」だけでなく，逆の意味の「反限定」の意味も担うようになったと考えられる。そのため，「反限定」の意味は主に命令・勧誘の文で見られるのである。なお，このような「限定」のとりたて表現が語用論的に聞き手への配慮を示しているという点については，本書の「英語のとりたて表現」（大澤舞）で言及される現象と似ている。

5.2 疑問詞に付加する saja の語用論的機能

ここでは，疑問詞疑問文で用いられる saja が，質問の直截さをやわらげる語用論的機能を持つことを述べる。

4.1で見たように，疑問詞疑問文で siapa saja を用いると，疑問に対する答えに該当する人をすべて列挙することを求める機能を持つ。しかし，実際の運用では，しばしば(32)のように，尋ねるものが複数でないことが予測される場合にも saja が用いられる。この場合，saja が用いられていない場合にくらべて，質問がより丁寧である印象を与える。(33)のように，saja がない場合，質問が直截すぎる印象を与え，「いったい誰と一緒なのか」と詰問のニュアンスになりうる。複数の含意がある saja を用いることで，直截さがやわらげられている。

  (32)　［電話の会話］

    Ada siapa saja sekarang di sana?　　　　　(= (26))
    いる 誰(複数) など 今　　で あそこ

    （聞き手の連れが1人である，あるいは誰もいないことを

　　　　知っていて）今，そっちに誰がいるの。
　（33）　［電話の会話］
　　　　Kamu dengan siapa sekarang? Cepat pulang!
　　　　お前　と　　誰　　　今　　　　　早く　帰る
　　　　お前は，今，いったい誰と一緒なのか。早く帰りなさい。

　このように，疑問に対する答えをすべて列挙することを求める機能を持つ saja は，「限定」だけでなく，逆に質問に対する答えをぼかすということから「反限定」の意味も持ち，語用論的に質問を丁寧にする効果を持つ。

　疑問詞疑問文における疑問詞に後続する saja が，「反限定」の意味も持ち，発話行為の直截さをやわらげる機能を持つ点で，5.1 で述べた命令・勧誘における「反限定」の saja と共通している。4. で，分裂文を用いることを根拠に，siapa saja（誰と誰なのか）を例として，疑問詞疑問文に現れる saja は「限定」の意味を持つと述べた。疑問詞をとりたてるか動詞句などをとりたてるかという違いはあるが，いずれも「限定」の意味のとりたてが「反限定」の意味も持ち，「反限定」の意味の方は語用論的に聞き手への配慮を示す効果を持つと考えることができる。

　なお，亀井孝・河野六郎・千野栄一（編）(1996) の「敬語」の記述によると，フランス語などに見られるように，聞き手が 1 人であっても，二人称を複数形で表したり，またチェコ語のように，命令文で複数形語尾を用いたりすることで，丁寧な表現にするという方法が見られる。ここで述べた，疑問詞疑問文の疑問詞をとりたてる saja が複数性の含意を持ち，それが発話を丁寧にする手段として用いられるインドネシア語の例も同じように理解できるだろう。

6. まとめ

　この論文では，インドネシア語においてとりたて専用の形態を持つ表現が，「限定」「極端」「類似」に多いことをふまえ，「限定 – 反限定」，「極限 – 反極端」と，それぞれ意味が異なる saja について考察した。ポイントは (34) から (37) の通りである。

(34) インドネシア語のとりたて表現である saja は，1つの形態で「限定」「反限定」「極端」「反極端」の複数のとりたての意味を持つ。特徴的なものとして，「反限定」の saja は主に命令や勧誘の文に現れる。

(35) インドネシア語のとりたて表現 saja の位置や構文は，意味によって異なる。まず，目的語など述語をとりたてる場合，「限定」の saja は文末に現れるが，「極端」と「反極端」の saja は述語の前の位置を基本としており，文末には現れない。次に，「限定」の saja が動作主，つまり主語をとりたてる場合は，分裂文を形成する必要がある。しかし，「極端」の saja が主語をとりたてる場合は，分裂文を用いない。また，従属節をとりたてる場合，「限定」の saja は主文の前と後の両方の位置に現れることができ，「極端」「反極端」の saja は主文の前のみに現れる。

(36) 疑問詞をとりたてる saja は疑問詞疑問文と平叙文に現れる2つの用法がある。前者は分裂文を形成し，後者は分裂文を形成しない。そのため，疑問詞疑問文における saja は「限定」，平叙文の saja は「極端」を意味すると言える。

(37) 「反限定」の saja は，主に命令や勧誘を表す文に見られ，語用論的に命令や勧誘をやわらげる機能を持つ。また，疑問詞疑問文における疑問詞をとりたてる saja は疑問に対する答えが複数であることを表し，それが質問の直截さをやわらげる効果を持つという点で「反限定」の意味も持つと言える。

インドネシア語には saja 以外にも多義的なとりたて表現がある。そのため，個々の表現だけでなく，他のとりたて表現との違いや使い分けを見ることが，インドネシア語のとりたてのさらなる理解につながる。

参照文献

亀井孝・河野六郎・千野栄一（編）(1996)「敬語」,『言語学大辞典　第 6 巻

術語編』pp. 323–333, 三省堂.
Departemen Pendidikan Nasional (2008) *Kamus Besar Bahasa Indonesia.* Edisi Keempat［インドネシア語大辞典　第4版］. Balai Pustaka.
Sneddon, James Neil, Adelaar, Alexander, Djenar, Dwi N. and Ewing, Michael C. (2010) *Indonesian: A Comprehensive Grammar.* Second edition. Routeledge.
Stevens, Alan M. and A. Schmidgall-Tellings (eds.) (2010) *A Comprehensive Indonesian-English Dictionary.* Second edition. Ohio University Press.

第4部

南アジア・西アジア・アフリカの言語のとりたて表現

ヒンディー語のとりたて表現

今村　泰也，プラシャント・パルデシ

1. この論文の主張

　この論文では，ヒンディー語のとりたて表現の形態，意味，文法的な特徴について（1）から（4）のことを述べる。

（1）　ヒンディー語には，「限定」「極端」「反極端」「類似」「反類似」を表すとりたて助詞と，「限定」「反極端」を表すとりたて副詞がある。また，「反限定」の意味で重複表現が用いられる。

（2）　ヒンディー語のとりたて表現は，文脈や文法的な環境によって，「類似」や「限定」のとりたて表現が「極端」の意味で用いられることや「反類似」のとりたて表現が「反極端」の意味で用いられることがある。

（3）　ヒンディー語のとりたて表現の位置は，とりたて助詞はとりたてる対象の後に置き，とりたて副詞はとりたてる対象の前に置くのを基本とする。ただし，その基本に従わないとりたて助詞もある。

（4）　ヒンディー語のとりたて助詞の tak（まで）は，後置詞の tak（まで）と形態が同じであるが，文法的制約が異なる。

　2.から5.では，（1）から（4）についてそれぞれ述べる。6.ではまとめを行う。

2. ヒンディー語のとりたて表現の形態

具体的な内容に入る前に，ヒンディー語がどのような言語かについて述べる。ヒンディー語は，インド・ヨーロッパ語族のインド語派に属す言語で，北インドを中心に話されており，インド連邦の公用語に規定されている言語である。ヒンディー語の基本語順は「主語－目的語－述語(SOV)」で，単文では日本語とほぼ同じ語順をとる。ただし，会話における語順はかなり自由度が高く，SOV以外の語順も頻繁に見られる。

ヒンディー語は，ヨーロッパの言語と同じように文法的に男性と女性，単数と複数を区別し，主語の人称・性・数に応じて述語部分が変化するが，この論文で挙げる例文のグロスでは文法情報は省略する。

ヒンディー語のとりたて表現には，とりたて助詞ととりたて副詞がある。(5)はとりたて助詞の例で，(6)はとりたて副詞の例である。

(5) vah giTaar=hii bajaataa hai.
　　　彼　ギター=だけ　弾く

　　　彼はギターだけ弾く。　　　　　　　　　（Bhatt (2007: p. 94)）

(6) mãĩ sirf yah kah saktaa hũũ.
　　　私　だけ　これ　言う　できる

　　　私が言えるのはこれだけです。　　　（Bahri (1997: p. 660a)）

本書の「とりたて表現の対照研究の方法」（野田尚史）のとりたて表現の意味の分類を用いてヒンディー語のとりたて表現を整理すると，とりたて助詞ととりたて副詞はそれぞれ**表1**と**表2**のようになる。

表1　ヒンディー語のとりたて助詞の意味

限定	hii（だけ，こそ） bhar（だけ，ばかり） maatr（だけ）	反限定	——
極端	tak（まで） hii（さえ）[否定文] bhii（も）	反極端	to（ぐらい）
類似	bhii（も）	反類似	to（は）

表2　ヒンディー語のとりたて副詞の意味

限定	keval（だけ） sirf（だけ） maatr（だけ）	反限定	――
極端	――	反極端	kam-se-kam（少なくとも）
類似	――	反類似	――

　表1からわかるように，ヒンディー語には「限定」「極端」を表すとりたて助詞は多くあるが，それ以外のとりたて助詞はそれぞれ1つしか形態を持たない。また，「反限定」を表すとりたて助詞はない。

　また，表2からわかるように，ヒンディー語には「限定」を表すとりたて副詞はあるが，それ以外は「反極端」が1つ挙げられるくらいで少ない。特に，助詞でも副詞でも，「反限定」を表すとりたて表現の形態がない。総じて，表の左側は多くの形態を持つが，右側は該当するものが少ないと言える。

　なお，表2のsirf（だけ）はアラビア語起源で，ペルシア語を経てヒンディー語に入ったとりたて表現である。

　ヒンディー語では「反限定」を表す時，重複表現を用いることがある。重複表現は非常に生産的で，英語の and the like のような意味として用いられる。（7）（8）はその例である。重複形は，caay（お茶）をcaay-vaayとするように，語頭の子音を変えて作る。後部要素は韻を踏んでいるだけで語彙的な意味はなく，単独で使うことはできない。

（7）　kuch caay-vaay milegii yaa nahĩĩ?
　　　何か　お茶-お茶　　得る　　または　ない
　　　お茶でも出してもらえるのかい？

　　　　　　　　　　　　　（古賀勝郎・高橋明（編）(2006: p. 406b)）

（8）　taash-vaash　　　　　khelne=ke bajaay
　　　トランプ遊び-トランプ遊び　すること=の代わりに
　　　トランプ遊びでもする代わりに　　（Montaut (2004: p. 161)）

後部要素の頭子音はほとんどの場合vに変わるが，（9）のように頭子音が脱落することもある。

(9) is   ann=mẽ ghun-un   kuch nahĩĩ.
　　　　この　穀物=に　コクゾウムシ-コクゾウムシ　何も　ない

この穀物にはコクゾウムシなんかは全然いない。

(Shukla (2001: p. 144))

　ヒンディー語には日本語の「が」や「は」に相当する後置詞がない。「を」については，原則として直接目的語が人間あるいは特定のものの場合には後置詞の ko（を）が付くが，それ以外の場合は何も付かず主格形で表される。日本語の場合，「父はタバコをは吸わない」とは言えないように，「は」が付くと「を」が消えるが，ヒンディー語では（10）のように to（は）が付いても ko（を）は消えない。（10）はガーンディーの自伝の一節で，ガーンディーは幽霊と泥棒と蛇を恐れていたが，友人はそうではなかったという部分である。

(10) bhuut=ko=to maante=hii   nahĩĩ.
　　　幽霊=を=は　　信じている=こそ　ない

　（友人は生きた蛇も素手で捕まえ，泥棒を恐れず）幽霊は信じていなかった。

(M.K.Gandhi, *Satya ke prayog athva atmakatha* 1.6)

3.　ヒンディー語のとりたて表現の意味

　この節では，ヒンディー語のとりたて表現のそれぞれの意味について，「限定−反限定」「極端−反極端」「類似−反類似」の順番に見ていく。

3.1　「限定−反限定」

　ヒンディー語の「限定」を表すとりたて表現には，とりたて助詞のhii, bhar, maatr やとりたて副詞の keval, sirf, maatr がある。また，ヒンディー語には「反限定」を表す固有の形態はない。「反限定」の意味を表す場合は 2. の（7）から（9）のように重複表現を用いる必要がある。

　ここでは，特に「限定」のとりたて助詞 hii（だけ，こそ）を取り上げて意味的特徴を見ていく。ヒンディー語のとりたて助詞 hii は，日本語

の「だけ」の意味だけでなく，「限定（特立）」を表す「こそ」にも対応している。古賀勝郎・高橋明（編）（2006: p. 1427a）は，hii の意味を「先行する語を取り立てて強調する」「限定的，排他的に強調する」と説明している。(11) は「だけ」に対応している例で，(12) は「こそ」に対応している例である。

(11) mãĩ=hii jaantaa hũũ.
　　 私=だけ　知っている

　　 私だけが知っている。　　　　　　　　　　（Bhatt（2007: p. 94））

(12) naukar=ko=hii khaanaa khilaa do.
　　 使用人=に=こそ　食事　　食べさせる　与えなさい

　　 使用人にこそ食事をさせてやりなさい。

　　　　　　　　　　　　　　　　　　　（古賀勝郎（1986: p. 254））

hii は，(13) や (14) のように「X hii X」の形式で日本語の「ばかり」に対応するような意味を表すこともできる。

(13) caar-õ or xatraa=hii-xatraa hai.
　　 4-とも　方向　危険=だけ-危険　　　ある

　　 あたり一面危険ばかりだ。

　　　　　　　　　　　　　　　（古賀勝郎・高橋明（編）（2006: p. 1427b））

(14) mãĩ tumhẽ duHkh=hii-duHkh de rahaa hũũ.
　　 私　君に　苦悩=だけ-苦悩　　　　与えている

　　 私は君につらい思いばかりさせている。

　　　　　　　　　　　　　　　　　　　（古賀勝郎（1986: p. 281））

ヒンディー語のとりたて表現では，とりたて表現を組み合わせてイディオムを構成することがある。たとえば，とりたて副詞の keval（だけ），sirf（だけ），とりたて助詞の hii（だけ）は否定辞 nahĩĩ と「類似」のとりたて助詞 bhii（も）を組み合わせて，(15) のように「A だけでなく B も」という意味を表すことができる。とりたて副詞は省略することも可能である。

(15) vah keval/sirf angrezii=hii nahĩĩ, balki
　　 彼女　だけ　　　英語=だけ　　ない　　しかし

```
    frenc=bhii    bol  saktii hai.
    フランス語=も  話す できる
```
    彼女は英語だけでなく，フランス語も話せる。

なお，とりたて助詞としては，hii 以外にも使用頻度は低いが，bhar（だけ，ばかり），maatr（だけ）がある。(16) は bhar の例である。

(16)　baabuu jii=ne merii or dekhaa bhar.
　　　父さん=[能格]　私の　方　見た　だけ

　　　父さんは私の方を見ただけだった。

〔古賀勝郎・高橋明（編）(2006: p. 1061b)〕

3.2 「極端－反極端」

先に「極端」を表すとりたて表現を見る。「極端」を表すとりたて表現には，とりたて助詞の tak（まで），bhii（も）などがある。tak（まで）は subah se raat tak（朝から晩まで）のように限度や到達点を表す後置詞 tak と同形の助詞で，ちょうど，日本語の格助詞の「まで」ととりたて助詞の「まで」の意味的な関係と似ている。ただし，日本語の「まで」とは違う点もある。寺村秀夫（1991）や野田尚史（1995）が指摘するように，日本語の「まで」は否定文で「〜さえ…ない」と同じような意味を表すことができない。(17) は「まで」が否定文で用いられて不自然になっている例である。

(17) ?お茶まで用意しなかった。　　　（野田尚史(1995: p. 27)）

一方，ヒンディー語の tak（まで）は，問題なく否定文で用いて「〜さえ…ない」と同じような意味を表すことができる。(18) は tak が肯定文で用いられている例，(19) は否定文で用いられている例である。

(18)　narsẽ=tak pair ghasiiT rahii thĩĩ.
　　　看護師=まで 足 引きずっていた

　　　看護師まで足を引きずっていた。　（Montaut (2004: p. 280)）

(19)　vah khaanaa=tak nahĩĩ detii.
　　　彼女 食べ物=まで　ない　与える

　　　彼女は食べ物すら与えない。

（古賀勝郎・高橋明（編）(2006: p. 574a)）

tak（まで）以外に bhii（も）もまた，「極端」の意味を表すことができる。bhii（も）は「類似」の意味も表す点で，日本語の「も」と対応している。(20)(21)は bhii（も）を用いた例である。

(20) yah=to ek baccaa=bhii jaantaa hai.
　　　これ=は １ 子ども=も 知っている
　　　これは子どもでも知っている。　　　（Bahri (1997: p. 482a)）

(21) gadhaa=bhii tambaakuu nahĩĩ khaataa.
　　　ロバ=も タバコ ない 食べる
　　　ロバもタバコ（の葉）は食べない。

日本語と異なる点として，「限定」のとりたて助詞 hii（だけ，こそ）が，否定文で「極端」の助詞としても用いられる点が挙げられる。(22)の hii（だけ，こそ）は，「～さえ…ない」という意味を表している。

(22) mujhe dukhii hone=kaa adhikaar=hii nahĩĩ hai.
　　　私に 悲しむこと=の 権利=さえ ない ある
　　　私には悲しむ権利すらないのだ。（町田和彦 (2016: p. 907b)）

次に，「反極端」を表すとりたて表現を見る。ヒンディー語では，「反極端」はとりたて助詞の to（ぐらい）やとりたて副詞の kam-se-kam（少なくとも）が表す。to（ぐらい）は，「反類似」を表す to（は）と同じ形態である。kam-se-kam（少なくとも）は，文字通りには「少ないより少ない」という意味の複合的な形態である。(23)(24)は to（ぐらい）の例，(25)は kam-se-kam（少なくとも）の例である。kam-se-kam はとりたて副詞のため，とりたてる対象の前に置かれる。

(23) caay=to liijie.
　　　お茶=ぐらい 取ってください
　　　お茶ぐらい召し上がってください。
　　　　　　　　　　　　　　　（古賀勝郎 (1996: p. 223b)）

(24) tairnaa=to sab=ko aataa hai.
　　　泳ぐこと=ぐらい すべての人=に できる
　　　水泳ぐらいだれにでもできる。　（古賀勝郎 (1996: p. 223b)）

(25) mujhe kam-se-kam do ghaNTe caahie.
　　　私に　少なくとも　　2　時間　　必要だ
　　　少なくとも2時間は必要だ。　　　　　（Bahri（1997: p. 90b））

3.3 「類似－反類似」

「類似」を表すとりたて表現には，とりたて助詞の bhii（も）がある。bhii（も）は，3.2 で見たように「極端」も表すが，「類似」のほうが基本的で使用頻度が高い。(26)(27) は，bhii（も）を「類似」で用いている例である。

(26) dillii baRaa shahar hai. kalkattaa=bhii baRaa shahar hai.
　　　デリー　大きい　都市　である　カルカッタ=も　大きい　都市　である
　　　デリーは大都市です。カルカッタも大都市です。
　　　　　　　　　　　　　　　　　　　　　　（Kumar（1997: p. 261））

(27) bhaarat=mẽ=bhii misr　jaisii　baġaavat hogii.
　　　インド=で=も　エジプト のような 反乱　　起こるだろう
　　　インドでもエジプトのような反乱が起こるだろう。
　　　　　　　　　　　　　　　　（岡口典雄・岡口良子（2015: p. 171））

また，「反類似」を表すとりたて表現として，とりたて助詞の to（は）が挙げられる。to は 3.2 で見たように「反極端」も表すが，「反類似」のほうが基本的で使用頻度が高い。(28)(29) は to を「反類似」で用いている例である。

(28) vah maans nahĩĩ khaataa. par machliyããã=to roz
　　　彼　肉　　ない　食べる　しかし　魚=は　　毎日
　　　khaataa hai.
　　　食べる
　　　彼は肉を食べません。けれど魚なら毎日食べます。
　　　　　　　　　　　　　　　　（岡口典雄・岡口良子（2015: p. 171））

(29) mujhe=to us=ne　　kuch nahĩĩ diyaa.
　　　私に=は　彼女=[能格]　何も　ない　与えた
　　　私には彼女は何もくれなかった。　（Montaut（2004: p. 283））

3.4 hii, bhii, to の意味と分布

3. では，以上のように「限定 − 反限定」「極端 − 反極端」「類似 − 反類似」のとりたて表現について見てきた。その中で，同じ形態で複数の意味を持つものがあることを見てきた。具体的には，hii, bhii, to である。この 3 つの助詞は，ヒンディー語の学習でも 3 つセットで導入されるような典型的なとりたて助詞である。特に hii は，「限定」の意味を表す一方，否定文では「極端」の意味で用いられることがある。bhii は，「類似」と「極端」の意味を表す。to は，「反類似」と「反極端」の意味を表す。これらの意味の分布をまとめると，表 3 のようになる。

表 3　hii, bhii, to の意味と分布

限定	hii（だけ，こそ）	反限定	［重複表現］
極端	hii（さえ）［否定文］	反極端	to（ぐらい）
	bhii（も）		
類似	bhii（も）	反類似	to（は）

表 3 からは，ヒンディー語のとりたて助詞が体系的に意味を埋めるように存在していることが見て取れる。「反限定」は，該当するとりたて助詞が存在しないが，ここを埋めるようにヒンディー語では（7）から（9）で見たような重複表現が用いられる。

4. ヒンディー語のとりたて表現の位置

ヒンディー語のとりたて表現は，とりたて助詞はとりたてる対象の直後の位置，とりたて副詞はとりたてる対象の直前の位置を基本とする。とりたて助詞が後置詞を伴った名詞に付加する場合は，(30)(32) のように「名詞 − 後置詞 − とりたて助詞」という語順になり，(31)(33) のように「名詞 − とりたて助詞 − 後置詞」の語順にはならない。2. の (10)，3. の (12)，3.3. の (27) なども「名詞 − 後置詞 − とりたて助詞」の語順の例である。(30) の mujhe（私に）は mujh ko（私に）が一語化した融合形で，短い融合形のほうが多く使われる傾向がある。なお，ko は「に」だけでなく，2. の (10) のように「を」も表すが，(30) のよう

に他動詞が二重目的語をとる場合，間接目的語に ko（に）が付き，直接目的語は主格形で表される。

(30) mujh=ko=bhii / mujhe=bhii caay diijie.
　　 私=に=も　　　　私に=も　　　お茶　ください

　　 私にもお茶をください。

(31) *mujh=bhii=ko caay diijie.

(32) dakShiN bhaarat=se=bhii log aaye the.
　　 南　　　インド=から=も　　人々　来ていた

　　 南インドからも人々が来ていた。

　　　　　　　（http://iptanama.blogspot.com/2013_08_01_archive.html）

(33) *dakShiN bhaarat=bhii=se log aaye the.

後置詞 ko（に，を）ととりたて助詞 bhii（も）の前後の位置関係を 2 億語の『ヒンディー語話し言葉コーパス（COSH）』で調べたところ，mujh ko bhii（私にも，私をも）が 55 件，融合形の mujhe bhii が 3,609 件，mujh bhii ko が 0 件であった。また，2 人称代名詞 aap（あなた）では，aap ko bhii（あなたにも，あなたをも）が 1,794 件，aap bhii ko が 0 件，固有名詞 raam（ラーム）では，raam ko bhii（ラームにも，ラームをも）が 48 件，raam bhii ko が 0 件であった。しかし，不定代名詞 kisii（誰か，何か）では，kisii ko bhii（誰にも，誰をも，何にも，何をも）が 3,027 件，kisii bhii ko が 14 件で，わずかながら「名詞－とりたて助詞－後置詞」の語順が見られた。

ko（に，を）以外の後置詞では，たとえば，bhaarat mẽ bhii（インドでも）が 1,299 件で，bhaarat bhii mẽ が 0 件，bhaarat se bhii（インドからも，インドよりも）が 70 件で，bhaarat bhii se が 0 件と，やはり「名詞－後置詞－とりたて助詞」の語順になることがわかった。

しかし，中にはこのような原則に従わないとりたて助詞がある。具体的には，hii（だけ，こそ）と maatr（だけ）である。

4.1 hii（だけ，こそ）の位置

hii（だけ，こそ）は他のとりたて助詞と同じようにとりたてる対象の

後に置き，とりたてる対象が後置詞を伴っている場合は，後置詞の後に置くのを基本としている。(34) は代名詞が後置詞を伴い，その後に hii が付いた例，(35) は動詞の不定詞が複合後置詞を伴い，その後に hii が付いた例である。

(34) yah sirf aap=ko=hii   bataa rahe hãĩ kyõki   aap
 これ だけ あなた=に=だけ 話している   なぜなら あなた

 hamaare mitr hãĩ.
 私達の   友達である

 これは，あなたが私達の友達だから，あなたにだけ話しているんです。　　　(http://dhankedeshme.blogspot.in/2009/10/)

(35) vah sone=ke lie=hii   ghar aataa hai.
 彼 寝ること=のために=だけ 家   来る

 彼は寝るためにだけ家に帰る。　　　　(Bhatt (2007: p. 94))

ただし，hii は時折，(36) のように後置詞に先行することがある。

(36) adhiktar=to log apnii musiibatõ=ko
 たいてい=は 人々 自分の 悩み=を

 bhuul jaane=hii=ke lie nashe karte hãĩ.
 忘れること=だけ=のために 酒を飲む

 たいてい人々は，悩みを忘れるだけのために酒を飲む。

　　　　　　(http://www.brandbharat.com/hindi/literature/preamchand/
　　　　　　karmbhoomi/premchand_karmbhoomi_146.html)

ko（に，を）と hii（だけ，こそ），ke lie（のために）と hii の前後の位置関係を上述のコーパスで調べると，ko hii が 22,398 件（98.00%），hii ko が 456 件（2.00%），ke lie hii が 5,394 件（97.98%），hii ke lie が 111 件（2.02%）と，いずれも 2% 程度 hii が後置詞に先行する例が見つかった。

　他にも，hii（だけ，こそ）が名詞に近い位置に置かれる場合が存在する。ヒンディー語の数量表現は英語のように「数詞－名詞」の語順をとる。数量表現をとりたてる場合，hii は (37) のように「数詞－名詞－とりたて助詞」の語順以外に，(38) (39) のように「数詞－とりたて助詞－名詞」とすることができる。意味的には，「数詞－とりたて助詞－

名詞」のほうが数詞をとりたて，強調したニュアンスになる。日本語の「たった〜だけ」「〜しかない」という表現に近い。

(37) yah varSh=mẽ ek baar=hii ghaTtii hai.
　　　これ 年=に　　　1 度=だけ　起こる
　　　これ（日食）は年に1度だけ起こる。
　　　　　　　　　　　（http://brandbharat.com/hindi/jyotish/surya_grahan.html）

(38) mãĩ ek=hii baar vahãã gayaa hũũ.
　　　私　1=だけ 度　　そこに　行ったことがある
　　　私は1度だけそこに行ったことがある。
　　　　　　　　　　　　　　　　　　　　　（McGregor (1995: p. 30)）

(39) is kursii=ke tiin=hii pair hãĩ.
　　　この 椅子=の　3=だけ　脚　ある
　　　この椅子は脚が3本しかない。　　　（Hook (1979: p. 81)）

hii には他のとりたて助詞にはない特徴として，代名詞や副詞と融合した強調形が存在する。この点も，hii が他のとりたて助詞に比べて名詞に接した位置に現れやすい特徴を表している。たとえば，代名詞では「tum（君）＋ hii → tumhĩĩ」，「mujh（私）＋ hii → mujhii」となり，副詞では「tab（その時）＋ hii → tabhii」，「vahãã（そこに）＋ hii → vahĩĩ」のようになる。(40) から (42) はそれぞれ強調形の tumhĩĩ（君だけ，君こそ），mujhii（私だけ，私こそ），tabhii（まさにその時）の例である。

(40) tumhĩĩ meraa dard samajhte ho.
　　　君だけ 私の 痛み わかっている
　　　君だけが私の痛みをわかってくれる。　（Bhatt (2007: p. 94)）

(41) vah mujhii=se paise mããgtaa hai.
　　　彼 私だけ=に お金 求める
　　　彼は私だけに金をせびる。　　　　　（Bhatt (2007: p. 95)）

(42) tabhii gaaRii aa gaii.
　　　まさにその時 電車 やって来た
　　　まさにその時，電車がやって来た。　（Bahri (1997: p. 278a)）

本書の「とりたて表現の対照研究の方法」（野田尚史）では，日本語の

とりたて助詞によって，機能する階層が異なっていて，それぞれのとりたて助詞は文法的制約が異なることが指摘されている。その指摘に基づいてヒンディー語のhii（だけ，こそ）を見てみると，後置詞に先行し，代名詞と一体化した強調形が存在している点で，「できごと」の階層のように，文法的に低い階層に位置していると想定することができる。ただし，（34）から（36）およびコーパスのデータで見たように，「名詞－とりたて助詞－後置詞」の語順は可能であるとはいえ，日本語の「だけ」のように頻繁に用いられるものではない。その点でやはり，ヒンディー語は，とりたて助詞の基本的な位置は格成分の後であるという制約が日本語よりも厳しい。

4.2 maatr（だけ）の位置

表1，表2にもあるように，maatr（だけ）はとりたて助詞としても，とりたて副詞としても用いられるとりたて表現である。よって，（43）のように，とりたて副詞としてとりたてる対象の前に置くことも，（44）のように，とりたて助詞としてとりたてる対象の後に置くこともできる。

(43) bhaarat=ke <u>maatr</u> ek fiisdii logõ=ke paas 73 pratishat
　　　インド＝の　だけ　 1　％　　人々＝の　近くに　73　％
　　　aabaadii=se adhik dhan.
　　　人口＝より　多くの　財産
　　　（ニュースの見出し）インドのたった1％の人々が73％の人口より多くの財産を所有。

　　　　　　　（https://hindi.siasat.com/news/richest-1-india-got-73-
　　　　　　　wealth-generated-last-year-shows-survey-913869/）

(44) haath=ke sparsh=<u>maatr</u>=se asaadhy　rog Thiik ho jaate the.
　　　手＝の　接触＝だけ＝で　治療法のない　病気　よくなっていった
　　　手で触れただけで不治の病が治るのだった。

　　　　　　　　　　　　（古賀勝郎・高橋明（編）（2006: 1061b））

コーパスでは，maatr（だけ）がとりたて副詞として用いられている場合，（43）のように数量表現をとりたてる例がほとんどであった。maatr

がとりたて助詞として用いられる場合，とりたてる対象の直後に置き，後置詞を伴う場合は(44)のように「名詞－とりたて助詞－後置詞」の語順になる。(45)のような「名詞－後置詞－とりたて助詞」の語順は許容されない。

　(45)　*haath=ke sparsh=se=maatr asaadhy rog Thiik ho jaate the.

hii（だけ，こそ）が「名詞－後置詞－とりたて助詞」の語順を基本とし，「名詞－とりたて助詞－後置詞」の語順もとりうるのに対し，maatr（だけ）は「名詞－後置詞－とりたて助詞」の語順が許容されない。

5. ヒンディー語のとりたて表現の文法的制約

3.2で述べたように，とりたて助詞のtak（まで）は後置詞のtak（まで）から派生したもので，日本語のとりたて助詞の「まで」とよく似ている。ここでは，とりたて助詞のtak（まで）の文法的制約を見る。

5.1　とりたて助詞のtak（まで）と後置詞のtak（まで）の文法的振る舞いの違い

tak（まで）にはとりたて助詞の用法と後置詞の用法があるが，名詞の後のように同じ位置に現れることから，一見同じように見える。しかし，とりたて助詞のtakは後置詞のtakとは異なる振る舞いを見せる。

　ヒンディー語の名詞には主格形と斜格形の2つの形態があり，名詞が後置詞を伴うと斜格形に変化する。(46)は後置詞のtak（まで）が用いられている例で，darvaazaa（ドア）が斜格形のdarvaazeに変化している。一方，(47)はとりたて助詞のtak（まで）が用いられている例で，darvaazaa（ドア）は形態を変えず，主格形のままになっている。なお，3.2の(19)のkhaanaa（食べ物）も主格形である。

　(46)　paapaa　kamre=ke　darvaaze=tak　　aa gaye.
　　　　パパ　　部屋=の　　ドア[斜格形]=まで　来た
　　　　パパが部屋のドアのところまでやって来た。

　　　　　　　　　　　　（http://www.hindinest.com/kahani/090.htm）

(47) lekin jaimii=ne　　darvaazaa=tak　kholne=se
　　　しかし　ジェイミー=[能格]　ドア[主格形]=まで　開けること=を
　　　inkaar kar diyaa.
　　　拒否した

　　　しかし，ジェイミーはドアさえ開けるのを拒否した。

　　　　　　　　　　　　　（http://ravivini.blogspot.com/2011/09/walk-to-
　　　　　　　　　　　　　remember-movies-story-in-hindi.html）

5.2　tak（まで）と bhii（も）の語順の制約

「極端」は tak（まで）以外に bhii（も）でも表される。ちょうど日本語でも「までも」「さえも」などのようにとりたて助詞を組み合わせることができるのと同様，ヒンディー語の tak（まで）も bhii（も）と組み合わせることができる。その時，語順は tak bhii（までも）とする必要があり，bhii tak とすることはできない。(48) は，tak bhii が用いられた例である。(49) は tak bhii を bhii tak に置き換えた例であるが，許容されない。

(48)　anu=to caay=tak=bhii nahĩĩ banaa saktii.
　　　アヌ=は　お茶=まで=も　ない　作る　できる
　　　アヌはお茶（チャイ）さえも作れない。(Kumar (1997: p. 259))
(49)　*anu=to caay=bhii=tak nahĩĩ banaa saktii.

ヒンディー語のとりたて表現は，「名詞－後置詞－とりたて助詞」の語順を基本としており，この論文では用例とコーパスを用いてその一端を示した。しかしながら，後置詞ととりたて助詞の語順，および (48) のようなとりたて助詞の組み合わせの可否と語順については，さまざまなパターンで調査する必要があり，今後の課題としたい。

6.　まとめ

この論文での主張をまとめると，(50) から (53) のようになる。

(50)　ヒンディー語には，「限定」「極端」「反極端」「類似」「反類似」を表すとりたて助詞と，「限定」「反極端」を表すとりたて副詞がある。特に，「限定」はとりたて助詞ととりたて

副詞を合わせると該当する形態が多い。一方,「反極端」「反類似」を表すとりたて表現の形態は少ない。また,「反限定」は助詞や副詞ではなく重複表現によって表す。

(51) ヒンディー語では,「限定」の hii(だけ,こそ)や「類似」の bhii(も)が「極端」の意味でも用いられる。さらに,「反類似」の to(は)が「反極端」の意味で用いられる。hii, bhii, to のいずれも「反限定」の意味を表すことはできないが,重複表現が「反限定」を表す。

(52) ヒンディー語のとりたて表現の位置は,とりたて助詞はとりたてる対象の後に置き,とりたて副詞はとりたてる対象の前に置くのを基本とする。特に,とりたて助詞が格成分をとりたてる場合は,「名詞－後置詞－とりたて助詞」が基本となる。ただし,hii(だけ,こそ)は「名詞－とりたて助詞－後置詞」の語順も許される。maatr(だけ)は「名詞－とりたて助詞－後置詞」の語順しか許されない。

(53) ヒンディー語のとりたて助詞の tak(まで)は,後置詞の tak(まで)とは文法的制約が異なり,付加した名詞が形態変化を起こさない。また,tak(まで)は日本語の「までも」「さえも」と同様,bhii(も)と組み合わせて tak bhii の語順で用いることができる。

調査資料

『日本語－ヒンディー語辞典』,古賀勝郎,私家版,1996.
『ヒンディー語＝日本語辞典』,古賀勝郎・高橋明(編),大修館書店,2006.
『ヒンディー語・日本語辞典 付：日本語・ヒンディー語小辞典』,町田和彦(編著),三省堂,2016.
『ヒンディー語話し言葉コーパス(COSH)』,西岡美樹・Lago 言語研究所,[http://www.cosh.site]
Learners' Hindi-English Dictionary. Hardev Bahri, Rajpal & Sons, 1997.
Satya ke prayog athva atmakatha. Mohandas Karamchand Gandhi, Hindi translation by Kashinath Trivedi, Navjivan Prakashan Mandir, 1947.

参照文献

岡口典雄・岡口良子（2015）『ヒンディー語文法ハンドブック』白水社.
古賀勝郎（1986）『基礎ヒンディー語』大学書林.
寺村秀夫（1991）『日本語のシンタクスと意味Ⅲ』くろしお出版.
野田尚史（1995）「文の階層構造からみた主題ととりたて」，益岡隆志・野田尚史・沼田善子（編）『日本語の主題と取り立て』pp. 1–35, くろしお出版.
Bhatt, Sunil Kumar (2007) *Hindi: A Complete Course for Beginners*. Living Language.
Hook, Peter Edwin (1979) *Hindi Structures: Intermediate Level*. The University of Michigan.
Kumar, Kavita (1997) *Hindi for Non-Hindi Speaking People*. Second edition. Rupa & Co.
McGregor, Ronald Stuart (1995) *Outline of Hindi Grammar*. Third edition. Oxford University Press.
Montaut, Annie (2004) *A Grammar of Hindi*. Lincom Europa.
Shukla, Shaligram (2001) *Hindi Morphology*. LINCOM EUROPA.

ネワール語のとりたて表現

桐生　和幸

1. この論文の主張

　この論文の目的は，日本語と同じ「主語 - 目的語 - 動詞（SOV）」を基本語順とするネワール語のとりたて表現の形態，意味，文法，運用を記述し，日本語の対応する表現との類似点やずれを考察することである。この論文の主張は（1）から（4）の4つである。

　　（1）　ネワール語のとりたて表現は，ほとんどが助詞で，「限定」「極端」「類似」「反類似」の4種類の体系である。

　　（2）　ネワール語のとりたて表現の意味は，日本語と似ているものも多いが，特に「限定」を表すとりたて助詞は，日本語にはないものが見られる。

　　（3）　ネワール語のとりたて助詞は，格成分，副詞的要素，節，述語，名詞修飾要素をとりたて，それらの直後に置かれる。

　　（4）　「極端」「反類似」のとりたて助詞がそれぞれ「反限定」「反極端」の意味に見える場合があるが，文脈などの語用論的なことを踏まえると多義的であるとは言えない。

　次の2.ではネワール語の概要を述べ，ネワール語のとりたて表現の形態について，本書の「とりたて表現の対照研究の方法」（野田尚史）の6つの体系にどう対応するかをまとめる。3.ではネワール語のとりたて表現がそれぞれ具体的にどのような意味を表すのかを考察する。4.ではネワール語のとりたて表現がどのような位置に現れるかについて説明

する。5. ではネワール語の「反類似」の la と「極端」の sã: が，それぞれ日本語では「反極端」と「反限定」の意味を表すとりたて表現に対応する場合があるが，語用論的にそう解釈が可能なだけであることを論じる。6. は全体のまとめである。

2. ネワール語のとりたて表現の形態
2.1 ネワール語の概要とこの論文でのデータ

　初めにネワール語がどのような言語かについて述べる。ネワール語は，シナ‒チベット語族のチベット‒ビルマ語派ヒマラヤ語群に属し，ネパールの首都が位置するカトマンズ盆地を中心に話されている言語である。ネワール語は，日本語とは系統が全く異なり，音韻・音声はもちろん，能格型の格標示体系や接頭辞型の否定辞の存在など日本語とは違う点も多い。しかし，今回取り上げるとりたて表現だけでなく，Kiryu (1999) ではテイル・テオクに似たアスペクト表現，桐生和幸 (2004) では類別詞，桐生和幸 (2018) ではノダのような文末表現など日本語と似た表現形式を報告しており，日本語と対照するにはおもしろい言語である。

　この節では，ネワール語のとりたて表現の形態について検討するが，ネワール語のデータは，現代ネワール語の雑誌，新聞，小説を集めた独自のテキストデータベースの実例とインフォーマントの確認を経た作例を用いる。

　ネワール語は，日常的にはインド系の文字であるデーヴァナーガリー文字が用いられるが，学術論文ではサンスクリット語的ローマ字転写を使って表される。この論文では，発音に即したローマ字表記を採用する。

2.2 ネワール語のとりたて表現の形態

　本書の「とりたて表現の対照研究の方法」(野田尚史) は，とりたて表現の類型を6つのタイプに分けている。この類型に基づいてネワール語の体系を整理すると，次の表1のようになる。

表1　ネワール語のとりたて表現の形態

限定	zəkə（だけ） he（こそ，まさに） ［排他的限定，同定限定］ ka（まさか）［意外性限定］ tũ:（（他ではなく）そのまま） 　［不変化限定］ sə̃:（ちょうど（～で））［場所限定］ nĩ:（まず）［順番限定］	反限定	――
極端	he（さえ）［否定文］ sã:（さえ，でも） təkə（まで，さえ） nə̃:（も）	反極端	――
類似	nə̃:（も）	反類似	la（は） dha:sa（は）

　表1に挙げたとりたて表現は，単独では現れず，必ずとりたてる対象の後に現れる。しかし，とりたてる対象が特定の品詞に限られず，語や句や節などに付くことから，接尾辞（suffix）ではない。また，句アクセントの一部を形成するので独立語（word）ではなく，接語（clitic）と言える。この論文では，表1のとりたて表現を「とりたて助詞」とする。

　ほとんどのものは，形態的にその語源は不明であるが，「極端」のtəkə（まで，さえ）は，時間や空間の限界点を表す助詞が基になっていると考えられる。また，「反類似」の dha:sa（は）は，もともと dhaye（言う）という意味の動詞と -sa（ば）という条件を表す接語がくっついたもので，文字通り「言えば」という意味にもなるが，とりたて助詞としても用いられるようになったものだと言える。

　ネワール語のとりたて助詞は，Malla（1985: p. 102）や Hale and Shrestha（2006: p. 116）等の先行研究においては，文末に現れる終助詞も含めて emphatic particles（強調助詞）とみなされている。

　表1を見ると，ネワール語では「反限定」と「反極端」に該当するとりたて表現が存在しない点が日本語とは大きく異なること，および，

「限定」のとりたてには日本語なら副詞で表される意味を持つとりたて助詞があることが分かる。

3. ネワール語のとりたて表現の意味

3. では，2. で示した**表1**のとりたて助詞の詳しい意味について考察する。

3.1 「限定」

「限定」のとりたて表現は，2. の表1で見たように6つの表現がある。ここでは，それぞれについて例を挙げて意味を考察していく。

zəkə（だけ）は，（5）のように直前に来るものをとりたてて，該当する可能性のあるものの一部に限定する働きをする。

（5）　thuli　　zəkə　ga:　la?
　　　　これぐらい　だけ　十分　か

　　　これだけで足りますか。

he（こそ，まさに）が行う限定のしかたは2つある。1つは他のものを排して，とりたてる対象以外は該当しないということを示す限定のしかたである。この場合，日本語では「こそ」が対応する場合もあるが，何も付かないことが多い。

（6）では，いつもご馳走する側にその用意ができなかったことから，ご馳走する側が，今日はそっちがご馳走してくれるのはどうか，と提案している例である。

（6）　bəru　thəũ:　tshəkə:　tshə̃　he　jimi-tə　nəki　　re.
　　　　むしろ　今日　一度　君が　こそ　僕たち-に　食べさせろ　よ

　　　むしろ，今日は君が僕たちに一度はご馳走してくれよ。

heには「こそ」とグロスを当てているが，文脈的には日本語では「こそ」とする必要はない。日本語の「こそ」は，とりたてる対象が最もふさわしいのだ，という話し手の主張が込められる場合に典型的に用いられる。そうでない場合の排他的限定は，「私が行きます。」のように特に限定を表す形式を用いず，音調的に強くすることで排他性を表す。

ネワール語の he（こそ）は，話し手の主張については中立的である。

ただ，（7）の例のように「こそ」に対応させるのが良い場合もある。（7）は，動物ものの物語の一節で，野生の鶏を襲って食べていたワニに鶏が不信感を持って言った言葉である。ここでは，話者である鶏の意見が込められている。

 （7）　tshɔ̃: nɔ̃: la jimi-gu shikar yana: nəi-mhə khɔ: ni.
    お前　も　は　我々-の　捕獲　して　食べる-やつ　だ　ろ

   tshɔ̃: he ji tshɛ:-yatə nəya-gu məkhu la?
    お前　こそ　私　孫-を　　食べた-の　ではない　か

  お前も私たちを襲って食べる猛獣だろ。お前こそがわしの孫を食べたんじゃないのか。

he（こそ，まさに）のもう1つの意味は，文脈上出てきた事柄と同一であり，他のものではない，という限定である。

次の（8）では，Bが住んでいるティミに兄と弟も住んでいるのかをAが尋ねているが，その答えでは，he（まさに）が使われている。ここでは，すでに文脈に出てきたティミという場所を指し，「まさにそのティミ」という意味でティミを限定的にとりたてている。

 （8）A:　wɛ:kə:pĩ: nɔ̃: timi: cwəna di:-gu khɔ: la?
    その方たち　も　ティミに　住んで　いらっしゃる-の　です　か

   ご兄弟もティミに住んでいらっしゃるのですか。

  B:　dazu timi: he di:, kiza pokhərə-e.
    兄　ティミに　まさに　いる　弟　ポカラ-に

   兄はまさに同じくティミにいます。弟はポカラです。

典型的に he（まさに）が同一性を表すのは，指示表現の後に he が現れる場合である。（9）の例では，自分もそれと全く同じ夢を見た，という意味になっている。

 （9）　ka,　jĩ: nɔ̃: ujə:gu he mhəgəs mhɔ̃:-gu.
    なるほど　私が　も　そんな　まさに　夢　　見た-の

  なるほど，私もそれと全く同じ夢を見たんだよ。

なお，he は「限定」の意味を表さず，単なる焦点マーカーとして機

能する場合がある。(10)では，2つ he が現れているが，1つ目は「まさに」に対応させることができるのに対し，2つ目の he はその前に「限定」の zəkə（だけ）があることから，さらに限定しているというよりは，he の前が単に焦点であることを示しているに過ぎないと考えられる。

(10) thwə bakhə̃: nɔ̃: a:-təkə he kəne-guli: zəkə
この 話 も 今-まで まさに 語る-ことに だけ

he du thẽ: cwɔ̃:.
こそ ある よう いる

このお話もまさに今まで口承でしか存在していないようだ。

he は，とりたての機能以外にも，(11)のように否定文で疑問語に付くことで全否定の意味を表す。

(11) wə-yatə mhite-tə sũ: he pasa mədu.
彼-に 遊ぶ-ため 誰か も 友達 いない

彼には遊ぶための友達が誰もいなかった。

ka という助詞は，とりたての対象が想定された要素以外のものであることを限定的に指す働きを持つ。(12)では，魚を盗んで食べたものの候補の想定として，聞き手が入っておらず，「まさかお前とは」というニュアンスを持つ。この点，日本語の排他用法の助詞「が」と似ている。

(12) tshɔ̃: ka, məkhu la, nya khuy-a nəya=gu?
君 が まさか じゃない か 魚 盗んで 食べた=の

まさかお前が魚を盗んで食べたのか？

tũ:（そのまま）というとりたて助詞も「限定」の意味を表すが，とりたてる対象がすでに文脈に現れたものから変化せず，それ以外ではないという限定のしかたをする。(13)では，休憩する場所が他の場所ではなく，その前の動作の場所と同じであることを表すために tũ: が用いられている。日本語では，副詞の「そのまま」の意味に近い。

(13) bhətsa ənɔ̃: tũ: arəm yana:-li
少し そこで そのまま 休息 して-後

thə:-gu thasə-e tũ: lihã: wələ.
自分-の ところ-に そのまま 帰って 来た

少しそこでそのまま休んでから,自分の居場所にそのまま
（他によらず）戻ってきた。

次の (14) の例では,父親に会ったシュクラーズが,その後インドへ行く時,他の人と行ったのではなく,そのまま会った父と行ったことを述べている。

(14) bhagyə̃: bəu Madhəbəraz-zu zel-ə̃: bisyũ: wəya:
　　　運よく　父　マーダバラーズ-様　牢獄-から　逃げ　来て

　　　Shukraz-yatə napəla: zhalə. əle bəu-lissẽ tũ:
　　　シュクラーズ-に　会いに　いらした　そして　父-共に　そのまま

　　　wɛ:kə: bharətə-e zhalə.
　　　その方　インド-に　いらした

運よく父のマーダバラーズ氏が牢獄から逃げてきて,シュクラーズに会いに来られた。そして,（シュクラーズは,）父とそのまま2人でインドへ行かれた。

次の (15) では,引き続き動作を行うのが同じ動作主であることを示すために tũ: を用いている。tũ: は,女性がヨーグルトと乾飯(ほしいい)を混ぜた後,他の人に食べさせるのではなく,そのまま自分で食べたということを際立たせている。

(15) wa:-gu dhəu bhəti-bhəti muna:
　　　混ぜた-の　ヨーグルト　少し-少し　集めて

　　　bəzi: napə wala: wə misə̃: tũ: nələ.
　　　乾飯　一緒　混ぜて　その　女が　そのまま　食べた

その女は,混ぜたヨーグルトを少し（指で）寄せ集め,乾飯と一緒にこねて,そのまま自分で食べてしまった。

sə̃: (ちょうど) は,対象となる場所の範囲を狭めピンポイントの位置に限定する。(16) では,南側という場所が指す範囲を,基準となる寺院にかなり近いところに限定している。

(16) thwə degə:-ya dəkchin-ɛ: sə̃: mhɛ:kha zhya: du.
　　　この　寺院-の　南-に　ちょうど　孔雀　窓　ある

この寺院のちょうど南側に孔雀の模様の彫刻をあしらった窓

があった。

nĩ:（まず）というとりたて助詞は，順番の限定を行う助詞である。とりたてる対象を，他の事項よりも最初に位置付ける機能を持つ。日本語では，(17)のように「まずは」のような副詞が対応し，直前のtshə-kwə:（1回），twə: mə-twə:（合う合わない）をとりたてている。

(17) zatə: hɛ:-wə zoshi thae tshə-kwə: nĩ: kyən-a
　　 誕生星座 持って来た-後 星読み 場所 1-回 まず 見せ-て
　　 wa. zatə: twə: mə-twə: nĩ: swɛ: mali:.
　　 来い 誕生星座 合う ない-合う まず 見る 必要

誕生星座書を持ってきたら，占星術師のところへまずは一度見せておいで。まずは誕生星座書の相性がいいか悪いかを見なくてはね。

3.2 「反限定」

ネワール語では，例示ややわらげなどの「反限定」のとりたて助詞は存在しない。

あるものを代表例として取り上げる場合は，英語のand so onに当たるサンスクリット語からの借用表現ityadi（など）があり，sabũ: ityadi（石鹸など）のように使われる。しかし，やわらげの意味はない。ネワール語のとりたて助詞は格助詞の後に付くが，ityadi（など）は格助詞の前に付く。よって，他のとりたて助詞とは文法的性質も異なる。

また，名詞を重複させることにより，名詞が指すものとそれに類するものを指すが，この形式でも例示的な意味を表すことができる。たとえば(18)のように，tsya（お茶）をtsya-tsyiのような重複形にすることで，日本語であれば「お茶など」という意味になる。

(18) tsya-tsyi twəne-gu khə: la?
　　 お茶-お茶 飲む-の だ か

お茶など（それに類するもの）を飲むのですか。

この場合もやわらげの意味にはならない。

3.3 「極端」

「極端」を表すとりたて助詞は，4つある。1つ目は，he（さえ）である。3.2 で he（こそ）には「限定」の機能があることを見たが，否定文の場合（19）のように日本語の「さえ」に対応し「極端」の解釈になる。(19) では，子ウサギが遊びながらどんどんと遠ざかり，自分の家さえ見えなくなるほど遠くまで行った，という意味である。

(18) akhir wə chẽ <u>he</u> khəne mə-dɛ:-kə tapakə wənə.
ついに それ 家 さえ 見える ない-できる-ように 遠くに 行った
ついにそれ（子ウサギ）は，家さえ見えなくなるほど遠くの方に行った。

「極端」の2つ目は，sã:（さえ，でも）である。これは，本来は「けれども」のような譲歩を表す従属接続詞である。従属接続詞の場合は，(20) のように時制を持った動詞の後に置かれる。

(20) nhyathæ swə:-<u>sã:</u> cwəpu zəkə khəne dətə.
どこを 見-ても 氷 だけ 見る できた
どこを見ても，氷しか見えなかった。

とりたて助詞として用いられると，とりたてる対象となる語の直後に置かれ，「でも」というような意外性を表す意味になる。(21) では，普通たくさんお手伝いをしないと親は喜ばないということが想定されるが，少しの間でも喜んでくれるよ，ということを伝える文で，sã:（でも）が使われている。

(21) mã:bəu-ya nə̃: tshə yəi, chẽ: pəlkə <u>sã:</u> guhali ya:-sa.
両親-の も 君を 好む 家で 束の間 でも 手伝い する-なら
ご両親は，君のことを良い子だと思ってくれるよ，家でちょっとの間でもお手伝いをするならね。

3つ目は təkə（まで，さえ）である。これは本来範囲の限界点を表す助詞で，日本語の「まで」と意味は同じである。とりたて助詞として使われた場合，「まで」や「さえ」のような「極端」の意味になる。(22) では，妻が誰に愛されるかについての可能性のスケールを念頭に置き，愛さないという点からすると夫はスケールの最も可能性の低いところにあ

るが，その夫からさえも愛されないということを述べている。

(22) bha:tə̃: təkə nə̃: maya yake mə-khə̃:-mhə.
夫が　　まで　も　愛　する　ない-機会がある-者

（この女は）夫からまでも愛されない女だった。

4つ目は，日本語の「も」と同様，「類似」を表すnə̃:（も）で，これも「極端」を表すことができる。日本語の「も」と同じように，単なる「類似」ではなく「極端」として解釈されるには，文脈が必要である。(23) では，ある貧しい子どもが，学校に行くのに授業料を払ったり，道具を買ったりした結果，学校用の服を買うお金がなくなってしまった，という説明に続く文である。

(23) wə̃: nhu:gu lə̃: mə-nya:. nyæ:-gu kutə: nə̃: mə-ya:.
彼が　新しい　服　ない-買う　買う-の　努力　も　ない-する

彼は，新しい服を買わなかったし，買おうともしなかった。

3.4 「反極端」

ネワール語では，とりたてたものが低評価・最低限・譲歩といった話者の評価を明示的に表すような「反極端」に当たるとりたて助詞はない。語義的に最低限の意味を表すには，(24) のように kəm se kəm（少なくとも）というネパール語から借用した副詞を使うが，評価のニュアンスはない。

(24) kəm se kəm pāts-tshə: ghənta ti nyasewane mali:.
少なくとも　5-6　時間　ほど　歩く　必要だ

少なくとも5〜6時間ほど歩く必要があります。

3.5 「類似」

nə̃:（も）は，日本語の「も」と同じく，他のものに加えてとりたてる対象も該当するという「類似」の意味を示す。(25) では，「話し手に加えて聞き手も」という意味になる。

(25) tshə̃: nə̃: mə-syu: la?
君が　も　ない-知る　か

君も知らないのかい？

3.6 「反類似」

「反類似」に当たるとりたて助詞には，la（は）と dha:sa（は）の2つがある。(26)では，la（は）が1人称代名詞に付き，何ができるかについて聞き手と対比されていることを示している。

(26) zĩ: la tshũ: he yae: məphu. tshɔ̃: tshu yae: phəi?
　　　僕が は 何　こそ する　できない 君が 何　　する できる

　　　僕は何もできない。君は何ができるの。

もう1つは dha:sa（は）で，(27)では涙の状況について子どもと対比する形で母親をとりたてている。

(27) mamɔ̃: wə-yatə kəssikə ghɛ:puikələ. mətsa-ya khwəbi
　　　母が 彼-を しっかりと 抱きしめた 子ども-の 涙

　　　huya bilə. tərə mã:-ya dha:sa
　　　拭って やった しかし 母-の は

　　　khwəbi dha: diu-gu məkhu.
　　　涙　　 溢れて 止まる-こと なかった

　　　母は子どもをしっかりと抱きしめた。子どもの涙を拭ってやった。だが，母親は涙があふれ出て止まることはなかった。

la（は）と dha:sa（は）は，他者と対比するという点では同じだが，観点が少し異なる。一般的な傾向として，dha:sa（は）は，2者対比の時に使われ，「その一方で～は」というニュアンスが強い。また，先行する文脈で述べられている事柄を対比の観点として，対比の対象を提示する。la（は）は，対比対象が具体的である必要もなく，また，対比の観点についても，(26)のように先行する文において提示されている場合もあれば，(28)のように，とりたてる対象と同時に提示される場合もある。(28)では，ある僧侶が自分のしたことについて，王妃から「徳のあることではなく罪作りな行為だ」と非難され，それに対する反論をしているのだが，対比対象と対比の観点である法律通りに宗教的行為を行ったかどうかということが同時に提示されている。

(28) a: tshu agyə jui, razkumari. zĩ: la kanunə̃: biya tə:gu
今 何 命令 なる お后様 私が は 法律が 与えて ある
kəthə̃: he dharmik karye-ya rupɛ: upəyog yana-gu khə:.
ように こそ 宗教的 行為-の 形に 利用 した-の だ

さて，お后様，どうお命じになりますか。私はただ法律で決まっているように宗教的行為として利用したのです。

4. ネワール語のとりたて表現の位置

2. で取り上げたネワール語のとりたて助詞がどのような位置に出現するかについて考察する。扱う事項は，とりたて助詞が何をとりたてるか，どの位置に現れるかである。

4.1 文の格成分のとりたて

これまでの例で見たように，どのとりたて助詞も主語や目的語などの文成分をとりたてることができる。日本語では，とりたて助詞が格成分に付く場合，格助詞が現れない場合も見られるが，ネワール語では，格標識は省略されることはなく，とりたて助詞はその後に付く。たとえば，(29) の例では，dha:sa（は）が他動詞の主語である ba:-nə̃:（父が）についているが，能格を示す -nə̃: が省略されることはない。

(29) tərə ba:-nə̃: dha:sa tshũ: he mə-dha:.
しかし 父-が は 何か さえ ない-言った

しかし，父はというと，何も全く言わなかった。

4.2 文の格成分以外のとりたて

文の格成分以外の副詞的要素，節，述語のとりたてについては，データベースからは，「限定」の zəkə（だけ），tũ:（そのまま），he（こそ），「極限」の sã:（でも），he（さえ），「類似」の nə̃（も），「反類似」の la（は）によるとりたての例が見つかっている。

まずは副詞的要素をとりたてている例を見る。(30) は，「限定」の zəkə（だけ）が直前の副詞 yaka:tsã:（一人で）をとりたてている。

(30) imisə̃: yakə:tsã: zəkə nəi məkhu.
　　　彼らは　一人で　だけ　食べる　ない

　　彼らは，自分一人だけで食べることはしない。

また，(31) では，母親が病気の娘にいつ病気が治るのか聞かれて答えている。he (こそ) が直前の yakənə̃:(すぐに)をとりたてている。

(31) lai! nani lai. yakənə̃: he layawəni:.
　　　治る　お前　治る　すぐに　　こそ　治ってしまう

　　治るわ！　お前は治るわよ。すぐに治るわよ。

次の (32) では，la (は) が理由を表す節をとりたてている例である。

(32) hanə̃: saman yə̃:ka: litə nə̃: mə-həi-gulĩ: la
　　　さらに　物　　持って行って　元に　も　ない-持ってくる-ので　は
　　　zhən he dikkə jui dhũ:klə.
　　　一層　こそ　憂鬱　なって　しまった

　　さらに，物を持って行って返してもくれないのでは，それこそ一層憂鬱な気分にさせられていた。

次に述語をとりたてる場合を見る。khəy-e (正しい) のような単音節語幹の語の場合は，(33) のように語幹を繰り返し，その間にとりたて助詞が現れるが，lwə:mən-e (忘れる) のような複音節語幹の場合は，(34) のように一番最後の音節の前にとりたて助詞が現れる。

(33) khə la khə:.
　　　正しい　は　正しい

　　（確かに）正しくはある。

(34) khə: la lwə: he mənə.
　　　話　は　忘れ　こそ　した

　　話はすっかり忘れてしまった。

また，本動詞と助動詞からなる複雑述語の場合，(35) のように両者の間にとりたて助詞が入る。

(35) nhila zəkə cwənə.
　　　笑って　だけ　いた

　　笑ってばかりいた。

4.3 名詞を修飾する要素のとりたて

ネワール語は日本語と異なり，とりたて助詞が連体修飾要素をとりたてることもできる。次の (36) では，「類似」の nɔ̃: (も) が属格名詞と被修飾名詞との間に入って，その直前の属格名詞をとりたてている。

(36)　ji-gu　nɔ̃:　tshə-gu:　khɔ̃　tshɔ̃:　nyəna　bi:　ma:.
　　　僕-の　も　1-つ　　話　君が　聞いて　やる　必要だ
　　　僕の話も1つ聞いてくれなきゃ。

属格名詞のとりたて例は，ka (まさか)，sɔ̃: (ちょうど)，təkə (まで，さえ) 以外で見つかっている。

また，(37) のような「類似」の nɔ̃: (も) と (38) のような「限定」の he (こそ) の場合に限られるが，指示詞や連体修飾節と被修飾名詞の間に入って指示詞や連体修飾節をとりたてることも可能である。

(37)　mwə:ni　nakhə:　yɔ̃:kɔ̃:　bhutumali　bwɛ:ke-gu
　　　モーニ　　祭り　　ずっと　　凧　　　　　飛ばす-の
　　　<u>nɔ̃:</u>　tsələn　du.
　　　も　　風習　　ある
　　　モーニ祭りの間中ずっと凧を飛ばすという風習もある。

(38)　wə　<u>he</u>　məṇi　ni-gə　zəkə　mədu-gu　khənə.
　　　その　こそ　マニ　2-つ　だけ　ない-こと　見た
　　　まさにそのマニが2つだけなくなっているのを目にした。

5. ネワール語のとりたて表現の運用

ネワール語には「反限定」と「反極端」を示すとりたて助詞がないことは 2. で見た。しかし，日本語の「反限定」と「反極端」のとりたて表現を含む文をネワール語に置き換えた場合，日本語の感覚からすると「極端」の sɔ̃: (でも) が「反限定」を，また，「反類似」の la (は) が「反極端」を表しているように見える場合がある。しかし，対照研究をする場合，表面的な類似性だけで判断するのは危険であり，文脈を含めた語用論的な側面も考慮して比較することが重要で，これらネワール語の2つのとりたて助詞は，文脈を考慮すると本質的にそれぞれ「極端」と

「反類似」であることを見る。

5.1 「反限定」に見える sā:(でも)

日本語の「でも」は「チャンピオンでも負ける」のような「極端」を表すだけでなく，「お茶でも飲みましょう。」のような勧誘・意志を表す場合は，ふつう「反限定」として解釈される。

では，ネワール語の「極端」を表すとりたて助詞 sā:(さえ，でも)はどうであろうか。たとえば，夏の暑い日，仕事が終わって同僚を飲みに誘う「反限定」の意味を含む「ビールでも飲みに行きましょう。」という文をネワール語に逐語訳的に置き換えると(39)のようになる。

(39) biyar sā: twə̃: wəne nu.
　　　ビール でも 飲みに 行く しよう

母語話者は(39)の文を自然なネワール語としてみなすが，使える文脈を確認すると，「反限定」の意味ではないことが分かる。sā:(でも)は構造的に節を形成してはいないものの，「たとえビールであっても」という意味としか解釈されない。そもそも誘いかけの時に(39)のようにsā: を付けて言うことはしない。(39)が述べていることは，飲むとしたらビールよりいい酒を飲みたいが，今から行く店にはビールしかなく，たとえビールでもよいから飲みに行こう，という意味にしかならない。

日本語の「でも」は，「極端」と「反限定」の2つの意味で多義的であり，どちらになるかは語用論的な文脈から決まると言える。基本勧誘・意志を表す文では「反限定」になることが多いが，「たとえビールでも飲みに行こう。」となると「極端」として解釈される。ネワール語では，文脈を考慮しても sā:(でも)は，「極端」としてしか解釈がされないのである。

5.2 「反極端」に見える la(は)

たとえば，「頭痛ぐらいで仕事を休んではいけない。」のような「反極端」のとりたてを含む日本語を自然なネワール語にした場合，ネワール語ではとりたて助詞が現れることはなく，(40)のような文になる。

(40) thhyə̃ uli syata dhae-wə̃: jya bida kae məjyu:.
　　　頭　　その程度　痛い　言って-すぐ　仕事　休み　取る　だめ

ところが，「反極端」を表す「なんか」を含む日本語「こんな古い服なんか要らないよ。」をネワール語母語話者にニュアンスを含めて説明した上で自然なネワール語表現にしてもらうと，(41) のような文が得られた。ここでは la というとりたて助詞が現れている。la は「反類似」を表すとりたて助詞と 3.6 で見たが，この la は，「反極端」のとりたて助詞として良いだろうか。

(41) thwə pulã:gu lə̃: la mə-yə:.
　　　この　　古い　　服　は　ない-好き

母語話者に (41) がどのような文脈でどのような意味で使われているのかを確認すると，この la は 3.6 で見たように対比の意味で使う「反類似」のとりたて詞であり，話者の評価は入っていないことが確認できた。「この古い服」のみが提示され，それに対しての反応であれば，「反極端」のような解釈も可能となる。しかし，そのような解釈は，la が「反類似」であることを基盤に，「好きではない」という言葉と状況文脈から生まれるもので，そのような文脈がなければ (41) は，いくつかある服の中で，この古いものは好きではない，という単なる「反類似」の意味にしかならない。つまり，(41) の la は依然として「反類似」を表しており，語用論的に「反極端」のニュアンスが感じられるというだけのことであり，la が「反類似」と「反極端」の意味で多義的であると考えるのは妥当ではない。

6. まとめ

　この論文では，ネワール語のとりたて助詞の形態的特徴，意味，統語的な特徴，語用論的な側面について，日本語と比較しながら考察し，次の (42) から (45) の 4 つの特徴を述べた。

(42) ネワール語のとりたてを示す形式は助詞であり，「限定」「極端」「類似」「反類似」の 4 体系である。

(43) ネワール語では，「限定」を表すとりたて助詞が場所，様態，

同一性といった日本語にない観点からとりたてるものがある。日本語ではこれらの意味は，副詞的な要素で表される。

(44) ネワール語のとりたて助詞は，格成分，副詞的要素，節などとりたてる対象の直後に置かれる。述語の場合は，単音節語では重複形の間に，複合語や複雑述語の場合は，要素の間に現れる。また，日本語と異なり，属格名詞や連体修飾節の直後に現れることができる。

(45) 「極端」を表す sã: (さえ，でも) は，日本語の「でも」とは違い，「反限定」に見える場合でも文脈などの語用論的な側面を考慮すると，そのようには解釈できない。また，「反類似」の la (は) が「反極端」の「なんて」のように見える場合があるが，la が多義的なのではなく文脈的に生じるニュアンスと考えるべきである。

参照文献

桐生和幸 (2004)「ネワール語の類別詞」，西光義弘・水口志乃扶 (編)『類別詞の対照』pp. 185–216, くろしお出版.

桐生和幸 (2018)「ネワール語の名詞化辞 -gu の意味拡張—16 世紀から現代における文法化と (間) 主観的意味への変化—」，高田博行・小野寺典子・青木博史 (編)『歴史語用論の方法』pp. 166–188, ひつじ書房.

Hale, Austin and Kedār P. Shrestha (2006) *Newār (Nepāl bhāṣā)*. Languages of the World/Materials 256. Lincom Europa Academic Publication.

Kiryu, Kazuyuki (1999) A contrastive study of aspectual auxiliary verbs in Newari and Japanese: With special reference to *cwane* and *taye*. *Nepalese Linguistics* 16, pp. 41–3.

Malla, K. Prakash (1985) *The Newari Language: A Working Outline*. Monumenta Serindica 14. Institute for the Study of Languages and Cultures of Asia and Africa.

シンハラ語のとりたて表現

岸本　秀樹

1. この論文の主張

この論文では，シンハラ語のとりたて表現について（1）から（5）のことを述べる。

（1） シンハラ語のとりたて表現は，助詞や接辞の形態をもち，述語・否定と呼応するものとしないものがある。

（2） シンハラ語のとりたて表現が表す意味は，日本語とも共通して観察されるものがある。

（3） シンハラ語のとりたて表現は，さまざまな種類の表現に付き，その表現をとりたてることができる。

（4） シンハラ語のとりたて表現の現れる位置は，述語や否定と呼応を起こすかどうかで異なる場合がある。

（5） とりたて表現の中には，どのような文脈で使用されるかにより，異なる意味が表されるものがある。

2. ではシンハラ語の概要について，3. から 7. では，それぞれ（1）から（5）について述べる。8. はまとめである。

2. シンハラ語について

シンハラ語は，タミル語とともにスリランカの公用語であり，日本語と同じように「主語－述語－目的語（SVO）」が基本語順となる言語である。シンハラ語には，文語シンハラ語（Literary Sinhala）と口語シ

ンハラ語 (Colloquial Sinhala) があり，この2つでは文法がかなり異なる。この論文で議論するのは，口語シンハラ語のとりたて表現についてである。シンハラ語のとりたてに関係する情報を得られる日本語の文献はそれほど多くないが，英語で書かれた文献では，Chandralal (2010)，Fairbanks, Gair and De Silva (1968)，Gair (1970) などが参考になる。とりたて表現に関するより詳しい情報は，Gair (1998)，Henadeerage (2002)，Kishimoto (1992, 2005)，Slade (2011) などを参照するとよい。

3. シンハラ語のとりたて表現の形態

シンハラ語のとりたて表現には，日本語の助詞 (particle) に対応するものと接辞 (suffix) に対応するものがある。いずれの場合も，とりたて表現は，とりたてる対象の直後に置かれるのが基本である。

シンハラ語のとりたて表現を形態的な面で見ると，-t (も) と -y (こそ) が接辞で，その他のものは (6) のように助詞になる。

（6） pot　　　tamay/may/witəray/wat
　　　本(複数)　こそ/たしかに/だけ/さえ

接辞は，環境により音韻変化を引き起こす。(7) a. のように，曖昧母音の ə で終わる語に -y (こそ) や -t (も) が付くと，母音が a となる。子音で終わる語に -y (こそ) や -t (も) が付くと，(7) b. のように前に母音の u が挿入される。それ以外の環境では，(7) c. のように音韻変化を起こさない。

（7）a.　gamə　+　-y/-t　→　gam<u>a</u>y/gam<u>a</u>t
　　　　　村　　　こそ/も　　村こそ/村も
　　　b.　pot　+　-y/-t　→　pot<u>u</u>y/pot<u>u</u>t
　　　　　本(複数)　こそ/も　　本こそ/本も
　　　c.　miniha　+　-y/-t　→　miniha<u>y</u>/miniha<u>t</u>
　　　　　男　　　こそ/も　　男こそ/男も

助詞のとりたて表現の形態的な特徴として，接辞の -y が付いた形式をもつものが多いことが挙げられる。たとえば，tamay (こそ) は，tamaa (こそ) + -y (こそ) に分解できるように，とりたて表現 tamaa (こそ)

に -y（こそ）が組み合わされた形式をもつ。

　とりたて表現は，名詞などに付いた場合，述語と呼応関係を引き起こすものと呼応を引き起こさないものに分かれる。述語と呼応する場合には，述語の活用形を「強調形」にするものと，「否定」と共起しなければならないものがある。呼応する形式はこの2つに限られる。

（8）a.　強調形の動詞と呼応：-y（こそ），may（たしかに）
　　　　　　tamaa（こそ），tamay（こそ），witəray（だけ）
　　　b.　否定と呼応：wat（さえ），misak（しか）
　　　c.　呼応を引き起こさない：-t（も），mə（きっと）
　　　　　　heemə（くらい，でも），witərak（だけ）

（8）のリストからわかるように，接辞タイプ・助詞タイプの双方に述語と呼応するものと呼応を引き起こさないものがあり，接辞か助詞かの区別によって述語との呼応の有無が決まるわけではない。

　tamay（こそ）などのとりたて表現と呼応する動詞は，「強調形」と呼ばれる形式をとる。強調形になる動詞は定形動詞に限られる。定形動詞の基本形は母音のaで終わるが，強調形の動詞は母音のeで終わるという特徴がある。（9）の動詞の基本形はkieuwaで，グロスでは=Aと表記してある。強調形はkieuweで，グロスでは=Eと表記してある。tamay（こそ）が mee potə（この本）の後に現れている（9）では，動詞は強調形をとらなければならず，基本形の動詞は容認されない。

（9）　Chitra　mee potə　tamay　kieuwe/ *kieuwa.
　　　　チットラ　この　本　　こそ　　読んだ=E/読んだ=A
　　　チットラは<u>この本</u>を読んだ。

　とりたて表現 tamay（こそ）は，述語の強調形と呼応しなければならないが，述語と呼応する要素は，とりたて表現に限られるわけではない。動詞の強調形と呼応するものには他にも，də（疑問の「か」），newey（否定の「ない」），yæ（疑念の「か」），lu（伝聞の「そうだ」），ne（確認の「ね」）などがあり，その中には，モダリティの意味をもつもの，話者の判断や知識を表現するものが多く含まれる。日本語では，これらの意味は，文末の助詞・助動詞で表現される。

tamay や -y のような助詞や接辞は，日本語の「こそ」に最も近い意味を表す。しかし，用法は「こそ」とはかなり異なる。たとえば，日本語では，「こそ」が文中に現れた場合，述語は断定の意味を表している必要がある。しかし，tamay（こそ）や -y（こそ）は，述語に強調形を要求するものの，必ずしも断定の意味を表す必要はなく，日本語の「こそ」のような意味的な制約は受けない。中心的な意味は「限定」であるが，意味はそれほど強くない。また，文脈によっては，「反類似」の意味を表すことがある。tamay（こそ）や -y（こそ）はカバーする意味が広いので，日本語でこれらの要素の意味を自然に表すのはむずかしい。そのため，日本語訳では，（9）のように，とりたて表現の意味を訳として与えず，とりたてる表現をゴシック体で示す。

mə（きっと）も「限定（特立）」の意味を表すが，述語と呼応せず，(10)のように動詞は基本形になり，強調形にすることはできない。

(10) Chitra mee potə mə {kieuwa/*kieuwe}.
　　　チットラ この 本　　きっと 読んだ=A/読んだ=E
　　　チットラはきっとこの本を読んだ。

否定と呼応するとりたて表現としては，wat（さえ）がある。このとりたて表現は，(11)のように，否定と呼応しなければならない。

(11) Chitra mee potə wat {*kieuwa/kieuwe næӕ}.
　　　チットラ この 本　さえ　　読んだ=A/読んだ ない=A
　　　チットラはこの本さえ {*読んだ／読まなかった}。

wat（さえ）は否定と呼応するので，文には否定の助動詞 næӕ（ない）が必要である。(11)の næӕ（ない）は強調形ではなく基本形である。ちなみに，(11)において否定の前に現れる動詞は，強調形と同じ形となっているが，これは，とりたて表現と呼応した強調形ではなく，否定に接続する形式である。また，否定と呼応する表現には，否定極性表現もあるため，動詞や否定と呼応するからと言って必ずしもとりたて表現となるわけではない。

tamay（こそ）のような動詞の強調形と呼応するとりたて表現は，(12)のように否定文に現れることもあるが，この場合には，動詞ではなく，

否定の助動詞が強調形になる。

(12) Chitra potə tamay kieuwe {nætte/æte}.
　　　チットラ　本　こそ　読んだ　{ない=E/かもしれない=E}

　　チットラは**本を**{読まなかった/読んだかもしれない}。

　否定の助動詞 næ (ない) の強調形は，nætte である。「かもしれない」の意味を表す助動詞 æti にも強調形 æte がある。助動詞の基本形は，動詞のように母音の a で終わるわけではないが，強調形がある場合は，語末に母音の e が現れるという特徴がある。日本語で「こそ」が現れる文の述語が助動詞の「かもしれない」を伴うと，ぎこちなくなる。しかしシンハラ語では，tamay (こそ) を含む文の述語に「かもしれない」という意味を表す助動詞が現れても，助動詞が強調形である限りまったく問題がない。

　Gair (1970) や Henadeerage (2002) で記述されているように，シンハラ語の形容詞には基本的に強調形はないが，形容詞述語文で現れるとりたて表現 -y は，断定・断言を表す -y の有無と相関する。通常の形容詞述語文では (13) のように形容詞の語尾に断定の -y が付く。

(13) mee potə hondə-y.
　　　この　本　よい-y

　　この本はよい。

形容詞の後ろに付いた -y は，とりたて表現の -y と同じ形態をもつが，「限定」などのとりたての意味はない。同じ接辞でも -t (も) は形容詞の後に付けることができない。したがって，hondə-t の形式は容認されない。

　形容詞述語文でも，接辞の -y は，主語をとりたてるために使用することができる。この場合，形容詞述語に -y は現れない。(14) の -y (こそ) は主語の「この本」を強調している。

(14) mee potə-y hondə.
　　　この　本-こそ　よい

　　この本がいい。

　ちなみに，断定のマーカーの -y は，(15) a. で示すように，基本的に

動詞に付けることはできないが，(15) b. のように，例外的に埋め込み節の動詞に付けることができる。

(15) a. *Chitra potə kieuwa-y.
　　　　チットラ　本　読んだ-y
　　　チットラは本を読んだ。

　　b. Ranjit ［Ram potə kieuwa-y kiyəla］dannəwa.
　　　　ランジット　ラム　本　読んだ-y　と　　　知る
　　　ランジットはラムが本を読んだことを知っている。

(15) b. では，動詞に -y が付いているが，強調の意味はない。なお，別の接辞 -t（も）は -y（こそ）とは異なり，動詞と共起しない。したがって，(15) b. の埋め込み節の動詞に -t を付加することはできない。

4. シンハラ語のとりたて表現の意味

シンハラ語には，本書の「とりたて表現の対照研究の方法」(野田尚史) で分類されている6つの意味のタイプがすべて存在すると考えられる。

表1　シンハラ語のとりたて表現の意味

限定	-y（こそ） tamaa, tamay（こそ） witəray, witərak（だけ） misak（しか） mə（きっと），may（たしかに）	反限定	heemə（でも） kaariyə（でも）
極端	wat（さえ）	反極端	heemə（くらい） kaariyə（くらい）
類似	-t（も）	反類似	naŋ（なら） tamay（こそ）

いくつかのとりたて表現の意味的な側面を見てみる。まず，witəray（だけ），witərak（だけ）は，形態上は名詞と同じように活用する。もととなる語は witərə（だけ，ばかり）で，それに不定を表すマーカーの -ak が付くと witərak になり，強調に使われる -y が付くと witəray になる。Fairbanks, Gair and De Silva (1968) で記述されているように，同じ

要素に付いても形態により意味の違いが現れることがある。たとえば，(16) a. の witərə は「おおよそ」という意味を表す。(16) b. の不定を表す -ak が付く witərak は「だけ」の意味を表す。

(16) a. Chitra pot pahak witərə kieuwa.
チットラ 本(複数) 5 ばかり 読んだ=A
チットラは本を 5 冊ばかり読んだ。

b. Chitra pot pahak witərak kieuwa.
チットラ 本(複数) 5 だけ 読んだ=A
チットラは本を 5 冊だけ読んだ。

witərə は，(16) a. のように数量表現に付加されると「概数」の意味を表す。これに対して witərak が同じ数量表現に付くと「だけ」という「限定」の意味が表される。日本語の限定を表す「ばかり」も数詞と組み合わされると「5 冊ばかり」のように概数を表すので，この点で witərə は「ばかり」に似ている。

次に，naŋ は日本語の「なら」に相当する表現であり，(17) のように名詞の後に現れると「反類似」の意味を表し，節の最後に現れると条件の意味を表す。

(17) a. Ranjit naŋ pass unaa.
ランジット なら 合格 なった=A
ランジットなら合格した。

b. Oyaa kolombə yanəwa naŋ...
あなた コロンボ 行く なら
あなたがコロンボに行くなら…

naŋ や「なら」のような意味を表すとりたて表現が文脈によって条件の意味も表すことは，他の言語でもしばしば観察される現象である。したがって，日本語でもシンハラ語でも同じような現象が見られることは不思議なことではない。

「類似」の -t (も) は，形態的には接辞であるが，日本語の助詞「も」と同じ意味を表す。(18) のように，通常の名詞句 Chitra に -t が付く場合には，「チットラも」という「類似」の意味を表す。-t は次々に付け

加えるという「累加」の意味も表せるので，(18) a. の Chitra-t（チットラも）を (18) b. のように Chitra-t Ram-t（チットラもラムも）という表現に置き換えることもできる。

 (18) a. Chitra-ṯ aawa.
   チットラ-も　来た=A
   チットラも来た。

  b. Chitra-ṯ Ram-ṯ aawa.
   チットラ-も　ラム-も　来た=A
   チットラもラムも来た。

他のとりたて表現には，名詞句をつなげる接続詞の働きはない。

5. シンハラ語のとりたて表現の位置ととりたてる対象

とりたて表現は，格成分（主語，目的語），副詞的成分，従属節など，さまざまな要素の後ろに置かれ，その前にくる要素をとりたてる。まず，(19) は，それぞれ主語と目的語に tamay（こそ）が付いた例である。

 (19) a. Chitra mee potə <u>tamay</u> kiewuwe.
   チットラ　この　本　こそ　読んだ=E
   チットラが**この本を**読んだ。

  b. Chitra <u>tamay</u> mee potə kiewuwe.
   チットラ　こそ　この　本　読んだ=E
   チットラがこの本を読んだ。

目的語をとりたてるには，(19) a. のように目的語の後に tamay（こそ）を置く。主語をとりたてるには，(19) b. のように主語の後に tamay（こそ）を置く。シンハラ語の主語や目的語は，通常，格標示が現れないが，対格や与格が標示される場合もある。(20) のように与格名詞 pansala-ṭə（お寺に）をとりたてる場合には，その後に tamay（こそ）を置く。

 (20) a. Chitra pansala-ṭə <u>tamay</u> yanne.
   チットラ　お寺-に　こそ　行く=E
   チットラが**お寺に**行く。

  b. *Chitra　pansala　tamay-ṭə　yanne.
    チットラ　お寺　　こそ-に　　行く=E
   チットラが**お寺**に行く。

 シンハラ語の格は，形態的には名詞に付く接辞であるため，格標示のある名詞をとりたてる場合には，とりたて表現は格標示よりも後ろに置かれる。
 述語と呼応しないとりたて表現も同様であり，(21) のように，名詞と格標示の間には現れることができず，格標示の後ろに置かれる。

 (21) a.　Ranjit　Chitra-ṭə　mə　baninəwa.
    ランジット　チットラ-に　きっと　しかる=A
   ランジットはきっとチットラをしかる。

  b. *Ranjit　Chitra　mə-ṭə　baninəwa.
    ランジット　チットラ　きっと-に　しかる=A
   ランジットはきっとチットラをしかる。

 シンハラ語の格標示は接辞であり，名詞に直接付加されなければならない。したがって，とりたて表現が格標示と名詞との間に入ると容認されない。接辞の格標示の前は，とりたて表現を置くことができない位置なのである。

 とりたて表現は，格成分以外のさまざまな要素に付加され，その要素をとりたてることができる。たとえば，tamay（こそ）は動詞のとる項だけでなく，副詞的成分や後置詞句もとりたてることができる。(22) a. では，副詞 dæn（今）が tamay（こそ）を伴い，とりたてられている。(22) b. では，Ranjit ekkə（ランジットと一緒に）が tamay（こそ）を伴い，とりたてられている。

 (22) a.　Chitra　dæn　tamay　giye.
    チットラ　今　　こそ　行った=E
   チットラは**今**行った。

  b.　Chitra　[Ranjit　ekkə]　tamay　kataa　kəlee.
    チットラ　ランジットと　　　こそ　話　した=E
   チットラは**ランジットと**話した。

従属節のとりたても可能である。(23) a. では，tamay (こそ) が時間を表す「時」節全体をとりたて，(23) b. では，tamay (こそ) が dannəwa (知る) のとる「と」節全体をとりたてている。

(23) a.　［Chitra bat kanə koṭə］tamay Ranjit　pudumə unee.
　　　　　チットラ ご飯 食べた 時　　こそ　ランジット 驚き　なった=E
　　　　チットラがご飯を食べた時，ランジットが驚いた。

　　 b.　Chitra ［Ram potə gattə　kiyəla］tamay danne.
　　　　　チットラ ラム　本　買った=A　と　　こそ　知る=E
　　　　チットラはラムが本を買ったことを知っている。

6. シンハラ語のとりたて表現の文法的制約

シンハラ語のとりたて表現が現れる位置には一定の文法的な制限がある。とりたて表現全体にわたる制限や，呼応をするとりたて表現にのみ課される制限がある。

6.1 動詞と呼応するとりたて表現の位置関係

とりたて表現が述語と呼応する場合には，同一節で起こるのが基本であるが，hitənəwa (思う)，kiyənəwa (言う)，dannəwa (わかる，知る) などの動詞が埋め込み節をとる場合には，埋め込み節内の要素がとりたてられても，主節動詞を強調形にすることができる。(24) a. のように，主節の動詞が強調形をとった場合，埋め込み節にとりたて表現が置かれたとしても主節でのとりたてと解釈される。(24) b. のように，埋め込み節の動詞が強調形をとった場合，埋め込み節でのとりたてになる。

(24) a.　Chitra　［Ram potə tamay gatta　kiyəla］kiiwe.
　　　　　チットラ ラム 本　こそ　買った=A　と　　言った=E
　　　　チットラはラムが**本**を買ったと言った。

　　 b.　Chitra　［Ram potə tamay gatte　kiyəla］kiiwa.
　　　　　チットラ ラム 本　こそ　買った=E　と　　言った=A
　　　　チットラはラムが**本**を買ったと言った。

一方，埋め込み節の述語が強調形になる場合，呼応を求める tamay

（こそ）が主節に置かれることはない．(25)では，tamay（こそ）が述語の強調形と呼応できない．そのため，(25)は容認できない非文となる．

(25) *Chitra tamay ［Ram potə gatte］ kiyəla kiiwa.
　　　チットラ こそ　　ラム　本　買った=E　と　　言った=A

　　チットラはラムが本を買ったと言った．

　埋め込み節内の述語が強調形をとる場合にはtamay（こそ）は埋め込み節に現れなければならない．tamay（こそ）と強調形の述語との呼応の関係は(26)のように示すことができる．(26)の下線は，述語に呼応を要求するtamay（こそ）が起こることが可能な領域を示している．tamay（こそ）は，下線の領域内にあると許容されるが，この領域外にtamay（こそ）が起こると容認されない．

(26) a. ［　　　　　［ tamay　 述語 =E］　述語］
　　 b. ［ *tamay ［　　　 述語 =E］　述語］
　　 c. ［　　　　　［ tamay　 述語］　述語 =E］
　　 d. ［ tamay ［　　　　　 述語］　述語 =E］

　否定と呼応するとりたて表現のwat（さえ）は，とりたて表現と同一節中に否定要素がなければならない．したがって，wat（さえ）が埋め込み節にあり，主節の動詞が否定されている(27)a.は容認されない．もちろん，(27)b.のように埋め込み節の動詞が否定されると容認される．

(27) a. *Chitra ［Ranjit potə wat gatta kiyəla］ kiiwe næ æ.
　　　　チットラ ランジット 本　さえ 買った=A と　　言った ない=A

　　　　チットラは，ランジットが本さえ買ったと言わなかった．

　　 b. Chitra ［Ranjit potə wat gatte næ æ kiyəla］ kiiwa.
　　　　チットラ ランジット 本　さえ 買った ない=A と　　言った=A

　　　　チットラは，ランジットが本さえ買わなかったと言った．

　否定と呼応するとりたて表現は，強調形と呼応するタイプのものより呼応に関する制限が厳しいことがわかる．

6.2　述語位置での生起

　強調形の動詞と呼応するtamay（こそ）やmay（たしかに）は，動詞を

とりたてるために，文末に置くことも可能である。その場合，(28)で示されているように，動詞は，kieuweのような強調形ではなくkieuwaのような基本形をとる。

 (28) Chitra mee potə <u>kieuwa</u> <u>tamay</u>.
   チットラ この 本 読んだ＝A こそ
  チットラがこの本を読んだのだ。

動詞の後にtamay（こそ）が置かれると，動詞をとりたてる「チットラがこの本に対して**読むことをした**」という意味が得られる。しかし，文脈により，節内の隣り合わない要素をとりたてることもできる。たとえば，(28)では，「**チットラが**この本を読んだのだ」という主語のとりたても「チットラが**この本を**読んだのだ」という目的語のとりたても可能である。

述語をとりたてるtamay（こそ）は，(29)のように否定の助動詞があると，動詞ではなく助動詞の後ろに置かれる。助動詞の前に置かれると容認されない。

 (29) a. Chitra mee potə kieuwe <u>nææ</u> <u>tamay</u>.
     チットラ この 本 読んだ ない＝A こそ
   チットラがこの本を読まなかったのだ。

   b. *Chitra mee potə kieuwe <u>tamay</u> <u>nææ</u>.
     チットラ この 本 読んだ こそ ない＝A
   チットラがこの本を読まなかったのだ。

形容詞文でも，主語をとりたてる場合，(30)a.のように，主語の後にtamay（こそ）を置く。この場合，述語は-yがない形式をもつ。「この本はよい」のように形容詞述語をとりたてる場合には，(30)b.のように，tamay（こそ）を述語の後に置く。述語の後にtamay（こそ）がある場合には，「この**本は**よい」のように主語をとりたてることもできる。

 (30) a. mee potə <u>tamay</u> hondə.
     この 本 こそ よい
   この**本は**よい。

b.　mee potə hondə tamay.
　　　　　この　本　　よい　こそ
　　　　　この本はよい。／この本はよい。

　この事実は，tamay（こそ）が動詞の後に来る場合と同様に，tamay（こそ）が形容詞の後ろに置かれた文では，とりたてる対象が必ずしも述語に限定されるわけではないことを示している。

　否定と呼応するタイプの wat（さえ）の場合，(31) のように否定の前に置くことができる。ただし，naŋ（なら）と misak（しか）はこの位置には生起できない。

　(31)　Chitra　mee potə kieuwe wat næː.
　　　　チットラ　この　本　　読んだ　さえ　ない=A
　　　　チットラがこの本を読むことさえしなかった。

　形容詞文でも同じように，wat（さえ）は，(32) のように述語の位置に生起する場合，動詞述語文と同じように，否定要素よりも前に置かれる。

　(32)　mee potə hondə wat næː.
　　　　この　本　　よい　さえ　ない=A
　　　　この本はよくすらない。

　述語と呼応しないタイプの mə（きっと）は，(33) からわかるように，動詞の文末には現れないが，否定の助動詞の前には置くことができる。

　(33) a.　*Chitra　mee potə kieuwa mə.
　　　　　チットラ　この　本　　読んだ=A　きっと
　　　　　チットラがきっと本を読んだのだ。
　　　b.　Chitra　mee potə kieuwe mə　næː.
　　　　　チットラ　この　本　　読んだ　きっと　ない=A
　　　　　チットラがきっとこの本を読まなかったのだ。

6.3　埋め込み節内での生起

　述語に強調形を要求するとりたて表現は，(34) のように名詞修飾節内に埋め込むことはできない。

(34) *Chitra ［Ranjit tamay gattə］potə gatte.
　　　　チットラ　ランジット　こそ　買った　本　買った=E
　　　　チットラは**ランジットが**買った本を買った。

　(34)のような文では，強調形をとることができる動詞は主節動詞のみである。名詞修飾節内の動詞は連体形をとり強調形をとれないので，tamay（こそ）は名詞修飾節内に置くことができない。ただし，tamay（こそ）を名詞修飾節を含む名詞の後に置くことはできる。

(35) Chitra ［Ranjit gattə］potə tamay gattee.
　　　　チットラ　ランジット　買った　本　こそ　買った=E
　　　　チットラは**ランジットが買った本を**買った。

　名詞修飾節の内部には，主節の強調形の影響が及ばないので，名詞修飾節全体がとりたてられた形式しかとれないのである。

　否定と呼応するタイプのとりたて表現は，名詞修飾節の述語を否定すると，(36) a. のように，名詞修飾節内に入れることができる。名詞修飾節の外にとりたて表現を置くためには，(36) b. のように，主節の動詞を否定にする必要がある。

(36) a. Chitra ［Ranjit wat gatte næti］potə gatta.
　　　　　チットラ　ランジット　さえ　買った　ない　本　買った=A
　　　　　チットラはランジットさえ買わなかった本を買った。

　 b. Chitra ［Ranjit gattə］potə wat gatte næ æ.
　　　　　チットラ　ランジット　買った　本　さえ　買った　ない=A
　　　　　チットラはランジットが買った本さえ買わなかった。

　名詞が後置詞を伴う場合も，動詞に強調形を要求するtamay（こそ）を後置詞の前に置くことはできない。したがって，(37) a. は容認されるが，(37) b. は容認されない。

(37) a. Chitra ［Ranjit ekkə］tamay kataa kəlee.
　　　　　チットラ　ランジット　と　こそ　話　した=E
　　　　　チットラが**ランジットと**話をした。

　 b. *Chitra ［Ranjit tamay ekkə］kataa kəlee.
　　　　　チットラ　ランジット　こそ　と　話　した=E

チットラが**ランジット**と話をした。

否定と呼応するタイプの wat（さえ）も同じような分布を示す。(38) b. で示されるように，wat（さえ）は後置詞 ekkə（と）の前に入れることができない。

(38) a. Chitra ［Ranjit　　ekkə］wat kataa kəlee næǣ.
　　　　チットラ　ランジット　と　　さえ　話　した　ない=A
　　　　チットラがランジットとさえ話さなかった。

　　b. *Chitra ［Ranjit　 wat　ekkə］ kataa kəlee næǣ.
　　　　チットラ　ランジット さえ　と　　話　　した　ない=A
　　　　チットラはランジットさえと話さなかった。

これに対して，動詞の強調形や否定と呼応を起こさないとりたて表現 mə（きっと）は，(39) b. のように後置詞の前に入れることができる。(39) b. の事実は，後置詞の前はとりたて表現が起こることができる位置であることを示している。

(39) a. Chitra ［Ranjit　　ekkə］ mə　　kataa kəlaa.
　　　　チットラ　ランジット　と　　きっと　話　　した=A
　　　　チットラはきっとランジットと話した。

　　b. ?Chitra ［Ranjit　 mə　　ekkə］ kataa kəlaa.
　　　　チットラ　ランジット きっと　と　　話　した=A
　　　　チットラはきっとランジットと話した。

このことから，(37) b. や (38) b. において，述語と呼応するとりたて表現がこの位置に現れることができないのは，述語と呼応関係がもてないためであることがわかる。

名詞句の中に現れる属格名詞についても，(40) で示されているように，とりたて表現の挿入に関して，述語や否定と呼応を起こすタイプと起こさないタイプで異なる振る舞いを示す。(40) a. は，呼応を起こさない mə（きっと）が「A の B」の形式をもつ名詞句において日本語の「の」に相当する接辞の -ge の後に現れている例である。この位置には，述語と呼応しないとりたて表現を置くことができるが，(40) b. や (40) c. のように，呼応を起こすとりたて表現は置くことができない。

(40) a.　Ranjit　　Chitra-ge　mə　　potə kieuwa.
　　　ランジット　チットラ-の　きっと　本　　読んだ=A

　　　ランジットはきっとチットラの本を読んだ。

　　b.　*Ranjit　　Chitra-ge　tamay potə kiewue.
　　　ランジット　チットラ-の　こそ　本　　読んだ=E

　　　ランジットは**チットラの本を**読んだ。

　　c.　*Ranjit　　Chitra-ge　wat potə kiewue næę.
　　　ランジット　チットラ-の　さえ 本　読んだ　ない=A

　　　ランジットはチットラさえの本を読まなかった。

7.　シンハラ語のとりたて表現の運用

　次に，運用の側面から，いくつかのとりたて表現について見る。多くのとりたて表現は，使用される文脈により異なる意味で使用されることがある。まず，-y（こそ）や tamay（こそ）は，特立のために使用するかなり一般的なとりたて表現で，文脈により「限定」以外の意味で使われることもある。(41) a. のように tamay（こそ）が単独で用いられた場合には，日本語の「こそ」ほどは意味が強くないものの，「限定」の意味で使われる。一方，(41) b. のように2つの文を並べて用いると，tamay（こそ）は「反類似」の意味で使用される。

(41) a.　Chitra　tamay　yanne.
　　　チットラ　こそ　　行く=E

　　　チットラが行く。

　　b.　Chitra　tamay　yanne　nætte. Mamə　tamay　yanne.
　　　チットラ　こそ　　行く　　ない=E　私　　こそ　　行く=E

　　　チットラは行かない。私は行く。

　次に，heemə（くらい，でも）と kaariyə（くらい，でも）の2つのとりたて表現は「反限定」・「反極端」の両方の意味をカバーする。(42) a. の heemə と kaariyə は，「反限定」の意味で用いられている。これに対して，(42) b. の heemə と kaariyə は，最低限の意味を表し，「反極端」の意味で用いられている。

(42) a. Koopii ekak {heemə/kaariyə} bomudə.
　　　　コーヒー　1つ　　　でも/でも　　　　飲みましょう
　　　　コーヒーでも飲みましょう。

b. Saamaɳɳə kæːmak {heemə/kaariyə} hadannə puluwan.
　　　簡単な　　料理　　　　くらい/くらい　　つくる　　できる
　　　簡単な料理くらいできる。

heemə（くらい，でも）とkaariyə（くらい，でも）が「反限定」「反極端」のどちらの意味を表すかは，これらのとりたて表現がどのような文脈で使用されているかによって決まる。

8. まとめ

この論文では，シンハラ語のとりたて表現について，(43)から(47)の事項を説明した。

(43) シンハラ語のとりたて表現は，助詞や接辞の形態をもち，tamay（こそ），witəray（だけ）など，述語の強調形や否定と呼応しなければならないものがある。

(44) シンハラ語のとりたて表現には，「限定」「反限定」「極端」「反極端」「類似」「反類似」の意味を表すものがある。

(45) シンハラ語のとりたて表現は，「格成分（主語，目的語）」「副詞的成分」「従属節」など，さまざまな種類の表現に付き，その表現をとりたてることができる。

(46) シンハラ語のとりたて表現の現れることができる位置は，述語と呼応するtamay（こそ）や否定と呼応するwat（さえ）で異なる。

(47) とりたて表現のheemə（くらい，でも）とkaariyə（くらい，でも）は，「反限定」あるいは「反極端」の意味を表すが，どちらの意味で使用されるかは，文脈によって異なる。

参照文献

Chandralal, Dileep (2010) *Sinhala*. John Benjamins.
Fairbanks, Gordon H, James W. Gair and N. W. S. De Silva (1968) *Colloquial Sinhalase (Sinhala) Part 1*. Sinha Books.
Gair, James W. (1970) *Colloquial Sinhalese Clause Structure*. Mouton.
Gair, James W. (1998) *Studies in South Asian Linguistics: Sinhala and Other South Asian Languages*. Oxford University Press.
Henadeerage, Deepthi Kumara (2002) *Topics in Sinhala Syntax*. Ph.D. dissertation, The Australian National University.
Kishimoto, Hideki (1992) LF pied piping: Evidence from Sinhala.『言語研究』102, pp. 46–87, 日本言語学会.
Kishimoto, Hideki (2005) *Wh*-in-situ and movement in Sinhala questions. *Natural Language & Linguistic Theory* 23, pp. 1–51.
Slade, Benjamins (2011) *Formal and Philological Inquires into the Nature of Interrogatives, Indefinites, Disjunction and Focus in Sinhala and Other languages*. Ph.D. dissertation, University of Utah.

トルコ語のとりたて表現

林　徹

1. この論文の主張

　トルコ語は，ユーラシアの北半分に広く分布しているチュルク諸語と呼ばれる言語群のひとつで，主にトルコ共和国で話されている。基本的に述語後置型の言語だが，述語以外の要素の順序はかなり自由である。単語を活用させたり，すでにある単語から新しい単語を作るには，単語の後ろに接尾辞を付ける。表記は，1929年にアラビア文字からローマ字に変更された。トルコ語独特の文字や読み方は，ça「チャ」, ca「ジャ」, şa「シャ」, ğa「ゥア」, ı「ウ（ただし唇を丸くしない）」だけで，あとは日本語でのローマ字の読み方とほぼ同じである。

　この論文では（1）から（3）の3点を述べる。

(1)　トルコ語には「限定」「極端」「反極端」「類似」「反類似」に該当するとりたて表現があり，「限定」のとりたて表現だけがとりたてる対象の前に置かれ，ほかはすべてとりたてる対象の後ろに置かれる。

(2)　前に置かれるとりたて表現と後ろに置かれるとりたて表現との間には，とりたてる対象との結びつきの強さや，疑問詞がとりたてる対象になれるかどうかの点で，違いがある。

(3)　単語を繰り返す重複という方法で，トルコ語では該当するとりたて表現のない「反限定」のとりたてを表すことがある。また，目的語を示すために使われる名詞対格形が「反類似」

のとりたてを表したり，「類似」のとりたて表現が「極端」や「反類似」のとりたてに拡張して使われることがある。

次の 2. では（1）を，3. では（2）を，4. では（3）を説明する。5. では，この論文の内容をまとめた上で，残された課題を述べる。

なお，この論文では，とりたてる対象が，名詞を中核とし，ときに修飾語や助詞も含む場合のみを扱う。たしかに，トルコ語のとりたて表現のなかには，（4）と（5）において下線で示したとりたて表現のように，述語や動詞連用形など，必ずしも名詞が中核となっていない要素の前後にも置くことのできるものがある。

（4） Ali okulda sadece uyuyor.
　　　アリ 学校で だけ 眠っている

　　　アリは学校で眠ってばかりいる。

（5） Ali okula gidip de derse girmedi.
　　　アリ 学校へ 行って も 授業に 入らなかった

　　　アリは学校に行きはしたが授業に出なかった。

しかし，この論文ではこのような用法を取り上げない。とりたてと見なさないからではなく，名詞が中核となっている要素をとりたてる場合と較べて，かなり意味が異なることがあり，その関係を十分把握できていないからである。

また，日本語でも見られることだが，トルコ語では，（6）a. において下線部で示したとりたて表現 de（も）が，（6）b. のように，複数の要素を対等に並べるために，それぞれの後ろに置かれることがある。このような de は接続詞と見なされてきた。

（6）a. Ali de okula gider.
　　　　アリ も 学校へ 行く

　　　　アリも学校に行く。

　　b. Ali de Mehmet de okula gider.
　　　　アリ も メフメット も 学校へ 行く

　　　　アリもメフメットも学校に行く。

（6）b. と同じく，複数の要素を対等に並べる文は，（7）から（9）の

ように，hem（も），ya（または），ne（でもない）を各要素の前に置くことによっても作ることができる。これらも接続詞と呼ばれる。

(7) <u>Hem</u> Ali <u>hem</u> Mehmet okula gider.
　　　 も　　アリ　も　　メフメット　学校へ　行く
　　アリもメフメットも学校に行く。

(8) <u>Ya</u> Ali <u>ya</u> Mehmet okula gider.
　　または アリ または メフメット 学校へ 行く
　　アリかメフメットかが学校に行く。

(9) <u>Ne</u> Ali <u>ne</u> Mehmet okula gider.
　　でもない アリ でもない メフメット 学校へ 行く
　　アリもメフメットも学校に行かない。

　接続詞 hem, ya, ne は，「?」で示すように，やや容認度が低いながら，(10)から(12)のように，単独でも使える。

(10) ?<u>Hem</u> Ali okula gider.
　　　 も　 アリ 学校へ 行く
　　アリもまた学校に行く。

(11) ?<u>Ya</u> Ali okula gider.
　　または アリ 学校へ 行く
　　あるいはアリが学校に行く。

(12) ?<u>Ne</u> Ali okula gider.
　　でもない アリ 学校へ 行く
　　アリも学校に行かない。

　しかし，この論文では，(10)から(12)の接続詞 hem, ya, ne をとりたて表現として取り上げない。なぜなら，(10)から(12)は (7)から(9)が表すような文脈がすでに了解されている場合に使えるのであって，とりたて表現が持っている，それだけで一定の意味を文に加えるような働きを，これらは持っていないと考えられるからである。

2.　トルコ語とりたて表現の形態・意味・位置

　トルコ語の研究ではこれまで，とりたて表現がまとめて取り上げられ

ることはなかった。なぜならば，とりたてる対象の後に置かれるとりたて表現と，とりたてる対象の前に置かれるとりたて表現とがあり，それぞれ別々の品詞として，別々に説明されてきたからである。たとえば，代表的な参照文法である Göksel and Kerslake (2005) は，de（も）のような後ろに置かれるタイプのとりたて表現を「焦点小辞」(focus particle) として，sadece（だけ）のような前に置かれるタイプのとりたて表現を「副詞」として扱っている。

前に置かれるタイプのとりたて表現を「とりたて副詞」，後ろに置かれるタイプのとりたて表現を「とりたて助詞」と呼ぶこともできる。しかしこの論文では，位置関係がすぐ思い浮かぶように，「前置型」「後置型」と呼ぶことにする。(13)が前置型の例，(14)が後置型の例である。下線は，実線がとりたて表現，破線がとりたてる対象を表す。

(13) Sadece Ali okula gitti.
　　　ただ　アリ　学校に　行った
　　　アリだけが学校に行った。

(14) Ali de okula gitti.
　　　アリ　も　学校に　行った
　　　アリも学校に行った。

トルコ語のとりたて表現を，本書の「とりたて表現の対照研究の方法」（野田尚史）や Noda (2016) で提案されている，日本語のとりたて表現の意味による分類を手がかりとして集めたものが**表 1** と**表 2** である。表 1 は前置型のとりたて表現，表 2 は後置型のとりたて表現である。

表 1　トルコ語の前置型のとりたて表現の意味

限定	sadece/yalnızca（だけ，ただ）hep（ばかり）özellikle/bilhassa（特に，こそ）	反限定	──
極端	［後置型］	反極端	［後置型］
類似	［後置型］	反類似	［後置型］

表2 トルコ語の後置型のとりたて表現の意味

限定	［前置型］	反限定	——
極端	bile（さえ） dahi（さえ）	反極端	falan（なんて）
類似	de（も）	反類似	ise（は）

「限定」を表すのは，前置型のとりたて表現である。sadece と yalnızca はどちらも「ただ～だけ」を表し，意味も用法も同じである。いずれも，-ce または -ca と変化するトルコ語固有の接尾辞により作られた副詞である。sadece は sade（単純な）というペルシア語由来の外来語形容詞に，yalnızca は yalnız（ひとりの，孤独な）というトルコ語固有の形容詞に基づく。hep（ばかり）もペルシア語由来の外来語であるが，対応するトルコ語固有の単語はない。bilhassa と özellikle も，「特に」という同じ意味を持つ。bilhassa はアラビア語由来の外来語であるのに対し，özellikle は，1930年代から始まったトルコ語純化運動のなかで，外来語の bilhassa を置き換えるために，öz（自身，本当の）というトルコ語固有の単語を基にして作られた新造語である。以下では，このような外来語と固有語・新造語のペアを，より使用頻度の高いほうを前にして，「sadece/yalnızca」，「özellikle/bilhassa」のように表す。前置型のとりたて表現は，すべてそれ自体が強勢を伴って発音される。

「極端」「反極端」「類似」「反類似」を表すのは，後置型のとりたて表現である。bile と dahi はどちらも「さえ」と訳せるが，dahi は bile に較べやや書きことば的であることに加え，否定文で用いられることが多い。「類似」の de（も）は，すぐ前の母音により da となることもある。ise は，「～である」に相当する i- と，「～ならば」に相当する -se という表現が結合した，元来は「～であるならば」という意味を持つ複合的な表現である。直前が母音の場合は -yse，子音の場合は -se となることがあり，また前の母音によって -ysa,-sa と変化するが，この論文では，直前の音にかかわらず使える ise という形で代表させる。後置型の中で falan だけはアラビア語からの外来語である。filan という形もあるが，この論文では falan で代表させる。後置型のとりたて表現は，それ自体

は強勢を持たない。直前にあるとりたてる対象に強勢が置かれる。

以上をまとめると，トルコ語のとりたて表現には，とりたてる対象の前に置かれる前置型と，とりたてる対象の後ろに置かれる後置型があり，前置型は，yalnızcaを除き外来語や新造語であるのに対し，後置型は，falanを除き，すべて固有語である。また，前者が強勢を伴って発音されるのに対し，後者はとりたてる対象に強勢が置かれ，それ自体には強勢がない。単独で「反限定」を表すとりたて表現はない。

3. トルコ語とりたて表現の文法的特徴
3.1 とりたてる対象との結びつき

とりたて表現が疑問文でどのように使われるかを見ると，前置型とりたて表現と後置型とりたて表現の違いがわかる。前置型より後置型のほうが，とりたてる対象と強く結びついていることがわかるからである。以下では，疑問助詞 mi（か）を使って，とりたてる対象ととりたて表現の結びつきの強さの違いを説明する。しかし，そのまえに，トルコ語の疑問文について簡単に説明する。

トルコ語の疑問文は，evet（はい），hayır（いいえ）で応答することのできる疑問文と，kim（誰）などの疑問詞を含む疑問文に分かれる。前者は必ず疑問助詞 mi（か）を含むが，後者には疑問助詞は現れない。

疑問助詞 mi はすぐ前の母音により mı, mu, mü に変化する。疑問助詞は，(15) a. のように述語に置かれると普通の疑問文だが，(21) b. のように文中に置かれると，直前の要素について尋ねる疑問文になる。つまり，(15) b. は「アリが行った」のが「学校へ」かどうかを尋ねている。例文では，疑問助詞を実線の下線で，尋ねる要素を破線の下線で示す。

(15) a.　Ali okula gitti mi ?
　　　　アリ 学校へ 行った か
　　　　アリは学校に行ったのか？

 b.　Ali okula mı gitti ?
　　　　アリ 学校へ か 行った
　　　　アリが行ったのは学校なのか？

さて，(15) b. のような，文中の特定の要素について尋ねるタイプの疑問文で，とりたて表現がどのように使われるかを見ると，前置型と後置型で違っていることがわかる。

　前置型のとりたて表現の場合，(16) から (18) の a. と b. とからわかるように，とりたて表現ととりたてる対象の間に疑問助詞 mi を挿入して，とりたて表現をとりたてる対象から切り離すことができる。a. と b. の意味はほぼ変わらない。ただし，(16) b. だけはやや容認度が低く，とりたて表現の sadece にはっきりした強勢を置く必要がある。

(16) a.　Ali　<u>sadece</u>　okula　mı　gitti?
　　　　　　アリ　だけ　　　学校へ　か　行った

　　 b.　?Ali　<u>sadece</u>　mi　okula　gitti?
　　　　　　　　だけ　　　　か　　学校へ

　　　　アリが行ったのは学校だけなのか？

(17) a.　Ali　<u>hep</u>　okula　mı　gitti?
　　　　　　　ばかり　学校へ　か

　　 b.　Ali　<u>hep</u>　mi　okula　gitti?
　　　　　　　ばかり　か　　学校へ

　　　　アリが行ったのは学校ばかりなのか？

(18) a.　Ali　<u>özellikle</u>　okula　mı　gitti?
　　　　　　　特に　　　　学校へ　か

　　 b.　Ali　<u>özellikle</u>　mi　okula　gitti?
　　　　　　　特に　　　　　か　　学校へ

　　　　アリが行ったのは特に学校なのか？

　一方，後置型のとりたて表現の場合は，例文 (19) から (23) の a. と b. との違いからわかるように，とりたて表現ととりたてる対象の間に疑問助詞 mi を挿入し，とりたて表現をとりたてる対象から切り離すことができない。

(19) a.　Ali　okula　<u>bile</u>　mi　gitti?
　　　　　アリ　学校へ　さえ　か　行った

　　　　アリは学校へさえ行ったのか？

　　　　b. *Ali okula mı bile gitti?
　　　　　　学校へ　か　さえ

(20) a. 　Ali okula dahi mi gitti?
　　　　　　学校へ　さえ　か

　　　　アリは学校へさえ行ったのか？

　　　　b. *Ali okula mı dahi gitti?
　　　　　　学校へ　か　さえ

(21) a. 　Ali okula falan mı gitti?
　　　　　　学校へ　なんか　か

　　　　アリは学校へなんか行ったのか？

　　　　b. *Ali okula mı falan gitti?
　　　　　　学校へ　か　なんか

(22) a. 　Ali okula da mı gitti?
　　　　　　学校へ　も　か

　　　　アリは学校へも行ったのか？

　　　　b. *Ali okula mı da gitti?
　　　　　　学校へ　か　も

(23) a. ?Ali okula ise mi gider?
　　　　　　学校へ　は　か　行く

　　　　アリは学校へは行くのか？

　　　　b. *Ali okula mı ise gider?
　　　　　　学校へ　か　は

　以上から，とりたて表現ととりたてる対象は，後置型の場合，前置型に較べて，より強く結びついていると言える。

　(16) から (23) の疑問文への答えにも，前置型と後置型の違いが現れる。まず前置型とりたて表現を含む疑問文 (16)，(17)，(18) の a. および b. への肯定的回答は，(24) a.，(25) a.，(26) a. のように，とりたて表現ととりたてる対象を使うだけでなく，(24) b.，(25) b.，(26) b. のように，とりたて表現だけを使っても作ることができる。

(24) a. Evet, sadece okula.
　　　　 はい　 だけ　 学校へ

　　　　 はい，学校へだけ。

　　b. Evet, sadece.
　　　　 はい　 だけ

　　　　 はい，そこへだけ。

(25) a. Evet, hep okula.
　　　　 はい　ばかり　学校へ

　　　　 はい，学校へばかり。

　　b. Evet, hep.
　　　　 はい　ばかり

　　　　 はい，そこへばかり。

(26) a. Evet, özellikle okula.
　　　　 はい　 特に　　 学校へ

　　　　 はい，特に学校へ。

　　b. Evet, özellikle.
　　　　 はい　 特に

　　　　 はい，特にそこへ。

　一方，後置型の場合，(19) から (23) の a. の例文への肯定的回答は，(27) から (31) の a. の例文のように，とりたてる対象ととりたて表現を，両方とも使って答えることはできるが，(27) から (31) の b. の例文のように，とりたて表現だけを使って答えることはできない。

(27) a. Evet, okula bile.
　　　　 はい　学校へ　さえ

　　　　 はい，学校へさえ。

　　b. *Evet, bile.
　　　　 はい　さえ

(28) a. Evet, okula dahi.
　　　　 はい　学校へ　さえ

　　　　 はい，学校へさえ。

　　　　b. *Evet, dahi.
　　　　　　はい　さえ

(29) a. Evet, okula falan.
　　　　　　はい　学校へ　なんか
　　　　　　はい，学校へなんか。

　　　　b. *Evet, falan.
　　　　　　はい　なんか

(30) a. Evet, okula da.
　　　　　　はい　学校へ　も
　　　　　　はい，学校へも。

　　　　b. *Evet, da.
　　　　　　はい　も

(31) a. Evet, okula ise.
　　　　　　はい　学校へ　は
　　　　　　はい，学校へは。

　　　　b. *Evet, ise.
　　　　　　はい　は

　以上から，前置型とりたて表現が，とりたてる対象と切り離すことができ，単独で使うこともできるのに対し，後置型のとりたて表現は，とりたてる対象と切り離すことはできず，単独で使うこともできないことがわかる。

3.2　疑問詞ととりたて表現の共存

　とりたてる対象が疑問詞である場合に，とりたて表現が使えるかどうかを見てみると，前置型は使えるが，後置型は使えないことがわかる。例文（32）から（34）までは前置型の例である。とりたてる対象が疑問詞であっても，何も問題はない。

(32)　Sadece kim geldi?
　　　　だけ　誰　来た
　　　　誰だけが来たの？

(33) Hep kim geldi?
　　　ばかり　誰

　　誰ばかりが来たの？

(34) Özellikle kim geldi?
　　　特に　　　誰

　　特に誰が来たの？

一方，(35)から(39)のように，後置型のとりたて表現は疑問詞と共存できない。

(35) *Kim bile geldi?
　　　誰　さえ　来た

(36) *Kim dahi geldi?
　　　誰　さえ

(37) *Kim falan geldi?
　　　誰　なんか

(38) *Kim de geldi?
　　　誰　も

(39) *Kim ise geldi?
　　　誰　は

以上まとめると，前置型とりたて表現と後置型とりたて表現のもうひとつの文法上の違いは，前置型は疑問詞と共存できるが，後置型は共存できない，という点である。

なお，(40)のような，疑問文の姿をしていても，質問ではなく，驚きを表すような文では，疑問詞は後置型とりたて表現と共存できる。

(40) Oo, kim de geldi!
　　　おお　誰　も　来た

　　おお，君もいたのか！／おお，あの人も来たぞ！，など

つまり，疑問詞と共存するかどうかという点は，文法的な制限として見るだけでなく，発言の意味が関係する，運用上の問題としても考える必要がある。

2.と3.で紹介した，それぞれのとりたて表現の特徴をまとめると，

表3のようになる。

表3　トルコ語のとりたて表現の特徴

	sadece/ yalnızca, hep, özellikle/ bilhassa	bile dahi	falan	de	ise
意味	限定	極端	反極端	類似	反類似
とりたてる対象との相対位置	前	後	後	後	後
語源	外来語 固有語 （派生語, 新造語）	固有語	外来語	固有語	固有語
とりたて表現における強勢の有無	あり	なし	なし	なし	なし
とりたてる対象との結びつき	弱い	強い	強い	強い	強い
疑問詞との共起	可	不可	不可	不可	不可

4. トルコ語のとりたての運用
4.1 専用のとりたて表現のない「反限定」を表す方法

表1と表2に示したように，トルコ語には単独で「反限定」を表すとりたて表現はない。しかし，重複という手段が「反限定」のとりたてのために使われることがある。

トルコ語には，同じ語をそのまま繰り返す完全な重複，繰り返す語の最初の子音だけをmに置き換えて繰り返す重複，最初の音節だけを繰り返す重複がある。「反限定」を表すのは，2番目のタイプの重複であ

る。(41)のように，繰り返す語が母音で始まるokula（学校へ）のような場合は，繰り返す語形は，最初にmを加えてmokulaとなる。

(41) Okula mokula git.
　　　学校へ　学校へ　行け
　　　学校にでも行きなさい。

　重複によるとりたては，とりたてる対象の点で，2.にあげたとりたて表現によるとりたてと異なる。重複によってとりたてられているのは，(42)の下線部で示した重複箇所からわかるように，çocuk（子供）だけで，aç çocuk için（空腹な子供のために）ではない。

(42) a. Ali aç　çocuk mocuk için çorba pişirdi.
　　　　アリ 空腹の 子供　 子供 　ため スープ 調理した
　　　　アリは空腹の子供とかのためにスープを作った。

　　b. *Ali aç　çocuk için maç çocuk için çorba pişirdi.
　　　　アリ 空腹の 子供 ため 空腹の 子供 ため スープ 調理した

　一方，2.で取り上げたとりたて表現は，「限定」のsadece（だけ）と「類似」のde（も）を例としてあげるならば，(43)や(44)において下線部で示されたとりたてる対象からわかるように，çocuk（子供）だけをとりたてることはできず，aç çocuk için（空腹な子供のために）の全体をとりたてることしかできない。

(43) a. Ali sadece aç　çocuk için çorba pişirdi.
　　　　アリ だけ　 空腹の 子供 ため スープ 調理した
　　　　アリは空腹の子供のためにだけスープを作った。

　　b. *Alı aç　sadece çocuk için çorba pişirdi.
　　　　アリ 空腹の だけ　 子供 ため スープ 調理した

(44) a. Ali aç　çocuk için de çorba pişirdi.
　　　　アリ 空腹の 子供 ため も スープ 調理した
　　　　アリは空腹の子供のためにもスープを作った。

　　b. *Ali aç　　 çocuk da için çorba pişirdi.
　　　　アリ 空腹の 子供 　も ため スープ 調理した

　以上のような違いはあるが，とりたて表現のない「反限定」のとりた

4.2 「反類似」の ise の使い方の制限

2. にあげたとりたて表現のなかには，とりたてる対象に制限のあるものがある。後置型のとりたて表現 ise（といえば）は，それ以外のとりたて表現とは異なり，(45) のように，とりたてる対象が目的語であると使うことができない。

(45) a. Ali ise çorba pişirdi.
アリ は スープ 調理した
アリはスープを作った。

b. *Ali çorba ise pişirdi.
アリ スープ は 調理した

ところで，トルコ語の目的語は，(45) a. の çorba（スープ）のように，名詞そのままの形で表される場合と，çorbayı（スープを）のように，çorba に -yı という接尾辞が付いた，名詞の対格形によって表される場合がある。(46) a. では，目的語は名詞そのままだが，(46) b. では，目的語は名詞対格形である。名詞そのままの目的語は，動詞の直前に置かれなければならないが，名詞対格形の目的語は，文中のどこにあってもいい。

(46) a. Ali çorba pişirdi.
アリ スープ 調理した
アリはスープを作った。

b. Ali çorbayı pişirdi.
アリ スープを 調理した
アリはスープを作った。

この 2 つの目的語は意味の点で異なる。(46) a. は，アリが作ったのがスープだということしか表していないが，(46) b. におけるスープは，聞き手にもわかる，ある特定のスープである。

指示対象が，(46) b. のように特定の対象か，(46) a. のように不特定の対象かで，目的語の形が変化することは，トルコ語などチュルク諸語

の言語以外にも，ペルシア語や現代ヘブライ語など多くの言語に見られる。その働きのすべてがとりたてではないが，トルコ語には，(47)のように，「反類似」のとりたてを表すと見なせる例がある。特定のお茶が好きだという意味ではなく，お茶はコーヒーなど同類の飲み物と対比されているからである。

　　(47)　Ali　çayı　seviyor.
　　　　　アリ　お茶を　好んでいる

　　　　アリはお茶は好きだ。

「反類似」のとりたて表現 ise (は) を，とりたてる対象が目的語の場合に使わないのは，(47) のように，「反類似」のとりたてを表すことのできる名詞対格形があるためではないかと考えられる。

4.3　「反極端」の falan の使い方の制限

　falan (なんか) にも制限がある。falan (なんか) は，1人称代名詞をとりたてることができない。2人称代名詞の場合は，1人称代名詞ほどでないものの，やはり容認度は低い。falan にこのような制限があるのは，(48) や (49) のように，それがもともと「某」とか「なになに」「だれだれ」などのように，指示対象がはっきりしないことを表す名詞や形容詞であることと関係があると思われる。

　　(48)　Ali　"Falan geldi" diyordu.
　　　　　アリ　某　来た　言っていた

　　　　アリは「だれだれが来た」とか言っていた。

　　(49)　Ali　"Falan yere　gideceğim" 　diyordu.
　　　　　アリ　某　ところに　私は行くつもりだ　言っていた

　　　　アリは「私はどこどこに行くつもりだ」とか言っていた。

1人称や2人称の代名詞は話し手や聞き手を表す。したがって，指示対象がはっきりしていないということは，あり得ない。とりたて表現 falan が1人称や2人称の代名詞をとりたてることができないのは，falan の本来の意味，つまり，指示対象がはっきりしない，ということと両立しないためではないかと考えられる。

4.4 「類似」の de の使い方の拡張

「類似」の de (も) は, (50) のように「極端」として解釈できる場合も多い。このとき,「極端」のとりたて表現 bile (さえ) や dahi (さえ) と, ほとんど意味は同じである。

(50) Ali'den aslan da korkar.
　　 アリから ライオン も 恐れる
　　 アリをライオンさえ恐れる。

「類似」の de (も) は, Göksel and Özsoy (2003) があげている (51) のように,「反類似」を表すこともある。日本語訳だけでは状況がわかりにくいが, B は, 自分以外にも「家にいる」ことを選択する人々がいることを念頭に置きながら,「家にいる」こと以外を選択する人々と自分を対比しつつ, 自分の「家にいる」という判断に言及している。

(51) (A と B の対話)
　　 A: Bugün galiba yağmur yağacak.
　　　　 今日 多分 雨 降るはずだ
　　　　 今日は多分雨が降るよ。
　　 B: Ben de evde otururum.
　　　　 私 も 家で 私が座る
　　　　 じゃあ, 私は家にいることにするよ。

「類似」のとりたて表現が,「極端」や「反類似」に拡張して使われるのは,「極端」も「反類似」も, ほかに該当するものがあることを含意していることと関係があると考えられる。(50) では, ライオン以外にもアリを恐れるものがいること, (51) では, すでに説明したように, 私以外にも, 雨の日に家にいる人々がいることが含意されている。なお, 本書の「とりたて表現の対照研究の方法」(野田尚史) の**表1**において,「極端」と「反類似」が, いずれも「類似」に隣接している点も興味深い。

5. まとめ

この論文では, トルコ語のとりたて表現について, (52) a. から (54) d. までの9点を述べた。(52) は 2., (53) は 3., (54) は 4. の内容である。

(52) a. トルコ語には，本書の「とりたて表現の対照研究の方法」（野田尚史）や Noda (2016) での日本語とりたて表現の意味の分類のうち，「限定」「極端」「反極端」「類似」「反類似」に該当する意味を表す，単独のとりたて表現がある。「反限定」に該当する単独のとりたて表現はない。
  b. トルコ語には，とりたてる対象の前に置かれる前置型のとりたて表現と，とりたてる対象の後ろに置かれる後置型のとりたて表現がある。「限定」のとりたて表現だけが前置型で，ほかは後置型である。
  c. トルコ語における前置型か後置型かの違いは，語源や音声特徴の違いと，ほぼ対応する。
(53) a. 前置型のとりたて表現に較べ，後置型のとりたて表現は，とりたてる対象との結びつきがより強く，独立性が低い。
  b. 前置型のとりたて表現は疑問詞と共存できるが，後置型のとりたて表現は疑問詞と共存できない。
(54) a. 日本語の「でも」や「なんか」のような「反限定」を表すとりたて表現のないトルコ語では，単語を繰り返す重複という方法によって「反限定」のとりたてを表すことがある。
  b. 「反類似」のトルコ語とりたて表現は，名詞そのままの形をした目的語をとりたてることができない。代わりに，名詞対格形が「反類似」のとりたてを表すことがある。
  c. 「反極端」のトルコ語とりたて表現は，とりたてる対象が1人称，2人称の場合は使えない。この制限は，「反極端」のとりたて表現が，指示対象が漠然としていることを表す名詞や形容詞に由来することによる。
  d. 「類似」のとりたて表現 de（も）は，文脈によっては「極端」や「反類似」の意味にまで拡張されて使われることがある。

トルコ語のとりたて表現の特徴の中で，前置型と後置型は，単に現れ

る位置が違うだけではなく，語源，音声，意味，文法の面での違いに対応していて，その違いが，おそらく非常に重要であることを紹介した。しかし一方で，そのような違いがなぜ生じるのかについては，十分に論じることができなかった。さらに，名詞を中核とした要素以外をとりたてる場合については，意味や用法についてまだ不明な点が多く，扱うことができなかった。今後の課題としたい。

［付記］本研究は JSPS 科研費 JP18H03578 の助成を受けたものです。

参照文献

Göksel, Aslı and Celia Kerslake (2005) *Turkish: A Comprehensive Grammar*. Routledge.

Göksel, Aslı and Sumru Özsoy (2003) dA: A focus/topic associated clitic in Turkish. *Lingua* 113, pp. 1143–1167.

Noda, Hisashi (2016) Toritate: Focusing/defocusing words, phrases, and clauses. In: Masayoshi Shibatani, Shigeru Miyagawa and Hisashi Noda (eds.) *Handbook of Japanese syntax*. De Gruyter Mouton.

ヘレロ語のとりたて表現

米田　信子

1. この論文の主張

　この論文では，ヘレロ語のとりたて表現について（1）から（3）のことを述べる。

　　（1）　ヘレロ語には，「限定」「極端」「類似」のとりたて表現はあるが，「反限定」「反極端」「反類似」を表すとりたて表現はない。

　　（2）　「限定」と「類似」のとりたて表現は，とりたてる対象の後ろに置くのが基本だが，「極端」のとりたて表現はとりたてる対象の前に置くのが基本である。ただし，「限定」のとりたて表現を単文のまま主語の直後に置くことはできない。主語をとりたてる場合には，分裂文にする必要がある。また「類似」のとりたて表現は，とりたてる対象の直後に置くのが一般的だが，とりたてる対象が文頭にある場合には，とりたて表現を文末に置くことも可能である。

　　（3）　ヘレロ語には「限定」を表すとりたて表現に「厳密な限定」と「ゆるやかな限定」という2つのレベルがある。

　2. では，ヘレロ語の「限定」「極端」「類似」を表すとりたて表現の形態と意味について説明する。3. では，それぞれのとりたて表現が現れる位置ととりたてる対象を示す。4. では，「限定」の2つのレベルについて語用論的な観点から検討する。5. では，ヘレロ語のとりたて表

現の特徴をまとめる。

2. ヘレロ語のとりたて表現の形態と意味

ヘレロ語は，アフリカ大陸の赤道以南に広く分布しているバントゥ諸語と呼ばれる言語群のひとつで，南部アフリカに位置するナミビアとボツワナで話されている。

本書の「とりたて表現の対照研究の方法」(野田尚史)に基づいてヘレロ語のとりたて表現をまとめると表1のようになる。

表1 ヘレロ語のとりたて表現の形態と意味

限定	porwé (だけ), úrirí (だけ), eríke (だけ)	反限定	――
極端	nandárire (さえ) ngandú (まで)	反極端	――
類似	nóho (も)	反類似	――

表1が示すように，ヘレロ語には「限定」「極端」「類似」を表すとりたて表現はあるが，「反限定」「反極端」「反類似」を表す形態はない。「限定」「極端」「類似」のとりたて表現は，意味的にはそれぞれ日本語の「だけ」「さえ，まで」「も」に相当し，英語の only，even，too などの副詞と同じような現れ方をする。

2.1 「限定」を表すとりたて表現

「限定」を表すとりたて表現には，porwé (だけ)，úrirí (だけ)，eríke (だけ) の3種類がある。(4)から(6)はそれぞれの例である。

(4) Ami mbiungura orítjatátú porwé.
　　私　　働く　　　水曜日　　　だけ
　　私は水曜日だけ働く。

(5) Ete mátúhaamá úrirí.
　　我々　座っている　だけ
　　私たちは(何もしないで)座っているだけだ。

(6) OMária eeríke ongúmérihóngo.
　　　マリアだ　だけ　　勉強しているの
　　勉強しているのはマリアだけだ。

　eríke は，辞書では「ひとりで〜する」という副詞として扱われているが，実際には（6）のようにとりたて表現として扱うべき例が多く見られる。

　また eríke は，とりたてる対象によって現れる形が異なる。eríke の現れ方を説明するために，まずヘレロ語の名詞について説明する。

　ヘレロ語の名詞は，語頭に付く接頭辞によって「名詞クラス」と呼ばれる 19 種類のグループに分かれている。各名詞はいずれかの名詞クラスに属しており，eríke はとりたてる名詞が属している名詞クラスに一致した接頭辞を伴って現れる。たとえば，（7）ではとりたてる名詞 embo（本）が 5 クラスに属する名詞なので，とりたて表現 eríke は 5 クラスに一致した接頭辞 arí- を伴って aríeríke という形で現れる。（8）ではとりたてる名詞 ovanátje（子どもたち）が 2 クラスに属するので，eríke は 2 クラスに一致した接頭辞 avé- を伴って avéeríke という形で現れる。

(7) e-mbo　porwé/úrirí/arí-eríke
　　 5-本　　だけ/だけ/5-だけ
　　本だけ

(8) ova-nátje　porwé/úrirí/avé-eríke
　　 2-子どもたち　だけ/だけ/2-だけ
　　子どもたちだけ

　とりたてる対象によって現れる形が異なるのは eríke（だけ）だけで，porwé（だけ）と úrirí（だけ）は，とりたてる対象に関係なく常に同じ形で現れる。

2.2 「極端」のとりたて表現

　「極端」のとりたて表現には nandárire（さえ）と ngandú（まで）の 2 種類がある。（9）と（10）はそれぞれの例である。

（ 9 ） Omévá nandárire hináyo.
　　　　　水　　　さえ　　　（私は）持っていない

　　　　私は水さえ持っていない。

（10）　Ówó várándísíré ovína avíhe, ngandú konyungu.
　　　　　彼ら　売った　　もの　すべて　まで　　鍋に

　　　　彼らは鍋まですべてのものを売った。

nandárire（さえ）と ngandú（まで）は，それぞれ日本語の「さえ」と「まで」に対応するとりたて表現である。茂木俊伸（2014: p. 596）は日本語の「さえ」と「まで」の違いについて，「さえ」に比べて「まで」のほうが「極端な例に至るまでの序列を明示しやすく，累加のニュアンスをより強く帯びる」と説明している。ヘレロ語の nandárire（さえ）と ngandú（まで）にも同様のニュアンスの違いが見られる。

ngandú（まで）は，本来は「朝まで」「駅まで」のような時間的・空間的な境界や限界を示すときに用いられる表現であるが，「極端」を表すとりたて表現としても用いられる。ngandú（まで）がとりたて表現として用いられる場合も，とりたてる対象は場所を表す接頭辞の ku- を伴って空間的境界のような現れ方をする。ku- は後続する名詞の冒頭の母音 o と融合して ko という音で現れるため，（10）では onyungu（鍋）が konyungu（鍋に），（11）b. では ovanátje（子どもたち）が kovanátje（子どもたちに）という形で現れている。

（11）a.　Nandárire ovanátje mávetjiwa ombuze ndjo.
　　　　　さえ　　　子どもたち　知っている　ニュース　その

　　　　　子どもたちさえそのニュースを知っている。

　　　b.　Ngandú kovanátje mávetjiwa ombuze ndjo.
　　　　　まで　　子どもたちに　知っている　ニュース　その

　　　　　子どもたちまでそのニュースを知っている。

2.3　「類似」を表すとりたて表現

「類似」を表すとりたて表現は nóho（も）である。（12）から（15）は nóho（も）を使った例である。

（12） Eye kendjízémburukire, ami nóho himúzémburukire.
　　　　彼　私に気づかなかった　　私　も　　彼に気づかなかった
　　　　彼は私に気づかず，私も彼に気づかなかった。

（13） Eye wárandá embó nóho.
　　　　彼　買った　本　も
　　　　彼は本も買った。

（14） Ami hiná omeva nóho.
　　　　私　持っていない　水　も
　　　　私は（他のものも）水も持っていない。

（15） Ówó vákóhére nóho.
　　　　彼ら　洗濯した　も
　　　　彼らは（他のことも）洗濯もした。

3. ヘレロ語のとりたて表現の位置

　ここでは，「限定」「極端」「類似」のそれぞれのとりたて表現が現れる位置，およびそれらの表現がとりたてる対象を見ていくことにする。

3.1 「限定」を表すとりたて表現の位置

　「限定」のとりたて表現は，とりたてる対象の後ろに置く。動詞をとりたてる場合には，（16）a. のように úrirí（だけ）もしくは porwé（だけ）を動詞の直後に置く。ただし，動詞のとりたてに常に自然に用いることができるのは úrirí（だけ）だけである。porwé（だけ）は，動詞や文脈によっては，（17）a. のようにかなり不自然な文になったり，（18）のように非文になってしまうことも少なくない。eríke（だけ）は動詞のとりたてに用いることはできない。eríke が常にとりたてる対象の名詞クラスに一致する接辞を伴って現れることからもわかるように，eríke のとりたて対象になるのは名詞だけである。（16）b. や（17）b. が示すように，動詞直後の eríke（だけ）は主語名詞の名詞クラスと一致した形で現れ，「ひとりで〜する」という意味になる。つまり，動詞の直後に eríke（だけ）を置くと，とりたて表現としての機能はなくなる。

(16) a.　Eye　mázíki　　　úrirí/porwé.
　　　　　彼女　料理している　だけ/だけ
　　　　　彼女は料理しているだけだ。

　　b.　Eye　mázíki　　　#eeríke.
　　　　　彼女　料理している　ひとりで
　　　　　彼女はひとりで料理している。

(17) a.　Ami　mbákapítiré　úrirí/??porwé.
　　　　　私　立ち寄った　　だけ/だけ
　　　　　私は立ち寄っただけだ。

　　b.　Ami　mbákapítiré　#eeríke.
　　　　　私　立ち寄った　　ひとりで
　　　　　私はひとりで立ち寄った。

(18) [「勉強しているの？」とたずねられて]
　　　Káko, mátúsérékáréré　　úrirí/*porwé.
　　　いいえ　(私たちは)しゃべっている　だけ/だけ
　　　いいえ，私たちはおしゃべりしているだけです。

次の (19) は目的語を伴う動詞句の例である。動詞句のなかの動詞だけをとりたてる場合は úrirí（だけ）を動詞句の直後に置く。porwé（だけ）をこの位置に置いても動詞句のなかの動詞だけをとりたてることはできない。「野菜を食べる」という動詞句全体をとりたてる場合は úrirí（だけ）もしくは porwé（だけ）を動詞句の直後に置く。eríke は，先に述べたとおり名詞以外の要素をとりたてることができないため，動詞だけをとりたてることも動詞句全体をとりたてることもできない。一方，動詞句のなかの目的語だけをとりたてる場合には，3 種類の「限定」のとりたて表現のいずれを用いることも可能である。目的語をとりたてる場合は，úrirí（だけ），porwé（だけ），eríke（だけ）を目的語の直後に置く。したがって，動詞句の直後に úrirí（だけ）や porwé（だけ）を置くと，(19) a. や (19) b. が示すように複数の解釈が可能になる。

(19) a.　Ami　mbiryá　ovíhápe　úrirí.
　　　　　私　食べる　野菜　　だけ

　　　　私は野菜を食べることだけする（他のことはしない）。
　　　　私は野菜を食べるだけだ（野菜の料理はしない）。
　　　　私は野菜だけ食べる（他のものは食べない）。
　　b.　Ami mbiryá ovíhápe porwé.
　　　　私　　食べる　　野菜　　　だけ
　　　　私は野菜を食べることだけする（他のことはしない）。
　　　　私は野菜だけ食べる（他のものは食べない）。
　　c.　Ami mbiryá ovíhápe avéeríke.
　　　　私　　食べる　　野菜　　　だけ
　　　　私は野菜だけ食べる（他のものは食べない）。

　時や場所を表す名詞をとりたてる場合も，(20)や(21)が示すようにとりたて表現をそれらの名詞の直後に置く。この場合，とりたてる対象になるのは時や場所を表す名詞だけである。

(20)　Ami mbiungura orítjatátú úrirí/porwé/aríeríke.
　　　私　　働く　　　　水曜日　　　だけ/だけ/だけ
　　　私は水曜日だけ働く。　　　　　　　　　　　　(=(4))

(21)　Ówó vái kópuwo úrirí/porwé/akúeríke.
　　　彼ら 行った オプウォに だけ/だけ/だけ
　　　彼らはオプウォにだけ行った。

　(16)から(21)で示してきた，動詞や動詞句の直後に「限定」のとりたて表現を置いた場合にとりたてる対象となり得るものをまとめたのが表2である。▭がとりたてる対象を表している。とりたてが可能な場合は○，??は非文ではないがかなり不自然，×は非文もしくはとりたて表現として機能しないことを示す。○／??は，動詞によって可能な場合とそうでない場合があることを示す。

表2 「限定」のとりたて表現のとりたてる対象

	úrirí	porwé	eríke
動詞 + (だけ)	○	○／??	×
動詞+目的語 + (だけ)	○	??	×
動詞+目的語 + (だけ)	○	○	×
動詞+目的語 + (だけ)	○	○	○
動詞+時・場所 + (だけ)	○	○	○

　ここまで見てきたように，「限定」のとりたて表現が現れる位置は，目的語や時・場所を表す名詞をとりたてる場合も，動詞や動詞句をとりたてる場合も，とりたてる対象の直後である。

　ところが主語をとりたてる場合には，単文のまま主語名詞の直後に「限定」のとりたて表現を置くことができない。(22) a. はとりたて表現がない文であるが，(22) b. のように主語の直後にとりたて表現を置くと非文になってしまう。主語をとりたてる場合は，(22) c. のように「〜したのは…だけだ」という分裂文にしなければならない。なお，ヘレロ語ではコピュラを声調で表すため，(22) c. では ozomítirí (先生たち) の最初の2音節の声調を高くして ózómítirí にすることで「〜は先生たちだ」というコピュラ文になっている。

(22) a.　Ozomítirí　zápundire.
　　　　先生たち　　踊った
　　　　先生たちが踊った。

　　 b.　*Ozomítirí úrirí/ porwé/ azéeríke zápundire.
　　　　先生たち　　だけ / だけ / だけ　　　　踊った
　　　　先生たちだけが踊った。

　　 c.　Ózómítirí úrirí/ porwé/ azéeríke ondápundire.
　　　　先生たちだ だけ / だけ /だけ　　　　踊ったの
　　　　踊ったのは先生たちだけだ。

　主語に関するこのような制約があるのは「限定」のとりたて表現だけ

で，「類似」や「極端」のとりたて表現にはこのような制限はない．

3.2 「極端」を表すとりたて表現の位置

　ヘレロ語では，とりたて表現も含めて，修飾語は被修飾要素の直後に置くのが基本である．ところが「極端」を表すとりたて表現は例外で，とりたてる対象の前に置くほうが基本である．

　(23)が示すように，「極端」を表すとりたて表現のngandú（まで）は常にとりたてる対象の前に置く．後ろに置くことはできない．これは，ngandú（まで）が本来は時間的・空間的な境界や限界を表す前置詞であることに由来する．

(23) a.　<u>Ngandú</u>　koméva　hináyo.
　　　　　まで　　　水に　　（私は）持っていない

　　b.　*Koméva　<u>ngandú</u>　hináyo.
　　　　　水に　　まで　　　（私は）持っていない

　　　　私は水までも持っていない．

　(24)は，もうひとつのとりたて表現nandárire（さえ）の例である．nandárire（さえ）の場合は，とりたてる対象の前にも後ろにも置くことができるが，(24) a. のようにとりたてる対象の前に置くほうがより一般的である．

(24) a.　<u>Nandárire</u>　oméva　hináyo.
　　　　　さえ　　　　水　　（私は）持っていない

　　b.　Oméva　<u>nandárire</u>　hináyo.　　　　　　　(=(9))
　　　　　水　　　さえ　　　（私は）持っていない

　　　　私は水さえ持っていない．

3.3 「類似」を表すとりたて表現の位置

　「類似」のとりたて表現であるnóho（も）は，基本的にとりたてる対象の直後に置く．(25) a. は主語名詞，(25) b. は場所を表す名詞，(25) c. は時を表す名詞をとりたてている例である．いずれの場合も，とりたてる名詞の直後にnóho（も）を置いている．

(25) a. Ówó nóho véeré mba eréro.
　　　　彼ら　も　　来た　ここ　昨日
　　　彼らも昨日ここに来た。

b. Ówó véeré mba nóho eréro.
　　彼ら　来た　ここ　も　　昨日
　彼らは昨日ここにも来た。

c. Ówó véeré mba eréro nóho.
　　彼ら　来た　ここ　昨日　も
　彼らは昨日もここに来た。

動詞をとりたてる場合も，(26)のように動詞の直後にnóho(も)を置く。

(26) Twákóhére nóho.
　　　(我々は)洗濯した　も
　　我々は洗濯もした。

目的語を伴う動詞句をとりたてる場合は，(27)のように動詞句の直後，すなわち目的語の後ろにnóho(も)を置く。また，動詞句のなかの目的語だけをとりたてる場合も，目的語の直後にnóho(も)を置く。したがって，動詞句全体をとりたてる場合と目的語だけをとりたてる場合は同じ現れ方をする。

(27) Ami mbárandá ozónyangá nóho.
　　　私　　買った　　たまねぎ　　も
　　私はたまねぎも買った。
　　私はたまねぎを買うこともした。

(28)は二重目的語の例である。主語のmama(母)をとりたてる場合にはmama(母)の直後，目的語のMaría(マリア)をとりたてる場合にはMaría(マリア)の直後，もうひとつの目的語であるoruhéré(粥)をとりたてる場合にはoruhéré(粥)の直後にnóho(も)を置く。「マリアのために粥を作る」という動詞句全体をとりたてる場合には，動詞句の直後にnóho(も)を置く。したがって(28) c. は，(27)の場合と同じく，目的語のoruhéré(粥)だけをとりたてる解釈と動詞句全体をとりたてる解釈の

両方が可能になる。

(28) a. Mama nóho wázikíré María oruhéré.
母　　も　　〜ために料理する　マリア　粥
母もマリアのために粥を作った。

b. Mama wázikíré María nóho oruhéré.
母　〜ために料理する　マリア　も　粥
母はマリアのためにも粥を作った。

c. Mama wázikíré María oruhéré nóho.
母　〜ために料理する　マリア　粥　も
母はマリアのために粥も作った。
母はマリアのために粥を作ることもした。

(25)から(28)が示すように,「類似」を表すとりたて表現 nóho (も) は,とりたてる対象の直後に置くのが基本である。しかしながら,とりたてる対象が文頭にある場合には,とりたて表現を文末に置くこともできる。(29)と(30)は文頭にある主語名詞をとりたてる例文である。(29) a. や(30) a. のように主語名詞の直後に nóho (も) を置くこともちろん可能であるが,それだけでなく,(29) b. や(30) b. のように nóho (も) を文末に置くことも可能である。

(29) a. Ówó nóho váúngurire.
彼ら　も　働いた
彼らも働いた。

b. Ówó váúngurire nóho.
彼ら　働いた　も
彼らも働いた。
彼らは働きもした。

(30) a. María nóho wárandá ozónyangá.
マリア　も　買った　たまねぎ
マリアもたまねぎを買った。

b. María wárandá ozónyangá nóho.
マリア　買った　たまねぎ　も

マリアもたまねぎを買った。
マリアはたまねぎも買った。
マリアはたまねぎを買うこともした。

　文頭は主語の位置である。したがって，文末に置いたとりたて表現でとりたてることができる文頭の対象というのは，基本的には主語ということになるが，(31)のように時を表す名詞が文頭にある場合にも，主語の場合と同じくnóho（も）を文末に置いてとりたてることが可能である。

(31) a.　Eréró　nóho　twákóhére.
　　　　昨日　　も　　（我々は）洗濯した
　　　　昨日も我々は洗濯した。

　　 b.　Eréró　twákóhére　nóho.
　　　　昨日　（我々は）洗濯した　も
　　　　昨日も我々は洗濯した。
　　　　昨日我々は洗濯もした。

　ただし，(28)のような二重目的語構文の場合には，文末に置いたnóho（も）で文頭の主語をとりたてることはできない。なお，(29)b.から(31)b.のnóho（も）は，もちろん基本どおり直前にある要素をとりたてることも可能である。したがって，文末にnóho（も）を置いた場合には，とりたてる対象に複数の解釈が可能になる。

4. ヘレロ語の「限定」のとりたて表現に見られる語用論的機能

　3.で示したように，とりたて表現が置かれる位置は，とりたて表現の種類によってもとりたてる対象によっても異なっている。加えて，3種類のとりたて表現がある「限定」のとりたては，それぞれの表現の意味や用いられ方に違いが見られる。ここでは「限定」のとりたて表現の語用論的な違いを見ていくことにする。

4.1 「ゆるやかな限定」と「厳密な限定」2つのレベル

　3種類の「限定」のとりたて表現 úrirí（だけ），porwé（だけ），eríke（だ

け）のうち，eríke はとりたてる対象が名詞に限られるという点で，他の2つのとりたて表現とは明確な違いがある。一方，porwé（だけ）と úrirí（だけ）との違いはあまり明確ではない。表 2 に現れている úrirí（だけ）と porwé（だけ）の違いは，動詞をとりたてる場合の容認度に差が見られる程度である。

　しかしながら，実はこれら 2 つのとりたて表現には微妙な意味の違いがある。(32) の例文で，porwé を使って embo（本）をとりたてた場合には，私がマリアにあげたのは厳密に「本」だけで，それ以外のものは何もあげていないということになる。一方，úrirí（だけ）を使ってとりたてた場合には，もちろん「本」だけをあげた可能性もあるが，「本」以外のものをすべて排除しているわけではなく，話者にとって「本のようなもの」と括られるものは排除されていない。つまり，ここでの限定の対象は，「本あるいはそれに準ずるもの」というゆるやかなものである。したがって日本語訳としては，「本だけ」というよりもむしろ「本などだけ」というほうが正確である。

(32) 　Ami　mbáyandjá　María　embo　úrirí/ porwé.
　　　　私　　あげた　　　マリア　本　　だけ / だけ
　　　私はマリアに本だけをあげた。

(33) にも同様の違いがある。(33) では，porwé（だけ）を使ってとりたてた場合には，聞き手は「オプウォ（地名）以外には行っていない」と受け取るだろうが，úrirí（だけ）を使ってとりたてた場合には，聞き手は行き先が厳密にオプウォに限られているわけではないと受け取る。たとえばオプウォの周辺にある村に立ち寄っている可能性もある。行き先は「オプウォあたり」でも構わないのである。

(33) 　Ówó　vái　kópuwo　úrirí/ porwé.
　　　　彼ら　行った　オプウォに　だけ / だけ
　　　彼らはオプウォにだけ行った。　　　　　　　　　(＝(21))

このように，porwé（だけ）を用いたとりたてが「厳密な限定」であるのに対し，úrirí（だけ）を用いたとりたては「ゆるやかな限定」であると言える。

「ゆるやかな限定」というと「ぼかし」のイメージがあり，この2つのレベルは一見「限定」と「反限定」に相当する対立のようにも見える。しかしながら，úrirí（だけ）は，ゆるやかではあるが，あくまでも「限定」を表している。つまりporwé（だけ）とúrirí（だけ）は，「限定」の厳密さに違いがあるだけで，「限定」と「反限定」のような対立ではない。この点で，ヘレロ語のúrirí（だけ）による「ゆるやかな限定」は，日本語の「反限定」とは異なる範疇のとりたて表現として扱われるべきものである。

4.2 「ゆるやかな限定」から派生する軽視化の機能

3.1で挙げた動詞のとりたての例を「厳密な限定」と「ゆるやかな限定」という視点からもう一度見てみる。(34)の例で，úrirí（だけ）を用いたとりたてには，彼女が料理をすることに専念している場合だけでなく，それ以外のことを少ししているような場合も含まれる。料理することがメインにさえなっていれば，それはúrirí（だけ）の「ゆるやかな限定」の範囲である。一方，porwé（だけ）が用いられるのは，彼女が料理に専念している場合のみである。このように，動詞をとりたてる場合にも，用いるとりたて表現によって「限定」の厳密さに違いが出てくる。

(34)　Eye　mázíki　　úrirí/porwé.
　　　彼女　料理している　だけ / だけ
　　　彼女は料理しているだけだ。　　　　　　　　　(=(16) a.)

次の (35) と (36) も，(34) と同じくúrirí（だけ）とporwé（だけ）を用いて動詞をとりたてている例である。(34) ではどちらのとりたて表現も用いることができたのに対し，(35) と (36) の場合はporwé（だけ）が不自然になる。ここで，なぜ(35)や(36)ではporwé（だけ）を用いた「厳密な限定」が不自然なのか，その理由を考えてみる。

(35)　Ami　mbákapítiré　úrirí/??porwé.
　　　私　　立ち寄った　　だけ / だけ
　　　私は立ち寄っただけだ。　　　　　　　　　　(=(17) a.)

(36)　[「勉強しているの？」とたずねられて]

Káko, mátúsérékáréré　　úrirí/ *porwé.
いいえ　（私たちは）しゃべっている　だけ／だけ

　　　　いいえ，私たちはおしゃべりしているだけです。（＝ (18)）

　既述のとおり，úrirí（だけ）を用いた「ゆるやかな限定」は，たとえば「本」の場合であれば，限定されるのは「本」ではなく「本など」あるいは「本のようなもの」であるが，同時に，多くの場合そこには「本程度のもの」という評価や程度を表す意味合いが含まれる。つまり「ゆるやかな限定」からは，「その程度のこと」という評価や事態を軽視する解釈が出てくる。(35)や(36)でporwé（だけ）を用いたとりたてが不自然だったり非文になったりするのは，これらの動詞が表す「立ち寄る」や「おしゃべりする」といった行為が，それ以外の行為を厳密に排除するのが難しい行為であると同時に，それらが「その程度のことにすぎない行為」という評価や軽視に解釈されやすいことが理由であると考えられる。

4.3　úrirí（だけ）の「限定」以外の用法

　3.1で述べたように「限定」のとりたて表現は単文のままでは主語の直後に置くことができないが，úrirí（だけ）には(37)のような例外がある。(37)は，たとえば，学生たちが騒いでいる教室を見たある人が「誰も勉強していないではないか！」と言ったのに対して，「いや，マリアだけは勉強しているよ」と応答しているような場合である。これは「マリアだけは」という対比，あるいは意見の訂正である。さらに「少なくともマリアだけは」という意味合いも含まれているが，いずれにしても(37)のúrirí（だけ）は，「限定」のとりたて表現として機能しているわけではない。

　　(37)　Káko, María úrirí meríhóngo.
　　　　　いいえ　マリア　だけ　勉強している

　　　　いいえ，マリアだけは勉強しています。

　分裂文にすることなくúrirí（だけ）を主語の直後に置くことができるのは，このような場合だけである。また，このような場合であっても，

porwé（だけ）や eríke（だけ）は単文の主語の直後に置くことはできない。このような用い方ができるのは úrirí（だけ）だけである。

5. まとめ

ヘレロ語のとりたて表現についてこの論文で見てきたことは (38) から (40) のようにまとめられる。

　　(38)　ヘレロ語には，「限定」「極端」「類似」のとりたて表現があるが，日本語の「反限定」「反極端」「反類似」に対応するようなとりたて表現はない。

　　(39)　「限定」と「類似」のとりたて表現は，とりたてる対象の後ろに置く。ただし単文では主語の直後に「限定」のとりたて表現を置くことはできない。主語をとりたてる場合には，分裂文にする必要がある。「限定」のとりたて表現には，porwé（だけ），úrirí（だけ），eríke（だけ）の 3 種類があるが，これらを動詞句の後ろに置いた場合，とりたて表現によってとりたてる対象が異なっている。「類似」のとりたて表現は，とりたてる対象の直後に置くのが基本だが，文頭にある名詞をとりたてる場合にはとりたて表現を文末に置くこともできる。「限定」や「類似」のとりたて表現とは異なり，「極端」を表すとりたて表現は，とりたてる対象の前に置くのが基本である。

　　(40)　ヘレロ語には，「厳密な限定」と「ゆるやかな限定」という 2 つのレベルの「限定」のとりたて表現がある。「ゆるやかな限定」からは「評価」や「事態の軽視」などの解釈が派生する。

　さて，3. で見たように úrirí（だけ）は，動詞句全体をとりたてることも，目的語だけをとりたてることも，さらに動詞だけをとりたてることもできる。また 4. で見たように úrirí（だけ）は，他のとりたて表現に比べて，語用論的にも多様な意味で用いられている。とりたて表現が豊富な日本語に比べると，ひとつの形態が担う機能としてはかなりバランスが悪いように見える。しかしながら，特定のとりたて表現，特に「限

定」に属しているとりたて表現が，それ以外の広い範囲のとりたて表現に用いられることは，英語の just やインドネシア語の saja など，通言語学的に見ても決して特異なことではない。これらについては，本書の「英語のとりたて表現」（大澤舞）や「インドネシア語のとりたて表現」（原真由子）に詳しく述べられている。

参照文献

茂木俊伸（2014）「マデ」，日本語文法学会（編）『日本語文法事典』pp. 595–596，大修館書店.

第 5 部

ヨーロッパの言語のとりたて表現

英語のとりたて表現

大澤　舞

1. この論文の主張

　この論文では，日本語と英語のとりたて表現を比較し，その類似点や相違点について，(1)から(4)のことを述べる。

(1) 英語では，「焦点化副詞語句」に分類される副詞がとりたて表現である。「限定」「極端」「類似」のとりたて表現として機能する副詞はあるが，「反限定」と「反類似」のとりたて表現として機能する副詞はない。また，「反極端」のとりたて表現として機能する副詞は at least の1つである。

(2) 英語では，「限定」のとりたて表現として機能する副詞の種類は多いが，そのほとんどは形容詞派生の副詞であり，専用の形態を持つものは，alone, just, only の3語だけである。

(3) 英語では，とりたて表現を，とりたてる対象の前にのみ置かれるもの，とりたてる対象の前と後に置くことができるもの，とりたてる対象の後にのみ置かれるものに分類することができる。

(4) 英語では，日本語では言語化されるとりたて表現が，文内に表されない場合がある。特に，「反限定」や，「少なさ」の「限定」を表す「だけ」に対応する表現は，あえて言語化することはない。また，英語では，「限定」のとりたて表現のjust が「聞き手の負担軽減」という語用論的効果を表すとき

には，談話標識として機能し，とりたて表現としての機能をほぼ有していない。

2.から5.では，(1)から(4)について順に述べていく。6.はまとめである。

2. 英語のとりたて表現の形態

英語において，日本語のとりたて表現に対応すると考えられるのが，いわゆる「焦点化副詞語句」である。焦点化副詞語句は，制限的な意味を持つものと，付加的な意味を持つものに分類される。Quirk et al. (1985) などの先行研究は，制限的な意味を表す語句は，述べられていることが，焦点が当てられている所与の構成素にのみ該当していることを表すと説明している。また，付加的な意味を表す語句は，述べられていることが，焦点が当てられている所与の構成素にも該当することを表す働きをすると説明している。

たとえば，Quirk et al. (1985: p. 604) は，制限的な副詞の1つである simply を用いた例として，(5) を挙げている。(5) では，simply によって，「犬の散歩をしているだけであり，それ以外のことはしていない」ということが表される。ここでは，simply が日本語のとりたて表現「だけ」に対応している。

(5) I was simply taking my dog for a walk.

同様に，付加的な副詞の例として (6) を挙げている。副詞句の as well が用いられ，「主語が他の何かに加えてビールも買った」ということが表されている。

(6) We bought some beer as well.

これまでの先行研究で分析されてきた英語の焦点化副詞語句を，本書の「とりたて表現の対照研究の方法」（野田尚史）における日本語のとりたて表現の体系に基づいてまとめると，表1のような対応関係になる。

表1　英語のとりたて表現の形態

限定	alone, just, merely, only, purely, simply （だけ，しか） especially, exactly, in particular, specifically （こそ）	反限定	――
極端	even （まで，さえ）	反極端	at least （くらい）
類似	also, as well, equally, likewise, similarly, too （も）	反類似	［語順や語調で表す］

　「限定」を表すとりたて表現や「類似」を表すとりたて表現は，**表1から分かるように，英語にも数多くある**。「極端」を表すとりたて表現としては，even（まで，さえ）が挙げられる。（7）では，even が appeared on a television show をとりたて，主語が有名になることに加えて，テレビ番組に出演するまでになったことが意外だということが述べられている。

（7）　He became quite successful and <u>even</u> appeared on a television show once.　　　　　　(*Longman English Dictionary Online*)

　英語には，「反限定」のとりたて表現として機能する副詞はない。「ぼかし」や「やわらげ」をあえて表すためには，「～か何か」という意味を表す or something (like that) などの表現を用いることもできるが，英語において「反限定」の意味が言語化されることはほとんどない。

　「反極端」のとりたて表現は，日本語では，低評価や最低限，譲歩の意味を表すものとして「なんて」「くらい」「こそ」があるが，英語には，これら全ての意味に対応する副詞はない。唯一，最低限を表す「くらい」に対応するものとして at least が挙げられる。英語の at least は「少なくとも～」という意味を持ち，とりたてる対象がある基準において最低限であることを表す。（8）は，「人生で一度はすべき10のこと」

という意味を表す文である。この文では，at least が once をとりたてることで，「{少なくとも／最低でも}一度は」ということが表されている。

（8） 10 things to do <u>at least</u> once in your life.

英語には，「反類似」を表すとりたて表現としての固有の形態はない。日本語は対比されるものを「は」でとりたてるが，英語では同類であるものの対比関係は，接続詞を用いるのみで表される。（9）では，coffee と tea という同類の2つの要素が but で並列され，「飲むこと」と「飲まないこと」の対比が表されている。

（9） He drinks tea, <u>but</u> not coffee.

3. 英語のとりたて表現の意味

英語の「限定」のとりたて表現に分類される副詞は多様である。それらは，just や only などの単一形態素からなる副詞と，merely や simply などの形容詞から派生した副詞に分けることができ，「限定」のとりたて表現の多くは，形容詞派生の副詞である。詳細に観察すると，just や only と，形容詞派生の副詞では振る舞いが異なり，形容詞派生の副詞の分布が限られていることが分かる。また，just と only の間には，ほとんどの場合において意味的な差がないことが分かる。

3.1 「限定」のとりたて表現の交替可能性

especially, exactly, merely, purely, simply, specifically などといった形容詞派生の副詞は，「限定」の概念を共通して持ってはいるが，同時にそれぞれの語の意味も保持している。そのため，各副詞の意味が文脈に適さない場合もある。つまり，「限定」の概念を有し，日本語の「だけ」「しか」に対応するからといって，全ての「限定」のとりたて表現が交替可能であるというわけではない。

たとえば，merely も simply も「単に～だけ」「～でしかない」という意味を表す。しかし，「行動を伴わない熱意など夢でしかない」という日本語に対応する（10）では，a dream をとりたてるために merely を用いると文は容認されるが，simply では容認されない。

(10) a. Passion without acion is <u>merely</u> a dream.

(ジーニアス英和辞典　第 5 版)

　　b. *Passion without action is <u>simply</u> a dream.

　これは，merely も simply も，とりたて表現としては「限定」を表すが，形容詞の mere と simple では意味が異なるためである。mere はあるものや人の重要性や評価が低く，所与の低い基準に過ぎないという意味での「単なる〜」である。一方，simple は単一性や単純性という意味での「単なる〜」である。両者ともに「単なる〜」という日本語に訳されるとはいえ，それぞれが担う意味は同じではない。

　英語において，形容詞から派生した副詞が「限定」のとりたて表現として働く場合には，日本語の「だけ」「しか」に対応するからといって，どの副詞を用いてもいいというわけではない。各文脈に適した意味を持つ副詞がとりたて表現として選択されるのである。

　しかし，just と only は形容詞派生の副詞とは異なった振る舞いを見せる。just と only は多くの場合，文脈に関係なく日本語の「だけ」「しか」に対応し，「限定」のとりたて表現として機能する形容詞派生の副詞と交替可能である。(11) と (12) では，日本語の「だけ」「しか」に対応する「限定」のとりたて表現である形容詞派生の副詞が，それぞれ just と only に書き換えられている。このとき，(11) a. は (11) b.c. と同じ意味を表す。同様に，(12) a. は (12) b. と同じ意味を表す。

(11) a. We judge them <u>purely</u> on the final examination.

　　b. We judge them <u>just</u> on the final examination.

　　c. We judge them on the final examination <u>only</u>.

(12) a. Passion without action is merely a dream.　　(= (10) a.)

　　b. Passion without action is {just/<u>only</u>} a dream.

　ここから，英語の just と only は，文脈の制限から比較的自由なとりたて表現であると言え，「限定」の意味を表すほとんどの場合で用いることができる。それゆえ，just と only は，日本語の「限定」のとりたて表現に対応する英語のとりたて表現の中でも，とりたて表現として専用の形態を持つ汎用性の高いものであると言える。

3.2 「限定」の「だけ」「しか」と just, only

日本語の「だけ」「しか」は「限定」を表す。英語の just と only も「限定」を表す。どちらも同じ「限定」のとりたて表現に属するペアであることから、「だけ」「しか」と just, only を並行的に捉えられると考えられるかもしれない。しかし、「だけ」と「しか」に見られる相違点は、just と only の間には見られないことが分かる。

「だけ」と「しか」はいつでも交替できるわけではない。(13) では、「だけ」ではなく「しか」が用いられるべきであり、一方 (14) のような文では「しか」ではなく「だけ」が用いられるべきであることが指摘されている。

(13) a. ?太郎だけが来たので、ゲームをするには人数が足りなかった。　　　　　　　　　　　　　　　　（沼田善子 (2009: p. 217)）
　　 b. 太郎しか来なかったので、ゲームをするには人数が足りなかった。　　　　　　　　　　　　　　（沼田善子 (2009: p. 217)）

(14) a. カードの度数が一回分だけ残っていたから、電話がかけられた。　　　　　　　　　　　　　　　　（沼田善子 (2009: p. 217)）
　　 b *カードの度数が一回分しか残っていなかったから、電話がかけられた。　　　　　　　　　　　　（沼田善子 (2009: p. 217)）

しかし、just と only は、主節が否定であっても肯定であっても、どちらか一方だけが容認されるということはなく、この点に関しては全く同じ振る舞いを見せる。(15) と (16) では、どちらにおいても、just と only の両方が容認される。

(15) Since {just/only} John came, we didn't have enough players for poker.

(16) Since the package weights {just/only} one pound, I could send it airmail.

ただし、just と only が、「だけ」「しか」の両方に対応し、全ての文脈でどちらの意味も表せるというわけではない。日本語において「少なさ」の「限定」に関しては、(14) で表されるように、「だけ」と「しか」で使い分けられる。「少ないがとにかくある」ことに意味があるこ

とを表すときには「だけ」が用いられ,「しか」は適さない。英語のjustとonlyは,この「だけ」の使い方はできない。そもそも英語では,「少ないがとにかくある」ことに意味があるということを,とりたて表現を用いて表すことはない。

日本語では (17) のように,「だけ」と「しか」の使い分けでそれぞれの意味を表せる。しかし,肯定文であるがために,一見 (17) a. の英訳に思われる (18) は,実のところは,(17) b. の意味を表している。

(17) a.　牛乳が少しだけ残っている。
　　 b.　牛乳が少ししか残っていない。

(18)　There is {just/only} a little milk left.

このことは,(19) a. と (19) b. の比較から分かる。つまり,(19) a. のように主節が,「今日買う必要はない」ことを表すときには,従属節の意味と矛盾するために,文が容認されない。一方,(19) b. のように「今日買わなければいけない」ことを表すときには,文が容認される。

(19) a.　*Since there is {just/only} a little milk left, I don't need to buy a carton today.
　　 b.　Since there is {just/only} a little milk left, I should buy a carton today.

「少なさ」の「限定」については,justとonlyは共に「しか」に対応している。ここにおいても,justとonlyは同じ振る舞いをし,両者に意味的な違いは見られない。

4. 英語のとりたて表現の位置

英語のとりたて表現は,alone, too, as well 以外は,基本的にはどの表現もとりたてる対象の前に生じることができる。しかし,とりたて表現の文内の位置ととりたてる対象の関係については,各語句で異なった振る舞いを見せる。

4.1 とりたてる対象の前に置かれる副詞

「限定」の just, merely, purely, simply が置かれる場所は,とりた

てる対象の直前が好まれる．これらの副詞は，動詞句全体をとりたてる場合には，(20)のように，普通は助動詞の後に置かれる．しかし，(21)において，前置詞句である for that answer をとりたてるためには，(21) a. の助動詞 can の後では容認されず，(21) b. のように前置詞句の直前に置かれるのが自然である．

(20) I had {just/merely/simply} typed a letter to a friend on his typewriter. (Quirk et al. (1985: p. 607))

(21) a ＊You can {just/merely/purely/simply} get a B grade for that answer. (Quirk et al. (1985: p. 607))

b. You can get a B grade {just/merely/purely/simply} for that answer. (Quirk et al. (1985: p. 607))

「類似」の also は，とりたて対象の前に置かれるが，直前とは限らない．also の後に続く要素であれば，どれもとりたて対象となる．(22) では，also が see をとりたてると，たとえば「聞くことに加えて見ることができた」ということを表し，his wife をとりたてる場合には，「自分の兄と妻が見えた」などの意味になる．from the doorway をとりたてると，「部屋の中からも見えたし，入口からも見えた」などの意味を表す．

(22) John could also see his wife from the doorway.
(Quirk et al. (1985: p. 605))

also が後続するどの要素をとりたて対象としているのか，その曖昧性を排除するためには，とりたてる対象を明示的にする文脈や，とりたてる対象を強く読むなど語調の区別が必要になる．

ただし，also は主語の前に生じることはできない．主語をとりたてる場合に限り，also は後に置かれる．

(23) a. ＊Also John tried one of the pills.
b. John also tried one of the pills. (Declerck (1994: p. 309))

4.2 とりたてる対象の前と後に置かれる副詞

「限定」のとりたて表現の only は，基本的には他のとりたて表現と同

様に，とりたてる対象の前に生じる。ただし，必ずしもとりたてる対象の直前に置かれるとは限らない。(24) において，only がとりたてる対象とするのは，後続する3つの要素のうちのどれかである。see をとりたてる場合には，「見ること以外のことができなかった」ことが表される。his wife をとりたてると，「妻以外の人を見られなかった」ことが，from the doorway をとりたてた場合には，「入口以外の場所からは見られなかった」ことが表される。

(24) John could only see his wife from the doorway.

(Quirk et al. (1985: p. 605))

さらに only は，(25) のように文末に置かれて，直前の要素をとりたてる対象とすることもできる。ただし，Huddleston and Pullum (2002) などでは，only を文末に置くのはそうでないスタイルと比べると，少しだけ文語体的な印象を与えると説明されている。

(25) I'm giving these to special friends only.

また，主語の後に置かれる場合に関しては，先行研究によって説明が異なっている。Huddleston and Pullum (2002: p. 590) は，(26) の例に関して，only は直前の Kim ではなく，後続する went to the movies をとりたてていると解釈されるのが自然であると述べている。

(26) Kim only went to the movies.

しかし，Declerck (1994: p. 309) は，only が置かれる位置は，とりたてる対象の前でも後でもよく，(27) a. と (27) b. が同義であるとしている。

(27) a. Only two people know the answer.
　　 b. Two people only know the answer.

4.3　とりたてる対象の後に置かれる副詞

これまで見てきたとりたて表現とは異なり，alone, too, as well はとりたてる対象の後に生じるのが常である。「限定」の alone は only と実質的に同義ではあるが，(28) のように，alone はとりたてる対象の前に出られない一方，only は出られるという違いがある。

(28) {*Alone/Only} ten workers reported sick yesterday.

(Quirk et al. (1985: p. 608))

　また，alone がとりたてるのは，名詞要素のみであり，この点でも only とは振る舞いが異なる。(29) では，alone も only も the president をとりたてている。しかし，(30) のように副詞の reluctantly を，また，(31) のように動詞の improve をとりたてる場合には，alone は容認されず，only は問題なく用いられる。

(29) a.　Only the president has the key.
　　 b.　The president alone has the key.

(Huddleston and Pullum (2002: p. 591))

(30) a.　Only reluctantly did he relent.
　　 b.　*Reluctantly alone did he relent.

(Huddleston and Pullum (2002: p. 591))

(31) a.　Things can only improve.
　　 b.　*Things can improve alone.

(Huddleston and Pullum (2002: p. 591))

「類似」のとりたて表現である too と as well は，とりたてる対象の後，特に動詞の後に置かれることがほとんどである。(32) において，too も as well も同じ位置に生じ，どちらも文全体をとりたてている。

(32)　Sue bought a CD {too/as well}.

too は，(33) のように，文中の名詞の後に置かれ，直前の要素をとりたてることができる。しかし，as well にはこの用法はない。

(33)　I {too/*as well} think the proposal has merit.

　日本語のとりたて助詞は，基本的にはとりたてる対象の後に生じる。しかし，英語のとりたて表現は，表現ごとに生じる位置が異なり，全てを統一的に捉えることは難しい。江川泰一郎 (1991) などの文法書でも指摘されているように，英語では，文中における副詞の位置は比較的自由であり，一定の基準がないことが理由の1つであると考えられる。

4.4 1文内に生じる複数のとりたて表現

　日本語では，2つのとりたて助詞が結合する場合がある。(34) のように，同じ「限定」の意味である「だけ」と「しか」が結合するときには，どちらか片方を使った場合とそれほど意味が変わらない。

　　(34)　今まで私は歴史のうわべだけしか見ていなかったように思われる。　　　　　　　　　　（日本語記述文法研究会（編）(2009: p. 14)）

　(35) のように，「反極端」の「くらい」と「限定」の「しか」が結合している「くらいしか」の場合では，「くらい」の意味と「しか」の意味の両方が表されている。

　　(35)　冷蔵庫の中にはバターと牛乳くらいしか入っていない。
　　　　　　　　　　　　　　　　（日本語記述文法研究会（編）(2009: p. 14)）

　英語では，とりたて表現同士が結合することはない。しかし，1つの節内に複数のとりたて表現が共起する場合があり，これは，「限定」のとりたて表現の一部のみに観察される。たとえば，(36) では，only が2つ生じている。このとき，文頭の only は Kim をとりたて，後の only は one job をとりたてている。日本語でも，「Kim だけが1つの仕事しかしていない」のように，異なる要素をそれぞれがとりたてる対象とすることができる。

　　(36)　Only Kim has only one job.
　　　　　　　　　　　　　　　　　(Huddleston and Pullum (2002: p. 592))

　また，(37) では，just と exactly が生じている。両者とも同じ意味を表しており，「限定」の意味を強めているだけで，日本語の「だけしか」のようにどちらか一方を使った場合と意味ははとんど変わらない。このように just と共起するとりたて表現は，exactly か precisely に限られると言われている。

　　(37)　And just exactly who do you think you are?
　　　　　　　　　　　　　　　　　(Huddleston and Pullum (2002: p. 592))

　(38) のように，2つのとりたて表現を and で接続して並列することもできるが，全てのとりたて表現の中で，purely と simply でしか見られない定型表現である。どちらのとりたて表現も同じ意味を表しており，

これも「限定」の意味を強めているだけである。

(38) He sacked her purely and simply because he felt threatened by her.　(Huddleston and Pullum (2002: p. 592))

5. 英語のとりたて表現の運用
5.1 言語化されないとりたて表現

　英語には,「反限定」のとりたて表現として機能する副詞はない。日本語の「反限定」のとりたて表現である「も」「でも」「なんか」「など」などは, これらがとりたてる対象に限らず, 同類のものが他にもあることを漠然と示す働きをしている。たとえば, (39)では, Aの発話に対しBがヨガを始めることを提案している。このとき, 必ずしもヨガでなければいけないわけではなく, マラソンなど他にも考えられるが, 候補の1つとしてヨガを例示している。

(39) A:「なにか体にいいことはないかなあ」
　　　B:「ヨガなんか始めてみたらどう？」
　　　　　　　　　(日本語記述文法研究会(編)(2009: p. 138))

　(39)と同じような会話を表す英語の例が次の(40)である。(40)は, Bが「彼のことを忘れるために何かした方がいいよね」と言い, それに対しAが答えている場面である。

(40) A:　You're thinking about Charlie, aren't you?
　　　B:　Maybe I need something to get my mind off of him.
　　　A:　How about a movie?
　　　　　　　　　(*Desperate Housewives* "Farewell Letter")

　この場合, AはBの発話におけるsomethingの候補としていろいろある中で, a movieを提案している。このような場面におけるHow about a movie?を日本語に書き換えるとしたら「映画」を「なんか」でとりたてて, (41)b.のようにするのが自然である。しかし, (41)a.と(41)b.の対比に見られるように, How about a movie?には,「なんか」に相当する語句は出てきていない。あえて「なんか」を言語化しようとすると, (41)c.の下線部のように, or something (like that)という表現をつける

ことになる。よって，英語では，「反限定」を表すのは「〜か何か」という意味を表す or something (like that) であると言え，副詞がこの役割を果たすことはない。ただし，わざわざ (41) c. のように言わなくても，(41) a. によって「映画なんかどう？」という意味が表され，「反限定」の意味が言語化されることはほとんどない。

(41) a.　How about a movie?
　　 b.　映画なんかどう？
　　 c.　How about a movie or something (like that)?

英語には，「反限定」の対比概念である「限定」を表すとりたて表現は多数ある。しかし，その中でも，「少なさ」の「限定」を表すとりたて表現はない。3.2 で見たが，日本語では，(42) のように，「少ないがとにかくある」ことに意味があるということを「限定」の「だけ」によって表すことができる。しかし，英語では，(43) のように，「少し」をとりたてるために，just や only，その他の「限定」のとりたて表現を用いると，「少ないがとにかくある」ということは表せず，「少ししかない」もしくは「足りない」ことが表される。

(42)　牛乳が少しだけ残っている。　　　　　　　　　(= (17) a.)
(43)　Since there is {just/only} a little milk left, I should buy a carton today. 　　　　　　　　　　　　　　　　　　　　(= (19) b.)

(44) のような文では，一見すると just や only が「だけ」もしくは「辛うじて」のような意味を表し，「牛乳が少しであっても，1杯の紅茶に必要なだけはあること」を表しているように思われる。しかし，英語母語話者は「紅茶1杯に必要な程度の牛乳しか残っていない」と解釈する。

(44)　There is {just/only} a little milk left for a cup of tea.

英語では，少しであっても「ある」のであれば，「ある」ことだけを述べるのであり，「少しあるもの」をわざわざとりたてることはしない。つまり，「少しだがある」ことに意味があったとしても，それを言語化することはない。

5.2 just の語用論的機能

「限定」のとりたて表現の「だけ」「しか」は，とりたてる対象以外のものを排除する。そのため，「とりたてる対象以外については考慮する必要がない」というような文脈においては，「だけ」や「しか」によって，「とりたてる対象はたいしたことがない」ということが表される。たとえば，「聞いただけ」と言えば，そこに他意はないということが表される。同じことは，英語の「限定」のとりたて表現についても言える。(45)では，merely を用いて「形式的なものに過ぎない」と言うことで，「深い意味はないから心配する必要はない」などのことが言外の意味として生じる。

(45) It's merely a formality.

同様に，(46)では，just によって「ただちょっと立ち寄っただけであり，立ち寄る以外のことはなにもない」ことが表されている。そのため，聞き手に対して，たいした負担をかけないということが伝わる。

(46) I just dropped by for a minute to ask if you...

(Brown and Levinson (1987: p. 177))

つまり，「限定」の意味から生じる語用論的な効果の1つに，「聞き手の負担軽減」があると言える。特に just に関しては，「聞き手の負担軽減」を表す際には，「限定」のとりたて表現としての機能が薄まっているように思われる。

まず，just は話者の心的態度を表す副詞として働く。これは，他の「限定」のとりたて表現には見られない。1文内に副詞が2つ現れるとき，話者の心的態度を表す副詞が外側，命題内容を修飾する副詞が内側にくるという順になるのは問題ないが，その逆になると容認されないという事実がある。(47)では，happily という話者の心的態度を表す副詞と carefully という命題内容を修飾する副詞が共起した際に，その順番によって文の容認度が異なることが表されている。

(47) a. Happily, Max carefully was climbing the walls of the garden.
　　 b. *Carefully, Max happily was climbing the walls of the garden.

(Jackendoff 1972: p. 89)

この事実を踏まえ，1文内にjustとonlyを共起させたのが(48)である。justが外側，onlyが内側となっている(48)a.は全く問題のない文である。しかし，その逆になっている(48)b.は容認されない。

(48) a. Just only take your shirt off.
  b. *Only just take your shirt off.

ここから，justは話者の心的態度を表す副詞として用いることができることが分かる。

また，(49)a.のようにjustとonlyが1文内に共起している場合の解釈を英語母語話者に確認すると，(49)b.のようにパラフレーズされる。onlyは「限定」の意味で捉えられているが，文頭のjustの意味は解釈に反映されない。

(49) a. Just take only your shirt off.
  b. All you have to do is take off your shirt and do nothing else.

このとき，Tannen (1993) などで指摘されているように，justは談話標識として使われていると考えられる。たとえば，(50)のように，ある依頼に前向きな返事を渋っている人に対して，依頼した人が「考えてみてよ」と言う場合，justの後に少し間を置くことができる。

(50) Just, think about it. (= Well, think about it.)

ここでは，justの語彙的意味はほとんどなく，括弧内にあるように「まあ，考えてみてよ」というときに使うwellと同じような談話標識として使われている。

話者の心的態度を表す副詞であること，また談話標識として機能しているという振る舞いは，もはや「限定」のとりたて表現としての働きをしているとは言えない。justがもともと有する「限定」の意味によって，「たいしたことがない」ことが表されることから，冒頭にjustを置くことで，「これから話すことはたいしたことがない」ということの合図になる。そのため，justを付加することで，聞き手の負担を軽減するという語用論的な効果を表すことができる。他の「限定」のとりたて表現も同様の振る舞いを見せてもよいはずだが，現時点では，justにしか観察されない。

6. まとめ

　日本語と英語のとりたて表現を比較し，両者における類似点と相違点に焦点を当てながら，(51) から (54) のような英語のとりたて表現の特徴を観察した。

(51) 英語のとりたて表現は，これまで「焦点化副詞語句」として分析されてきた。焦点化副詞語句のうち，「限定」「類似」のとりたて表現として機能するものは複数ある。「極端」のとりたて表現として機能するのは，even の 1 つである。「反限定」と「反類似」のとりたて表現として機能する副詞はない。日本語では，「反極端」のとりたて表現は複数あるが，英語において「反極端」のとりたて表現として機能する副詞句は，最低限を表す at least のみである。

(52) 英語では，「限定」のとりたて表現として機能する副詞は，alone, just, only といった単一形態からなる副詞と，merely や simply などの形容詞派生の副詞とに分類することができる。形容詞派生の副詞は，それぞれの語の意味も保持しているため，「限定」のとりたて表現がいつでも交替できるわけではない。しかし，形容詞派生ではない just と only は，文脈の制限から比較的自由であり，日本語の「限定」のとりたて表現に対応する英語のとりたて表現の中でも，汎用性の高いものである。また，日本語の「限定」のとりたて表現である「だけ」「しか」の間に見られる意味的な違いは，英語の just と only の間には観察されない。

(53) 英語のとりたて表現は，表現ごとに生じる位置が異なり，この点において，基本的にとりたてる対象の後に置かれる日本語のとりたて助詞とは異なる。多くのとりたて表現は，とりたてる対象の前にのみ置かれる。only はとりたてる対象の前と後に置くことができる。also, too, as well は，とりたてる対象の後にのみ置かれる。また，英語では，「限定」のとりたて表現の限られたもののみ，1 つの節内に複数共起す

ることができる。

(54) 英語では，特に，日本語では言語化される「反限定」のとりたて表現と「少ないがとにかくある」ことに意味があることを表す「限定」の「だけ」は言語化されない。また，「限定」のとりたて表現である just は，話者の心的態度を表す副詞や談話標識として機能することがある。このとき，「限定」のとりたて表現としての機能ではなく，聞き手の負担軽減という語用論的な効果を表す働きをしている。

［付記］本研究は JSPS 科研費 JP16K16857 の助成を受けたものです。

調査資料

『ジーニアス英和辞典 第 5 版』大修館書店，2011.
Longman English Dictionary Online. Longman.［https://www.ldoceonline.com］

参照文献

江川泰一郎（1991）『英文法解説』金子書房.
日本語記述文法研究会（編）(2009)『現代日本語文法 5 第 9 部 とりたて 第 10 部 主題』くろしお出版.
沼田善子（2009）『現代日本語とりたて詞の研究』ひつじ書房.
Brown, Penelope and Stephen C. Levinson（1987）*Politeness: Some Universals in Language Usage.* Cambridge University Press.
Declerck, Renaat（1991）*A Comprehensive Descriptive Grammar of English.* Kaitakusha.［レナート デクラーク『現代英文法総論』，安井稔（訳），開拓社，1994］
Huddleston, Rodney and Geoffery K. Pullum（2002）*The Cambridge Grammar of the English Language.* Cambridge University Press.
Jackendoff, Ray（1972）*Semantic Interpretation in Generative Grammar.* MIT Press.
Quirk, Randolph, Sidney Greenbaum, Geoffrey Leech, and Jan Svartvik（1985）*A Comprehensive Grammar of the English Language.* Longman.
Tannen, Deborah（1993）*Framing in Discourse.* Oxford University Press.

ドイツ語のとりたて表現

筒井　友弥

1. この論文の主張

　この論文では，日本語とドイツ語のとりたて表現を比較し，その類似点や相違点について，次の（1）から（5）のことを述べる。

（1）　ドイツ語のとりたて表現は，日本語のとりたて助詞に近い形態として現れる。

（2）　ドイツ語のとりたて助詞は，「限定」，「極端」，「類似」の意味で頻繁に使用される。

（3）　ドイツ語のとりたて助詞は，対象の直前，直後あるいは離れた位置に出現する。

（4）　ドイツ語のとりたて助詞のなかには，1つの表現が複数の意味を表すものがある。

（5）　ドイツ語では，「反限定」，「反極端」，「反類似」にあたるとりたて助詞はほぼ皆無である。

　以下，2.から6.で，（1）から（5）について順に述べる。7.はまとめである。

2. ドイツ語のとりたて表現の形態

　ドイツ語のとりたて表現には，たとえば，（6）に挙げるとおりnur（だけ），sogar（さえ），auch（も）などがある。

(6) <u>Nur/Sogar/Auch</u> Monika kommt zur Uni.
　　　だけ/さえ/も　　　モニカ　　　来る　大学に

モニカだけ／さえ／も大学に来る。

　nur（だけ），sogar（さえ），auch（も）などは，ドイツ語で焦点の不変化詞（Fokuspartikel）または度数詞（Gradpartikel）（König（1991））と呼ばれる語群に属する。不変化詞（Partikel）とは，広義では副詞のことであるが，その不変化詞の一種である焦点の不変化詞を，「語彙的意味を持たず，他の語と結合しなければ現実にかかわることのできない語」とみなすWeydt and Ehlers（1987）に従う場合，焦点の不変化詞は日本語の助詞に類似すると考えてよい。

　たとえば時間や空間を表す一般的な副詞は，文全体が表す事柄に関係する場合が多く，（7）a. やb. におけるheute（今日）のように文頭や文中に現れることがある。一方，ドイツ語の焦点の不変化詞は，とりたてる対象と結びついて1つの意味的なまとまりを作るため，たとえば「モニカだけ大学に来る」という意味で文頭に置く場合に（7）c. のようにはできない。

(7)a. Heute kommt Monika zur Uni.
　　　　今日　　来る　　モニカ　　大学に

今日モニカは大学に来る。

　b. Monika kommt heute zur Uni.
　c. *Nur kommt Monika zur Uni.

このような点では，ドイツ語の焦点の不変化詞と日本語のとりたて助詞は類似した機能を持つと言える。そこで，この論文で扱うドイツ語のとりたて表現をとりたて助詞と呼ぶこととする。

3. ドイツ語のとりたて表現の意味

　（6）のnur（だけ）以外にも，bloß（だけ）やallein（だけ）なども同じく「限定」の意味を表す。また，（6）のsogar（さえ）と並んで，selbst（さえ）やauch（も）も「極端」のとりたて助詞に数えられる。他にも，eben（まさに）やgenau（まさに），gerade（まさに）といった語は，「限定」の

下位分類である「特立」を表す「こそ」に相当する。さらに，「反極端」の「ぐらい」として，mindestens（ぐらい），wenigstens（ぐらい）がとりたて助詞とみなされる。

以上のとりたて助詞を，本書の「とりたて表現の対照研究の方法」（野田尚史）に則ってまとめると表1のような分布となる。

表1 ドイツ語のとりたて表現の意味

限定	nur, bloß, allein （だけ，しか） eben, genau, gerade （こそ）	反限定	——
極端	sogar, selbst, auch （さえ，まで，も）	反極端	mindestens, wenigstens（ぐらい）
類似	auch （も）	反類似	［語順や語調で表す］

野田尚史（2015）では，日本語とスペイン語のとりたて表現の違いをとりたて表現の意味体系から考察し，表1における「限定」，「極端」，「類似」は，日本語でもスペイン語でも同じように使われることが多いと説明される。このことはドイツ語でも同様で，「反限定」，「反極端」，「反類似」と比べると，特に「類似」のauch（も），「限定」のnur（だけ），「極端」のsogar（さえ）は，話しことば，書きことばを問わず使用頻度が高い。

なお，「限定」のとりたて助詞のなかには意味的な使用制限があるものが存在する。「限定」のとりたて助詞nur（だけ），bloß（だけ），allein（だけ）は，たとえば（8）のような日本語を，基本的にそのいずれでも訳すことが可能である。

(8) 彼は自分のことしか考えない。
   Er denkt nur/bloß/allein an sich.
   彼 考える だけ　　　　　自分自身のこと

しかし，(9) a. や b. のような文では，nur（だけ）と bloß（だけ）は問題なく使用できるのに対し，allein（だけ）は使用できない。(9) a. と

b.に共通する特徴は,「10ユーロ」や「2冊の本」といった数量を示す語句がとりたてる対象となっている点である。基本的に,「限定」のとりたて表現は,とりたてる対象以外の候補を排除する意味を持つが,たとえば,(9)a.の場合,10ユーロ以外,たとえば3ユーロや20ユーロがすべて排除されているのではなく,10ユーロより多い数のみが否定されている。

(9) a. 私は10ユーロしか持ち合わせていない。
　　　 Ich habe　　nur/bloß/*allein 10 Euro bei mir.
　　　 私　持っている　だけ　　　　　10ユーロ 私のそば

　　b. 彼女は今日2冊しか本を読まなかった。
　　　 Sie hat heute nur/bloß/*allein 2 Bücher gelesen.
　　　 彼女 た 今日　だけ　　　　　2冊の本　読む

とりたて助詞allein(だけ)には,このような数量を示す語句をとりたてて,そこから導かれるスケールの想定を排除する使用が認められない。このことはallein(だけ)の語源に関係していると考えられる。Grimm, J. and Grimm, W. (1854)によれば,alleinという語は,元来接頭辞al-と「ある1つの」を意味するeinから成る。ドイツ語のal-は「まったく」や「すべて」を表し,einと組み合わさることで,「唯一の」,「たった1つの」という意味を表すようになった。そのため,もともとallein(だけ)には,とりたて助詞として以外に,(10)のような述語形容詞としての意味もある。

(10) Sie ist allein zu Hause.
　　　 彼女 でいる 1人で 自宅に
　　　 彼女は1人で自宅にいる。

そして,そこから「限定」のとりたて助詞として転用されたallein(だけ)は,そもそも「1つの」という数量の意味を内在するために,数量を示す語句と意味的な競合を起こすと考えられるだけでなく,数量を示す語句をとりたてて,そこから導かれるスケールの想定を排除できないと分析できる。

4. ドイツ語のとりたて表現の位置

　日独のとりたて表現を対照するうえで重要なことに，とりたて表現の現れ方が挙げられる。日本語のとりたて助詞は，形態的にはいずれもとりたてる対象の直後に置くのが一般的である。一方，ドイツ語のとりたて助詞は，基本的には，日本語とは逆にとりたてる対象の直前に置く。(11) a. の「限定」のnur（だけ），(11) b. の「極端」のsogar（さえ），(11) c. の「類似」のauch（も）のいずれも，とりたてる対象の直前に置かれている。

(11) a. <u>Nur</u> seine Frau weiß 　 die Wahrheit.
　　　　だけ 彼の 妻 知っている その 真相
　　　　彼の妻だけが真相を知っている。

（岩崎英二郎（1998: p. 899））

　　b. <u>Sogar</u> sein Bruder hat 　 genug von ihm.
　　　　さえ 彼の 兄 持っている 十分な 彼について
　　　　彼の兄さえも，彼には手を焼いている。

（岩崎英二郎（1998: p. 1071））

　　c. <u>Auch</u> Alex 　 ist gekommen.
　　　　も アレックス た 来る
　　　　アレックスも来た。

とはいえ，この論文で扱うドイツ語のとりたて助詞は，すべて前置に限られるわけではない。(12)に示すとおり，(11)のいずれのとりたて助詞も，まれにとりたてる対象の直後，あるいは対象から離れて置く場合もある。(12) a. や(12) b. では，とりたて助詞のnur（だけ）やsogar（さえ）を，とりたてる対象の直後に置くことができる。このように，同じ意味を表して前置と後置のどちらも許されるという点は，日本語との明確な違いの1つと言える。

(12) a. Seine Frau <u>nur</u> weiß die Wahrheit. 　　　(＝(11) a.)
　　 b. Sein Bruder <u>sogar</u> hat genug von ihm. 　　(＝(11) b.)

またauch（も）には，文頭位置の要素をとりたてる場合に，とりたてる対象の直後には置くことができないが，対象から離して置くことで使

用が容認されるという特徴がある。(13) a. では，とりたてる対象である in Berlin の直後に置くと非文となるものの，(13) b. のように，対象から離して置くと容認される。この場合，「ソーセージ」がとりたて対象でないことを明示するために，in Berlin は強く発音される。

(13) a. *In Berlin auch isst sie Wurst.
　　 b. In Berlin isst sie auch Wurst.
　　　　ベルリンで 食べる 彼女 も ソーセージ
　　　　ベルリンでも彼女はソーセージを食べる。

4.1　語順に見られる日本語との共通点

「極端」のとりたて助詞に注目した場合，その現れ方に日本語との共通点が見られる。日本語の「極端」のとりたて助詞には，「まで」，「さえ」，「も」などがあるが，これらが同じ文に共起する場合，「まで＋も」，「さえ＋も」という語順は許されるが，「も＋まで」，「も＋さえ」という語順は認められない。同様の現象が，ドイツ語の「極端」のとりたて助詞 sogar（さえ，まで），selbst（さえ，まで），auch（さえ，まで，も）でも生じる。

(14) で示すとおり，日本語の「さえ」，「まで」，「も」のいずれであっても，基本的に，sogar（さえ，まで），selbst（さえ，まで），auch（さえ，まで，も）のどれでも訳すことが可能である。

(14)　彼は，日曜日さえ／まで／も働く。
　　　Er arbeitet sogar/selbst/auch sonntags.

この際，日本語と同様に，それぞれの語が共起する場合があり，(15) a. のように，ドイツ語では sogar（さえ，まで）＋ auch（も）あるいは selbst（さえ，まで）＋ auch（も）という語順が認められる。しかし，(15) b. や c. のように，auch（も）＋ sogar（さえ，まで）や auch（も）＋ selbst（さえ，まで）の語順は容認されない。

(15) a.　Sogar auch/Selbst auch Monika kommt.
　　　　さえも/までも　　　　　　モニカ　来る
　　　　モニカさえも／までも来る。

  b. *Auch sogar/ *Auch selbst Monika kommt.
  c. *Monika auch sogar/auch selbst kommt.

　これは，4.の(11)c.で見たように，auch（も）をとりたてる対象の前に置く場合は，対象の直前にしか置くことができないこと，および，(13)b.で示したとおり，とりたてる対象の後ろに置く場合は，対象の直後ではなく離して置くことしかできないことに合致している。また，(12)b.で見たとおり，たとえばsogar（さえ，まで）をとりたてる対象の後ろに置く場合，auch（も）と異なり対象の直後に置くことになる点とも整合性がある。これはselbst（さえ，まで）も同じである。本書の「とりたて表現の対照研究の方法」（野田尚史）の8.で指摘されるとおり，日本語では，とりたて助詞はそれぞれ機能している文法的な階層が異なる。これと似たことがsogar（さえ，まで），selbst（さえ，まで），auch（も）の関係にも言える。auch（も）は，(15)b.やc.のようにsogar（さえ，まで）やselbst（さえ，まで）の前に置くことができないことからわかるとおり，sogar（さえ，まで），selbst（さえ，まで）よりも文法的に低い階層で働いていると考えられる。つまり，(15)a.は，「モニカも来る」という事態に対してさらに「極端」の意味を付与していることになる。このように，同じく「極端」を表す語であっても，語の位置に条件的な特徴が見られる。

　また，(16)に示すとおり，ドイツ語ではsogar（さえ，まで）+ selbst（さえ，まで）とselbst（さえ，まで）+ sogar（さえ，まで）のいずれの語順も認められない。これは，日本語で「まで+さえ」や「さえ+まで」が許容されない点によく似ている。

 (16)　*Sogar selbst/ *Selbst sogar Monika kommt.

4.2　ドイツ語のとりたて助詞の文法的制約

　4.1で述べたとおり，日本語の「極端」のとりたて助詞は，いずれもドイツ語のsogar（さえ，まで），selbst（さえ，まで），auch（さえ，まで，も）を用いて訳すことができる。しかし，sogar（さえ，まで），selbst（さえ，まで），auch（さえ，まで，も）を「たとえ〜でも（であろうとも）」

という譲歩文の形で用いる場合は，sogar（さえ，まで）と selbst（さえ，まで）には，文頭にしか置くことができないという制約が課せられる。

　(17) の文における「極端」の「でも」は，「たとえ～でも」という仮定の意味を含み，本来の「子どもは大人に比べて問題を解くことができない」という想定をくつがえして「解ける」という意外さを表す。

　(17)　そんな問題は子どもでも解ける。
　　　　So eine Aufgabe kann　sogar/selbst/auch　ein Kind　lösen.
　　　　そんな　問題　できる　でも　　　　　　子ども　解く
　　　（＝そんな問題は，たとえ子どもであろうとも解ける。）

　このように，「極端」のとりたて助詞は，「たとえ～でも」として使うことで譲歩節を形成することができる。ドイツ語では，その表現法の1つとして，(18) のように，sogar（さえ，まで），selbst（さえ，まで），auch（さえ，まで，も）が wenn（もし～であれば）という従属の接続詞で導かれる条件節と結びついて表される。英語の even if と同じである。

　(18)　Sogar/Selbst/Auch　wenn Sie　　reich sind,
　　　　でも　　　　　　　もし　あなた　金持ち　である
　　　　heirate ich Sie　　nicht.
　　　　結婚する　私　あなた　ない
　　　　たとえあなたがお金持ちでも，私はあなたと結婚しない。

　この際，(19) a. のように，それぞれの語を wenn（もし～であれば）の直後に配置した場合，sogar（さえ，まで），selbst（さえ，まで），auch（さえ，まで，も）のいずれも譲歩文として容認されなくなる。ただし，(19) b. のように，それぞれの語を wenn（もし～であれば）から離して主語の後に置いた場合，sogar（さえ，まで）と selbst（さえ，まで）は非文であるものの，auch（さえ，まで，も）は譲歩文として機能する。この場合は auch に強勢が置かれる。

　(19) a.　Wenn *sogar/ *selbst/ *auch Sie reich sind, heirate ich Sie nicht.
　　　 b.　Wenn Sie *sogar/ *selbst/áuch reich sind, heirate ich Sie nicht.

　このような語の配置に関する制約は，4. の (12) b. で観察した sogar（さえ，まで）の語の置かれる可能性と相容れないものである。sogar（さえ，

まで）と selbst（さえ，まで）は，とりたてる対象の直後に置くこともできることを述べたが，「たとえ～でも」という意味を表す場合，とりたてる対象である条件節を導く接続詞 wenn（もし～であれば）の直後に置くことはできない。

5. ドイツ語のとりたて表現と他の範疇との関わり

　日本語のとりたて表現には，1つの表現が複数の意味を表すものがある。たとえば，日本語の「極端」のとりたて助詞「まで」は，「10時まで待った」や「大学まで行く」のように，時間や空間に関する範囲の終点を表す格助詞としても用いられる。ドイツ語のとりたて表現のなかにも，同じく1つのとりたて表現が別の意味を表すものがある。たとえば，「極端」を表すとりたて助詞 selbst（さえ）は，他に指示代名詞として「自ら・自身・自体」という再帰の意味をも表す。この点を 5.1 で述べる。

　また，たとえばドイツ語の nur（だけ）や auch（も）は，とりたて助詞としてのみならず，ドイツ語に特徴的な「心態詞」と呼ばれる語としても機能する。5.2 以降では，この観点で日本語のとりたて助詞との相違を考察する。

5.1　とりたて助詞と再帰表現の関連

　岩崎英二郎（1998: p. 1038）では，「場合によっては，同じ位置に置かれた selbst でも，二通りの解釈が可能なことがある」と述べられる。たとえば(20)は a. と b. の2通りの解釈が成り立つ。

　　(20)　Heike　selbst　　hat　es　　getan.
　　　　　ハイケ　自身/さえ　た　　それ　する
　　　a.　ハイケ自身それをした。
　　　b.　ハイケさえそれをした。

これは，selbst には，とりたて助詞としての「極端」の意味以外に，再帰表現としての「自ら・自身・自体」という意味があるためで，その区別は強勢の位置でなされる。(21) a. では selbst に，(21) b. では Heike

にそれぞれ強勢が置かれる。

(21) a. Heike sélbst hat es getan.
　　　　ハイケ 自身　　　　た　それする
　　b. Héike selbst hat es getan.
　　　　ハイケ さえ　　　　た　それする

　このような再帰表現ととりたて助詞との関連については，日本語との比較において興味深い現象が観察できる。トルヒナ（2015）によれば，名詞に後接した再帰表現は，とりたて助詞と同様の意味機能を担っているという。たとえば，(22) a. は「副大統領などではなく，大統領が参加した」，(22) b. は「他にも問題があるが，最も大事である考え方が間違っている」のように，他の要素との関係を述べる文に言い換えが可能であり，とりたてた要素と他の要素との関係を述べるとりたて表現としての機能を持つ。

(22) a. この会議には大統領自らが参加した。
　　b. 彼は考え方自体が間違っている。

（トルヒナ（2015: p. 21））

　そのうえで，(23) a., b. のような例に基づき，名詞に後接する「自ら」には，「他のものではなく，Xが」という排他的なニュアンスよりもむしろ，事態の異例性だけを表す場合もあることが指摘される。たとえば，トルヒナ（2015）によると，(23) a. の「自ら」は「『大統領が卒業式に参加する』ことが異例であり，前接する名詞で表されるものの出現が予測に反するという意味だけを表している」とされる。そして，このような用例では，主体が「大統領」や「校長」など高い地位にある者であることが多いとされ，さらに，(23) b. と c. の比較からも明らかであるとおり，名詞に後接する「自ら」が表す異例性は，前接する語の表す意味的なスケールと関係していると考察される。

(23) a. 今年の卒業式には大統領自らが参加した。
　　b. このサークルは校長自らが指導している。
　　c. ?今年の卒業式には校長自らが参加した。

（トルヒナ（2015: p. 26））

この異例性と意味的なスケールという観点は，ドイツ語の再帰表現 selbst が，「極端」のとりたて助詞としても機能することと共通した現象である。(21) b. では，ハイケ以外の人の存在が示唆されるだけでなく，ハイケは「それをしそうにない人物」として表現されたうえで，ハイケ以外の想定される人全員が，「当然それをしそうな人物」として含まれている。したがって，話し手のなかでは，「それをする／しない人物」としてのスケールが想定されていることになり，その最も低い位置にあるハイケが「それをする」ことに対して意外性が表現される。このように，日本語の再帰表現「自ら」とドイツ語のとりたて助詞 selbst には類似性が見受けられる。

5.2 「限定」のとりたて助詞と心態詞の関連

2. で述べたドイツ語の不変化詞の下位分類に，心態詞と呼ばれる語群がある。心態詞とは，字の如く「心の態度を表す詞（ことば）」のことであり，話し手の「驚き」や「苛立ち」といった気持ちを表したり，「依頼」や「非難」といった話し手が心に抱く態度を表現したりする言語手段である。機能的に類似する日本語の語群としては，文末における「ね」や「よ」などの終助詞が挙げられる。たとえば (24) における ja は，本来，応答詞として日本語の「はい」に相当する語である一方，(24) のような平叙文で文中に現れると，日本語の「よね」にあたるいわば「確認」の態度を表現する。

(24) Sie kennen ja meine Frau.
　　　あなた　知っている　はい　私の　妻
あなたは私の妻をご存じですよね。

ドイツ語には，このような心態詞に属する語彙が 20 ほど存在する。これらの語は共通して，陳述，命令，願望といった文のムードと密接に結びつき，文の意味を強調したり緩和したりする役目を担う。

この節では，「限定」のとりたて助詞と心態詞の関連を見る。(25) のように nur（だけ），bloß（だけ），allein（だけ）はいずれも「限定」のとりたて助詞である。

(25) Nur/Bloß/Allein mein Mann kann mir helfen.
　　　　だけ　　　　　　私の　夫　　できる　私　助ける
　　　私の夫だけが私を助けられる。

　ここで，(26) の例を見てみる。(26) a. は，nur が用いられた命令文である。この際の nur は，(26) b. のように日本語の「だけ」とは異なって解釈される。あえて日本語で訳す場合は，(26) c. のように「いいから」といった話し手の「苛立ち」を表す。(27) のように「脅し」や「威嚇」の態度を強める表現となる場合もある。これらの例では，話し手が聞き手に「今家へ帰ること」や「待つこと」を要求しており，nur は，その行為の実行を限定しているというより，その要求の度合いを強めている。

(26) a.　Geh nur jetzt nach Hause!
　　　　　行く　だけ　今　　家へ
　　b.　?今だけ家へ帰りなさい。／?今は家へ帰るだけしなさい。
　　c.　いいからもう家へ帰りなさい。

(27)　Warte nur, ich mache dich in jeden Fall fertig.
　　　待つ　だけ　私　する　　君　　必ず　　　　　終わった
　　　今にみてろ，必ずお前を始末してやる。

　また，nur は同じく命令文であっても，聞き手の立場や文脈によって，(28) のように，相手の行為に対する話者の「了解」や「許諾」の態度を表すこともある。

(28)　Rauchen Sie nur weiter!
　　　たばこを吸う　あなた　だけ　さらに続けて
　　　お構いなくお吸いになっていてください。

　さらに，心態詞は使用される文のタイプによっても，命題に対する話者の態度が変わる。たとえば nur が，(29) a. のような願望を表す文で用いられると，最低限の願望を表す日本語の「さえ」に相当して，話し手の切望する態度が反映し，(29) b. のように，「どこ」のような疑問詞を伴う疑問文で用いられると，日本語の「いったい」にあたる怪訝の意味を表すようになる。この際，(29) a., b. 両方に示すとおり，nur と bloß

には心態詞としての用法がある一方で，allein にはこのような使い方はない。

  (29) a. Käme sie nur/bloß/ *allein zu mir!
      来る 彼女 だけ   私のところへ
    彼女が私のところへ来さえすればなあ。
    b. Wo bist du nur/bloß/ *allein gewesen?
      どこ た 君 だけ   でいる
    君はいったいどこにいたの。

5.3　「類似」のとりたて助詞と心態詞の関連

　とりたて助詞 auch にも，同様に心態詞としての用法が見られる。まずは 3. の**表 1** に示すとおり，日本語と同じく auch は「極端」ならびに「類似」のとりたて助詞として機能する。この 2 つの用法は，前後の文脈によって区別される。(30) a., b. に「類似」としての auch の例を挙げる。

  (30) a. Alle waren sehr nett. Auch Hans hat mir geholfen.
      全員 であった 非常に 親切な も   ハンス た 私 手伝う
    みんなとても親切だった。ハンスも手伝ってくれた。
    b. [...] Hans hat mir auch geholfen.

そして，さらに「類似」を表す auch は，たとえば (31) a. のような平叙文や，(31) b. のようないわゆる yes/no 疑問文で現れた場合，聞き手に対する確認の態度を表す。(31) a. では，聞き手が言ったこと，つまり「もう寝たい」という事態に対して，話し手は，自らの発話である「もう遅い」から導かれる「夜が更けると人は眠くなる」という一般的事実が似通っていることであると確認している。(31) b. でも，本来話し手は，聞き手が「ちゃんと聞いている」と考えており，その想定と，実際の聞き手の態度が一致，少なくとも類似しているかどうかを確認している。このような疑問文による確認は，結果的に相手の肯定的な答えを期待することになるため，たとえば (31) b. で，聞き手が常に人の話を聞かないといった前提のある状況では，聞き手に対する非難の意味を

も表しうる。いずれにせよ，(31) a., b. の auch を日本語の「も」で訳すことはできない。

(31) a. Langsam möchte ich schlafen gehen. － Es ist auch spät.
　　　　そろそろ　したい　私　寝る　行く　　　である　も　遅い
　　　そろそろ寝たいわ。－もう遅いしね。

b. Hörst du auch richtig zu?
　　耳を傾ける 君 も　正しい
　ちゃんと聞いているんだろうね。

他にも，(32) a. のように，「なぜ」のような疑問詞を伴う疑問文で現れると反論や非難を表したり，(32) b. のように，命令文では想起の意味を反映したりもする。(32) a. では，「人が太る」という事態に対して，「食べ過ぎると人は肥満になる」という一般的傾向が当然のこととして合致していることを確認している。その結果，聞き手に対する非難の態度が鮮明化する。(32) b. では，「行儀よくしていること」が前提とされる状況で，他の行為と同様に，その行為も当然実現されるべき行為であることが確認され，それにより，聞き手にその行為の実現を想起している。

(32) a. Ach, ich habe zugenommen.
　　　ああ　私　た　体重が増える

－ Warum isst du auch immer so viel?
　　なぜ　食べる 君 も　いつも それほど多くの
ああ，太っちゃった。
－なんでいつもそんなにいっぱい食べるんだい。

b. Und sei auch brav!　　　　（井口靖 (2000: p. 137)）
　そして でいる も 行儀のよい
お行儀よくしてなくてはだめでしょう！

このように，「極端」と「類似」のとりたて助詞である auch が，使われ方によって話し手の態度を表現し，聞き手に対する働きかけとして機能するという点は，日本語の「も」との明確な違いである。

6. ドイツ語のとりたて表現の運用

　ここでは，とりたて表現の使用実態を観察する。一例として，村上春樹の長編小説『色彩を持たない多崎つくると，彼の巡礼の年』を取り上げ，日本語からドイツ語へ翻訳される際のとりたて助詞の使用数や実際の使用例を見る。

　3.の表1で示したとおり，たとえば，「反限定」の「でも」は，ドイツ語では対応するとりたて表現が存在しないため，(33) a. のように何も使用されないか，あるいは (33) b. の oder so のような，副詞以外の概数を表す言い回しが使われている。同様に，日本語の「反限定」の「も」や「なんか」，「反極端」の「なんて」も，対応するドイツ語のとりたて表現は見当たらない。

(33) a.　「あさっての夜でいいよ。食事<u>でも</u>しよう」とつくるは言った。
　　　　　　　　　　（『色彩を持たない多崎つくると，彼の巡礼の年』，p. 209)
　　　Übermorgen ist 　 gut. Lass uns 　essen gehen.
　　　あさって　　　である 良い させる 私たち 食べる　行く
　　　　　　　　　　(*Die Pilgerjahre des farblosen Herrn Tazaki*, p. 183)

b.　たぶん大学に残って教師に<u>でも</u>なるんだろうと思っていた。
　　　　　　　　　　（『色彩を持たない多崎つくると，彼の巡礼の年』，p. 191)
　　Ich dachte, ich bleibe an der Uni und 　werde
　　私　考えた　私　とどまる 大学に　　そして　になる
　　Professor　oder so.
　　教授　　　かそこら
　　　　　　　　　　(*Die Pilgerjahre des farblosen Herrn Tazaki*, p. 167)

「反極端」の「ぐらい」については，たとえば (34) のような例が考えられたが，少なくとも今回の作品では全く対応訳は見当たらず，ドイツ語で mindestens（ぐらい）は 0 回，wenigstens（ぐらい）は 4 回使用されているものの，それらは日本語の副詞「少なくとも」の訳であったり，「限定」と「極端」を合わせた「少しだけでも」を表していたりするものであった。

(34) 彼は私に挨拶ぐらいするべきだ。
　　　Er sollte   mich   wenigstens   grüßen.
　　　彼 べきである 私   ぐらい   挨拶する

　一方，日本語における「限定」の「だけ」と「しか」は，作品中に合せて計 223 回使用されており，そのうちの 104 回がドイツ語の nur, bloß, allein のいずれかで，とりわけ 99 回が nur で訳されている。なお，日本語で「だけ」や「しか」は使われていないものの，ドイツ語では nur が用いられている文も含めると，nur は合計で 167 回現れる。次に，「極端」の「さえ」と「まで」は合せて 28 回使用されており，そのうち 9 回が，ドイツ語のとりたて表現 sogar, selbst, auch のいずれかで訳されている。また，対訳をなしにした場合，たとえば sogar は合計で 42 回の使用が数えられる。さらに，「極端」か「類似」かの区別が非常に難しいため，一旦その両方を合わせた場合，日本語の「も」と「でも」は 626 回出現し，ドイツ語でも auch は 377 回の使用が認められる。そのうち 48 回は譲歩の auch wenn/wenn...auch（たとえ〜でも）における auch の使用である。もちろん，日独語を問わず，そもそもとりたて表現としての使用か否かの見極めが難しい場合があるため，ここに記したのはあくまで概数であると言わざるを得ないが，それでも，「反限定」，「反極端」，「反類似」の表現手段との比較において，ドイツ語で「限定」，「極端」，「類似」のとりたて表現が多用される状況は十分にうかがえる。

7. まとめ

　この論文では，ドイツ語と日本語の主なとりたて表現を比較し，次の (35) から (39) を見た。

(35) この論文で扱ったドイツ語のとりたて表現は，日本語のとりたて助詞に近い形態として現れる。

(36) ドイツ語のとりたて助詞は，「限定」，「極端」，「類似」の意味で頻繁に使用される。「限定」の allein（だけ）には，数量を示す語句をとりたてて，そこから導かれるスケールの想定

を排除しないという意味的な制限がある。

(37) ドイツ語のとりたて助詞は，とりたてる対象の直前または直後あるいは対象から離れて置かれる。「極端」のとりたて助詞の共起においては，日本語とドイツ語の語順は類似する。また，譲歩文という形では，sogar（さえ）と selbst（さえ）は文頭にしか置くことができない制約がある。

(38) 「極端」を表す selbst は，「自ら・自身・自体」という再帰の意味をも表し，日本語の「自ら」と意味的な機能の点で類似する。また，nur（だけ）や auch（も）は，特定の用法において，心態詞と呼ばれる語としての機能をも有する。

(39) ドイツ語では，「反限定」，「反極端」，「反類似」との比較において，「限定」，「極端」，「類似」のとりたて表現が多用される傾向がある。

調査資料

『色彩を持たない多崎つくると，彼の巡礼の年』，村上春樹，文藝春秋，2013.
Die Pilgerjahre des farblosen Herrn Tazaki. Haruki Murakami, DUMONT, 2014.

参照文献

井口靖（2000）『副詞』（ドイツ語文法シリーズ 5），大学書林.
岩崎英二郎（1998）『ドイツ語副詞事典』白水社.
トルヒナ，アンナ（2015）「体言後接の再帰表現の意味と統語的特徴—「とりたて」論との関連から—」『日本語文法』15-1，pp. 20–36，日本語文法学会.
野田尚史（2015）「日本語とスペイン語のとりたて表現の意味体系」『日本語文法』15-2，pp. 82–98，日本語文法学会.
Grimm, Jacob and Wilhelm Grimm（1854）*Deutsches Wörterbuch*. Erster Band［グリムのドイツ語辞典 第 1 巻］. Verlag von S. Hirzel.
König, Ekkehard（1991）*The Meaning of Focus Particles: A Comparative Perspektive*. Routledge.
Weydt, Herald and Klaas-Hinrich Ehlers（1987）*Partikel-Bibliographie. International Sprachenforschung zu Partikeln und Interjektionen*. Lang.

フランス語のとりたて表現

デロワ　中村　弥生

1. この論文の主張

この論文では、フランス語のとりたて表現について、形態論、意味論、文法論、語用論の観点から（1）から（5）のことを述べる。

(1) フランス語のとりたて表現には、主にとりたて副詞が用いられる。

(2) フランス語のとりたて副詞には、「限定」「極端」「反極端」「類似」の意味を表すものがある。

(3) フランス語のとりたて副詞は、主にとりたてる対象の直前に現れるが、とりたてる対象から離れた位置からとりたてることもある。

(4) フランス語のとりたて副詞には、人称代名詞や否定に関わる特徴的な文法的制約がある。

(5) とりたて表現の実際の運用を対訳コーパスで見ると、フランス語のとりたて副詞で表されない「反限定」「反類似」、とりたて副詞で表現できる「限定」も他の手段で表現されていることが分かる。また、特に「限定」「極端」のとりたてはフランス語で言語的に明示されても日本語で明示されないことがある。

2. から 6. では、これら（1）から（5）についてそれぞれ述べる。7. はまとめである。

2. フランス語のとりたて表現の形態
2.1 文の構造と主なとりたて表現

　フランス語文の基本的な語順は「主語－動詞－目的語 (SVO)」であり，主語と直接目的語以外の成分の文における働きは前置詞によって示される。前置詞は日本語の文で格助詞が動詞との関係を示すのと同様の働きをしている。しかしながら，日本語では格助詞のほかにとりたての機能を持つ助詞が存在するのに対し，フランス語ではとりたて機能を持つ前置詞はほとんど存在せず，とりたて表現の多くは副詞である。これまで，フランス語のとりたて表現は，Nølke (1983) などにより範列導入副詞（Adverbes paradigmatisants）と呼ばれ研究されてきた。とりたて副詞には，même（さえ），aussi（も），seulement（だけ），surtout（特に）などがあるが，様態副詞のような一般的な副詞と異なり，動詞だけでなく名詞や前置詞句などにも係り，それらをとりたてる特徴がある。

2.2 とりたて副詞以外のとりたて表現

　とりたて副詞のほかに，形容詞の seul（だけ）にもとりたての機能がある。青木三郎 (1995) は形容詞の quelque（いくつかの）にぼかしの用法があることを指摘している。また，格助詞と副助詞の用法をあわせ持つ日本語の「まで」と同様に，フランス語の前置詞 jusqu'à（まで）には，(6) のように時間や空間の一点を指す名詞句について着点を示す前置詞の用法と (7) a. のように「極端」の意味を表すとりたて用法がある。(6) では，jusqu'à は統語的に必須の要素で jusqu'à がなければ非文となる。これに対し，(7) a. では，「彼らの声の音」は「驚かせる」の主語になっており，jusqu'à は動詞との関係を示す前置詞本来の働きを失い，「彼らの声の音」を「極端」の意味でとりたてる働きをしている。このような構造では，jusqu'à は任意の成分となり (7) b. のように削除しても非文にならず副詞化しているように見える。しかしながら，最も副詞の現れやすい動詞の直後に置けないなどの制限があり，完全に副詞と同じ振る舞いを示すには至っていない。

　　(6)　J'ai couru jusqu'à l'arrêt de bus.

私はバス停まで走った。　　　　　　　　　（FRANTEXT）
（7）a.　Jusqu'au son de leur voix m'étonnait.
　　　　彼らの声の音までが私を驚かせた。

(Grevisse (1993: p. 1522))

　　　b.　Le son de leur voix m'étonnait.
　　　　彼らの声の音が私を驚かせた。

　着点を示す形式がとりたて用法をあわせ持つこの現象は，日本語・フランス語の共通点であるが，英語やドイツ語だけでなくフランス語と同じロマンス語であるイタリア語にも見られない現象であり興味深い。

3. フランス語とりたて表現の意味
3.1　とりたて副詞の意味

　表1は本書の「とりたて表現の対照研究の方法」（野田尚史）で示された日本語のとりたて表現体系に基づいて，フランス語の主なとりたて副詞をまとめたものである。

表1　フランス語のとりたて副詞の意味と形態

限定	seulement（だけ） uniquement（だけ） ne...que（しか〜ない） juste（ちょうど） simplement（単に） surtout（特に） spécialement（特に） notamment（特に） principalement（主に）	反限定	［動詞の形態などで表すことがある］
極端	même（さえ）	反極端	au moins （少なくとも） à peine （かろうじて）
類似	aussi/non plus（も） également（も） encore（また）	反類似	［人称代名詞の強勢形を用いる］

「限定」のとりたて表現には,「だけ」や「しか」に対応する表現のほかに,「限定（特立）」を表すとされる日本語の「特に」や「主に」に対応するとりたて副詞が含まれる。「類似」のaussi（も）は否定文では使えないため,否定文ではnon plusを用いる。フランス語には「反限定」「反類似」の意味を表すとりたて副詞はないが,「反極端」は,フランス語のとりたて副詞研究の枠組みでも扱われているau moins（少なくとも）やà peine（かろうじて）を用いて表すことができる。

3.2　「限定」のとりたて副詞

　uniquement（だけ）やseulement（だけ），ne...que（しか〜ない）はとりたてる対象以外がすべて否定される限定の意味を表す。（8）では,uniquementでとりたてられた「朝」以外の「夜」や「昼」などがすべて否定されている。

　（8）　Demain, la poste sera ouverte uniquement le matin.
　　　　　明日　　郵便局　開いている　　だけ　　　朝
　　　　明日，郵便局は朝のみ開いている。

　seulementやne...queは,序列のある集合の要素もとりたてることができる。たとえば,（9）では,とりたてる対象「来年」は時間軸に沿った序列のある集合の要素であり,とりたてる対象以前の要素をすべて否定し「来年以前」においては営業が再開しないということを表している。つまり,序列上のとりたてる対象を境界にして,部分的に限定する表現になっている。uniquementにはこのような用法はない。

　（9）　［現在工事で閉まっている郵便局について］
　　　　La poste réouvrira seulement l'année prochaine.
　　　　郵便局　　再び開く　　だけ　　　来年
　　　　郵便局は来年にしか営業を再開しない。

3.3　「限定（特立）」のとりたて副詞

　surtout（特に），spécialement（特に）などは,同類の要素の集合からその典型的なものを代表例としてとりたて,「限定（特立）」の意味を

表す。notamment も同様に集合の代表例をとりたてることができるが，surtout, spécialement と異なり，「たとえば」の意味により近くなる。この「限定（特立）」か単に一例を示しているのかという解釈は必ずしも明確ではなく，「他の何より『社会契約論』を」のように「限定(特立)」の意味を表す場合も，「たとえば『社会契約論』を」のように，具体例を１つ示す場合も，notamment を用いる。

  （10）［論文で参考文献を示す際］

    On renvoie <u>notamment</u> à « Du contrat social ».
    我々 参照させる など／特に 『社会契約論』を

  a. 特に『社会契約論』を参照されたい。
  b. 『社会契約論』など参照されたい

（10）の例からフランス語では「特立」と「列挙」が連続していることが分かる。同様に，日本語でも石黒圭（2008）の接続詞の研究では「特に」などが「たとえば」とともに「例示」の接続詞に分類されている。

3.4　「反極端」のとりたて副詞

　au moins（少なくとも）は，「反極端」を表す。(11) では「歌う」という行為が当然できるごく普通の要素としてとりたてられている。話し手の低評価の意味を帯びることが多いが，常に帯びるわけではない。

  （11） Tu sais <u>au moins</u> <u>chanter</u>.
      あなた できる 少なくとも 歌う

    あなたは歌うことくらいできる。

　あるレベルにぎりぎり達していることを意味する表現 à peine（かろうじて）も「反極端」を表すことができる。(12) では，écrire son nom（自分の名前を書くこと）が当然可能な行為を示すごく普通の要素としてとりたてられている。à peine はとりたてる対象に対する話し手の低評価の意味のほかに，それ以外のことができないことに対するマイナスの意識も含み，「くらいしか」という意味を表す。マイナス意識の意味を持たない「自分の名前を書くことくらいできる」を表現するには au moins

を用いる。

（12）Elle sait à peine écrire son nom.
　　　　彼女は自分の名前を書くことくらいしかできない。

「反極端」のとりたて表現でも，「当然できる」という意味を含まない「漫画なんて読まない」のような「なんて」に対応するフランス語のとりたて副詞はない。

4. フランス語のとりたて表現の位置
4.1 とりたて副詞の一般的な出現位置

とりたて副詞は，多くの場合，とりたてる対象の直前に現れる。たとえば，(13) の文を構成するそれぞれの成分を surtout（特に）でとりたてると，(14) a. から c. のような文ができる。主語 Olivier（オリビエ）をとりたて「特にオリビエは」とする場合，(14) a. のように surtout を主語の直前に置く。間接目的語の aux enfants（子どもたちに）をとりたて「特に子どもたちに」とするには，(14) b. のようにその前に置く。同様に，目的語 ses voyages（彼の旅行）をとりたて「特に旅行体験談を」とする場合にも，(14) c. のようにとりたて副詞をその直前に置く。

（13）Olivier raconte ses voyages aux enfants.
　　　　オリビエ　話す　　彼の旅行　　子どもたちに
　　　　オリビエは子どもたちに旅行体験談を話す。

（14）a. Surtout Olivier raconte ses voyages aux enfants.
　　　b. Olivier raconte ses voyages surtout aux enfants.
　　　c. Olivier raconte surtout ses voyages aux enfants.

ただし，フランス語では副詞を動詞の前に置くことはできないため，動詞や動詞句全体をとりたてる場合は，とりたて副詞は動詞の直後，あるいは動詞の前に助動詞がある場合は助動詞の直後に置く。(13) の例文で言えば，目的語を含めた動詞句をとりたて「特に旅行体験談を話す」とする場合や間接目的語も含めた動詞句全体をとりたて「特に子どもたちに旅行体験談を話す」とする場合も surtout を動詞の直後に置くことになり，その結果，目的語をとりたてる (14) c. と同じ形式となる。

4.2 目的語のとりたてにおける例外

　動詞や動詞句全体をとりたてる場合にとりたて副詞が現れる動詞の直後の位置は，フランス語において副詞全般が最も現れやすい位置である。目的語をとりたてる場合も，目的語の直前ではなく動詞の直後に置かれることが多く，その場合とりたてる対象からとりたて副詞が離れることも多い。(15) は過去の肯定文で，動詞は助動詞 a と過去分詞 pris（取る）で形成された複合過去の形をとっている。(15) では，とりたて副詞 même（さえ）は助動詞の直後に置かれ，動詞の過去分詞形を挟んで目的語「ウイスキー」をとりたてている。

　(15)　Paul　a　même　pris　du whisky.
　　　　ポール　た　さえ　取る　ウイスキー
　　　ポールはウイスキーさえ飲んだ。

　また，否定文ではとりたて副詞ととりたてる対象が離れることが多い。フランス語の否定文は (16) のように 2 つの否定マーカー ne と pas で動詞を挟む形式を持つ。

　(16)　Paul　ne　lave　pas　sa fourchette.
　　　　ポール　ない　洗う　ない　自分のフォーク
　　　ポールは自分のフォークを洗わない。

　否定マーカー pas の直後は否定されるものが現れる位置であるため，目的語が pas の直後にある場合には (17) a. のようにとりたて副詞を目的語の直前に置くことはできず，(17) b. のように動詞の直後に置いて離れた位置から目的語をとりたてることしかできない。

　(17) a.　*Paul ne lave pas même sa fourchette.
　　　b.　Paul ne lave même pas sa fourchette.
　　　　　ポールはフォークすら洗わない。

4.3　特殊な位置に現れるとりたて副詞

　aussi（も）は，他のとりたて副詞と異なり，基本的にとりたてる対象に後接する。前出の (13) の文で主語 Olivier を aussi でとりたて「オリビエも」とする場合は (18) a. のように主語の直後に aussi を置く。間接

目的語 aux enfants（子どもたちに）をとりたて「子どもたちにも」とする場合は (18) b. のようにその直後に置く。ただし，動詞に後続する成分をとりたてる場合は (18) c. のように動詞の直後に置いて「旅行体験談も」とする。また，他のとりたて副詞同様，動詞句をとりたてる場合も (18) c. のように動詞の直後に置く。aussi はほかにも特殊な用法として，文末に置いて主語をとりたてることができる。したがって先の (18) b. は主語をとりたてる「オリビエも子どもたちに旅行体験談を話す」という解釈も可能となる。

(18) a.　Olivier aussi raconte ses voyages aux enfants.
　　 b.　Olivier raconte ses voyages aux enfants aussi.
　　 c.　Olivier raconte aussi ses voyages aux enfants.

また aussi と同様に，surtout（特に）や seulement（だけ）も主語をとりたてる場合に主語の直後に現れることが多い。Nølke (1983) によると，これはこれらのとりたて副詞に文をつなぐ接続語としての用法があり文頭は解釈が曖昧になるからであるとされる。

日本語の「しか」と同様に，フランス語にも否定の形で用いられるとりたて副詞 que がある。(19) のように ne が動詞の前に現れ，後ろに否定マーカーの pas ではなく que が現れると「しか〜ない」という「限定」を示す。que はとりたてる対象の前に置かれる。(19) では間接目的語 aux enfants（子どもたちに）をとりたてている。que は他のとりたて副詞よりも副詞としての出現位置の制限が強く，動詞句内部にしか現れず，主語や名詞修飾語などをとりたてることはできない。

(19)　Olivier ne raconte ses voyages qu'aux enfants.
　　　オリビエは子どもたちにしか旅行体験談を話さない。

4.4　名詞修飾成分のとりたて

(20) a. において「消費主義」という名詞を修飾する「過剰な」が「までの」という形でとりたてられている。このように日本語では，名詞修飾成分を直接とりたてることが可能である。フランス語では (20) b. のように単に「過剰な」にとりたて副詞を付加させると不自然となり

(20) c. の下線部のように「過剰ということさえできる／過剰とも言える」といった節の形にして表現しなければならない。

(20) a.　勤勉すぎる日本人の過剰なまでの消費主義

（『NIKKEI STYLE』）

　　b.　?Le consumérisme même excessif des Japonais trop travailleurs.
　　　　消費主義　　　　さえ　過剰な　　日本人の　　　すぎる 勤勉な

　　c.　Le consumérisme des Japonais trop travailleurs, qu'on peut même qualifier d'excessif.

一方で，フランス語にも (21) a. のように名詞修飾成分にとりたて副詞が直接付加する構造が存在する。(21) a. では「極端」のとりたて表現 même（さえ）が les révolutions（革命）を修飾する形容詞 pacifiques（平和的な）をとりたてている。しかし，(21) a. は単に名詞修飾成分がとりたてられた「平和的なまでの革命」という意味ではなく，même pacifiques が「たとえそれが平和的なものであっても」という仮定条件を表している。日本語では，このような場合，「もの」などの総称語を補って名詞句を別に作り，それをとりたてる同格構造や条件節を用いて (21) b. のように表現する。同様の振る舞いは「限定（特立）」のとりたて副詞 surtout（特に）などにも見られる。

(21) a.　Les révolutions, même pacifiques, ont ceci de désagréables
　　　　革命　　　　　さえ　平和的な　　持つ それ 不快な

　　　　qu'elles changent vos habitudes !
　　　　という　　習慣を変える

　　b.　たとえ平和的なものでも，革命というのは我々の習慣を変えさせるという不快な要素を持ち合わせている。

（FRANTEXT）

5. フランス語とりたて表現の文法的制約
5.1 人称代名詞に関わる文法的制約

フランス語の人称代名詞は文中で担う文法的な役割に応じて形が変化する。大きく分けて無強勢形と強勢形があり，無強勢形は主語や目的

語などの統語機能を表し動詞から独立して用いることができないのに対し，強勢形は特定の機能を示さず動詞とは独立に用いることができる。とりたて副詞は，無強勢形をとりたてることはできない。(22) a. ではmême（さえ）でとりたてられる主語に強勢形のlui（彼）が用いられている。ここで(22) b. のように通常主語に使用される無強勢形のil を用いると非文となる。

(22) a. Même lui trouve ça trop banal.
　　　　彼さえそれをありきたりすぎると感じた。（FRANTEXT）
　　 b. *Même il trouve ça trop banal.

また，強勢形は離れた位置から文の成分を指し示しとりたてる対象を明示するためにも使用される。(23)では強勢形のlui（彼）がとりたて副詞aussi（も）を伴って文末に置かれている。ここでlui（彼）はGuy（ギイ）を指しており，aussi がとりたてるのが動詞句ではなく「ギイ」であることが明示される。またこの形式は主語にaussi が直接付加された場合よりも「ギイ」に聞き手の注意を移行させる力も強い。

(23) Guy s'assoit lui aussi.
　　　　ギイもまた座った。

この表現は文頭や動詞の直後にも挿入される。(24)では動詞の直後に挿入されaussi（も）がとりたてるのが主語「ルイ」であることが明示されている。

(24) Louis était lui aussi un très bon élève.
　　　　ルイ　だった　彼も　優秀な生徒
　　　　ルイもまた優秀な生徒だった。　　　（FRANTEXT）

(25)ではとりたてる対象が目的語で無強勢形のme（私）である。このようにとりたてる対象が目的語や間接目的語で無強勢形の場合には，強勢形で離れた位置からとりたてを明示する以外に方法がない。(25)では，文頭にmême（さえ）を伴った強勢形のmoi（私）が現れ，とりたてるのが目的語のme（私）であることを離れた位置から示している。

(25) Même moi, ça me frappait.
　　　　さえ　私　それ　私を　驚かす

私でさえびっくりした。　　　　　　　　　　　　（FRANTEXT）

5.2　否定に関わる文法的制約

　日本語では (26) a. のように「だけ」を用いて否定文で目的語をとりたてることができる。これは，「食べ物」や「野菜」といった集合から1つの要素「にんじん」を取り上げてそれのみを否定する表現である。フランス語では (26) b. のように否定文の中で seulement (だけ) などを用いて目的語をとりたてることはできない。

(26) a.　ノエはにんじんだけは好きではない。
　　　b.　*Noé n' aime seulement pas les carottes.
　　　　　ノエ　ない 好む　だけ　　　　ない にんじん

　フランス語でこのような否定的なとりたてを表現するためには，前置詞 sauf (以外) や à part (以外) などを用いて「にんじん以外のものはすべて好きだ」と表現する。

　「限定」以外のとりたて副詞ではこのような制限はなく，4.2 で見たように même (さえ) や「限定 (特立)」の surtout (特に) は，否定文でとりたて副詞を否定マーカー pas の前に置いて目的語をとりたてることができる。この場合，とりたて副詞を pas の前に置くのは pas 直後は否定されるものが現れる位置であるためであり，même や surtout が pas 直後に現れることはない。

　逆に seulement (だけ) や ne...que (しか〜ない)，また spécialement (特に) などは否定マーカー pas の直後にも現れる。この場合，とりたて副詞が否定の対象となる。(27) では「特にチョコレートが嫌い」なのではなく「特にチョコレートが好き」なことが否定されチョコレートよりも好きなものがあることを表す。

(27)　Noé n'aime pas spécialement le chocolat.
　　　　ノエは特にチョコレートが好きなわけではない。

6.　フランス語のとりたて表現の運用

　フランス語と日本語におけるとりたて表現の運用の違いを，対訳コー

パスを用いて見ていく。村上春樹著『世界の終りとハードボイルド・ワンダーランド』とその仏訳版 *La fin des temps* を使用する。

6.1 とりたて表現以外の手段で表される「限定」「反限定」

対訳コーパスを見ると，日本語のとりたて助詞により表現されている「限定」はフランス語ではとりたて副詞だけでなく形容詞 seul（だけ）や前置詞 sauf（以外）など多様な手段で表現されている。(28)は「限定」を表す「だけ」に対応する箇所にフランス語では「よりほか何もない」(ne...rien d'autre que) という比較表現が使用されている例である。

(28) a. 川の両側のまっすぐに切りたった壁と水の流れが見える<u>だけ</u>だった。

b. je <u>ne</u> distinguais <u>rien d'autre que</u> le mur abrupt longeant tout droit les deux côtés de la rivière, et le courant de l'eau.（p. 33）
（直訳）川の両側のまっすぐに切りたった壁と水の流れよりほか何も見えなかった。

とりたては，その背景にとりたてる対象となる要素とその比較対象となる要素が存在するため，比況・比較表現と深い関わりがある。日本語でも「よりほか何もない」という形で「限定」を表すことが可能ではあるが，フランス語ではこのような比較表現を使って「限定」を表すことがより自然に行われる。

他の可能性が実際には存在しないような場合でも同類の要素があるかのように示す「反限定」のとりたて表現はフランス語にはない。日本語の「たとえば」のように単に集合の中の一例を示す表現はフランス語にも存在するが，そもそもフランス語では簡潔で端的な文体が好まれ，実際に他の要素が存在する場合でも話し手が特に重要でないと判断すればそれをあえて示すことはしない。

フランス語でも不確かな事柄を述べる場合や提案，依頼などを目的とする場合，文全体の意味をやわらげることはあるが，日本語のように文のやわらげに「反限定」のとりたて表現の形態が用いられることはなく，条件節に対する帰結節などで用いられる動詞条件法や条件節などの

まったく別の手段が用いられる。

6.2 対訳コーパスに見る「反類似」と「類似」

　フランス語には「反類似」を表すとりたて表現の形態はないが，Grevisse (1993) では人称代名詞の強勢形が対比を示すとされる。(29) は「私は頭骨を持っているがその意味を知らない」という文に続く文で「彼ら」が「私」と対比されている。(29) b. では主語の「彼ら」が主語を示す ils ではなく強勢形 eux で表され対比の効果を生んでいる。

(29) a.　彼らはその意味を知っているが頭骨を持っていない。
　　 b.　Eux en connaissaient la signification mais ne l'avaient pas en leur possession.　　　　　　　　　　　　　(p. 102)

　(29) b. では強勢形が主語の働きも果たし文の基本構造に組み込まれているが，多くの場合，強勢形は自らは文の基本構造は構成せず，基本構造の成分となる要素を指して，追加挿入される形をとる。(30) a. は「彼女が住む職工地区がかつての輝きを闇の中に失った場所であるとするなら」という文に続く文で，「職工地区」と「官舎地区」が対比されている。(30) b. で動詞 continuait（つづけていた）の直後に挿入された人称代名詞の強勢形 lui は主語 le quartier résidentiel du sud-ouest de la ville（街の南西部にひろがる官舎地区）を指しており，「官舎地区」を他の要素と対比させる効果を生み出している。

(30) a.　街の南西部にひろがる官舎地区は，乾いた光の中でたえまなくその色を失いつづける場所だ。
　　 b.　le quartier résidentiel du sud-ouest de la ville continuait, lui, à perdre sans répit ses couleurs sous la lumière sèche.　(p. 110)

　また，強勢形やとりたてる対象が文頭に置かれることも多い。(31) b. は2つの並列節からなり，どちらもそれぞれ主語 je（私が），elle（彼女が）とは別に文頭に強勢形 moi（私），elle（彼女）が置かれ対比の効果を出している。

(31) a.　待ちあわせの場所にかけつけたが，彼女はあらわれなかった。

b. Moi, je me précipitais sur les lieux du rendez-vous, elle, elle
　　　　ne se manifestait même pas. 　　　　　　　　　(p. 162)
　　　　（直訳）私は，私が待ちあわせの場所にかけつけた，彼女
　　　　は，彼女があらわれもしなかった。

「類似」も同様にとりたてる対象が文頭に置かれることが多い。(32)
b. では「私が誰も必要としない」という基本構造の前に，強勢形 moi
（私）が否定文で使われる non plus（も）を伴って置かれている。

　（32）a. 私も誰にも用事はないのだ。
　　　b. Moi non plus je n'ai besoin de personne. 　　　　(p. 88)
　　　　（直訳）私も，私が誰も必要としていない。

　文頭は，フランス語でも主題が現れる位置であり，「類似」と「反類似」が主題化と深いつながりがあることを示している。

6.3　日本語よりもフランス語で明示されるとりたて

　フランス語では「反限定」が言語化されることはほぼなく，「反極端」が言語化されることも日本語に比べずっと少ない。しかしながら，「限定」や「極端」に関してはフランス語で言語化されることが日本語よりも少ないということはない。野田春美（2018）は，原著が日本語の漫画を集めた日仏対訳コーパスの分析で，日本語で明示されていないとりたての意味がフランス語で明示されている例を報告している。

　日本語で明示されないとりたてがフランス語で明示されることがあることは，特に「限定」や「極端」のとりたて副詞が持つ語用論的な効果と関係している。Anscombre and Ducrot（1976）は，même（さえ）や seulement（だけ）などの本質が，それらがある結論が正しいことを主張するための論証の手段として用いられることであるとしている。フランス語では，主張する結論を導き出すために論拠を明確に示していくことが重要視され，教育現場においても効果的な論証構造を学ぶことに力が注がれている。そしてフランス語では，論証の手段として，とりたて副詞が大きな役割を担っている。

　日本語と比べた時，フランス語のとりたて副詞は限られた意味を専門

的に表すことが特徴である。特に même（さえ）が表す意味は「極端」のみであり、「極端」を表す唯一のとりたて副詞でもある。これは複数の語が多義的に複数の意味を表す日本語のとりたて助詞とは対照的である。日本語で「テレビもあった」という文の「も」は「類似」も「極端」も意味しその解釈は聞き手に委ねられる。フランス語では、部屋の中を単に描写するためには論証において中立的な aussi を用いるが、「そこには何でもあった」「裕福な家だった」というような結論を主張するための有効な論拠として「（その時代には希少な）テレビもあった」という場合には même を用いて、一義的に明確に論証構造を示す。

6.2 で挙げた(31)では、フランス語では même（さえ）が用いられ「彼女はあらわれもしなかった」となっている。これは「自分は尽力したのに彼女は何もしなかった」さらには「彼女は非常識だ」といった結論を導く有効な論拠として「（遅刻どころか）あらわれなかった」事実を提示しているからである。

même 以外でも、論証構造で重要な役割を果たすとりたて副詞は多い。(33) b. は ne...que（しか～ない）を使って「頭骨が次に陽の目を見たのは一九三五年でしかなかった」となっており、1935 年以前を否定する「限定」の意味を表して、「一九三五年だった」という事柄を単に述べるのではなく、論証の方向性が「頭骨は長い間持つべき人の手に渡らなかった」といった負の結論へ向かっていることを示している。

(33) a.　頭骨が次に陽の目を見たのは一九三五年のことだったの。
　　　b.　Ce n'est qu'en 1935 que le crâne revit la lumière du jour.

(p. 127)

(34) b. では juste（ちょうど）が un aperçu sommaire sur les licornes（一角獣の概略）をとりたて「だけで十分」という必要十分条件であることを示している。必要十分条件は日本語では「だけ」や「しか」を用いた単純な構造では表現できず、日本語の文(34) a. では「～がわかればいい」という条件節の形式が用いられている。また、論証構造において juste はプラスの結論に向けた方向性を示している。

(34) a.　それで十分だよ。一角獣についての概略がわかればいいん

だ。

 b. C'est tout à fait suffisant. Il me fallait juste un aperçu sommaire sur les licornes. (p. 121)
 （直訳）それで十分だ，一角獣についての概略だけが必要だった。

　また (33) a. や (34) a. の日本語文では文末の「の」が前後の文脈との関係を示しているのに対し，フランス語ではこのような談話の構成成分の意味関係を示す他の手段は使用されていない。これらの文では談話構成成分の関係がフランス語ではとりたて副詞により示されており，このことからもフランス語においてとりたて副詞が担う論証構造や談話構成における役割の大きさが窺える。

　一方で，英語の even if にあたる逆接条件節を形成する même si（ても）に関しては，日本語で逆接条件節が使用されていても，フランス語では (35) b. のように si（たら）のみで形成された順接条件節が用いられることが少なからずある。(35) の場合，日本語では「電車で隣あわせたら気になる」という予測される因果関係が実現しないことを表すために逆接条件節を用いて (35) a. のようにする。これは条件節と主節の意味的な関係を示すもので論証構造とは異なる。フランス語ではこのような場合に même を用いる必要性は日本語よりもずっと低くなる。

(35) a. 電車でとなりに座っても注意もひかないし〔後略〕
 b. si tu étais assise à côté de l'un d'eux dans le train, tu n'y ferais même pas attention, [...] (p. 73)
 （直訳）もし君が電車で彼らのうちの一人の隣に座ったら，君はそれに注意もしない

7.　まとめ

　この論文では，とりたて副詞を中心にフランス語のとりたて表現について特徴的な次の (36) から (40) についてそれぞれ述べた。

(36) フランス語のとりたて表現は，主にとりたて副詞を用いて表現される。

(37) フランス語のとりたて副詞には,「限定」「極端」「類似」「反極端」の意味を表すものがある。

(38) フランス語のとりたて副詞は,主にとりたてる対象の直前に現れるが,特に動詞の直後に置かれて離れた位置から目的語などをとりたてることも多い。

(39) フランス語のとりたて副詞は,人称代名詞の無強勢形はとりたてることができず,強勢形を用いて離れた位置からとりたてる対象を指示してとりたてる。また「限定」のとりたて副詞には否定文で目的語や修飾語をとりたてることができないという制約がある。否定マーカー pas の直後にとりたて副詞が現れるととりたて副詞が否定される。

(40) とりたて副詞で表現できないやわらげの「反限定」や「反類似」は動詞条件法や人称代名詞の強勢形など他の手段によって表現され,「限定」もとりたて副詞以外に比較構造などによっても表現される。また,日本語で明示されない「限定」「極端」のとりたてがフランス語で明示されるのは,フランス語のとりたて副詞が論証構造や談話構成において担っている役割の大きさと関わっている。

とりたては,その背景にとりたての対象となる要素とその比較対象となる要素が存在するため,比況・比較表現と深い関わりがある。これら周辺的な構造と比較することで,とりたての概念の本質をより明らかにすることができる。

調査資料

『世界の終りとハードボイルド・ワンダーランド』村上春樹,新潮社,『CD-ROM 版 新潮文庫の 100 冊』所収電子版, 1995.
La fin des temps. Murakami, Haruki. Corinne Atlan(訳), Éditions du Seuil, 1992.
『NIKKEI STYLE』2017 年 4 月 5 日記事. Online: https://style.nikkei.com/article/DGXMZO14036380U7A310C1000000
Base textuelle FRANTEXT［テキストデータベース FRANTEXT］, ATILF-CNRS

& Université de Lorraine. Online: http://www.frantext.fr. Version 2016.

参照文献

青木三郎（1995）「取り立てと主題—日仏語の対照言語学的研究—」，益岡隆志・野田尚史・沼田善子（編）『日本語の主題と取り立て』pp. 277–298，くろしお出版．

石黒圭（2008）『文章は接続詞で決まる』光文社．

野田春美（2018）「日本語の漫画とフランス語訳における否定表現の異同」『人文学紀要』38, pp. 51–66, 神戸学院大学人文学部．

Anscombre, Jean-Claude, and Ducrot Oswald（1976）L'argumentation dans la langue［言語における論証］. *Langages* 10-42，pp. 5–27.

Grevisse, Maurice（1993）*Le bon usage : grammaire française*［使用規範—フランス語文法—］. 13e éd. rev. et ref. par André Goosse, Paris-Louvain-la-Neuve, Éditions Duculot.

Nølke, Henning（1983）*Les adverbes paradigmatisants : Fonction et analyse*［範列導入副詞—機能と分析—］. Revue Romane numéro supplémentaire 23, Akademisk Forlag.

チェコ語のとりたて表現

ユラ・マテラ

1. この論文の主張

　チェコ語ではとりたて表現として主にとりたて助詞（vytýkací částice）が用いられる。チェコ語のとりたて表現は，先行研究では情報構造の観点から積極的に論じられてきた。しかし，先行研究が扱っているとりたて表現は，主題を表すものが多く含まれており，ここで扱うとりたて表現とは必ずしも一致しない。この論文では，とりたて表現を主題などの情報構造から引き離して，日本語との対照という観点から再整理することを試みる。日本語のとりたて表現に対応するチェコ語の表現について（1）から（4）のことを述べる。

　　（1）　チェコ語には，とりたて表現の形態としてとりたて副詞ととりたて助詞がある。また，日本語でとりたて表現を用いるところであっても，チェコ語ではとりたて表現を用いない場合がある。

　　（2）　チェコ語のとりたて表現の基本的な位置として，とりたて助詞はとりたてる対象の直前に置き，とりたて副詞はとりたてる対象の直前にも直後にも置く。また，とりたて副詞がとりたてる対象から離れた位置にくる場合もある。

　　（3）　チェコ語には，日本語において「反類似」の意味を表すとりたて助詞の「は」や「こそ」に相当する形式はないが，語順，音調や特殊な構文によって「反類似」の意味を表す場合

がある。

(4) チェコ語のとりたて表現には、文法的に特徴的な振る舞いをするものがある。その中でも、「類似」の意味を表すiとaniというとりたて助詞には並列助詞のような性質も見られる。この2つのとりたて助詞の性質は、他のとりたて助詞にも「類似」の意味を表すとりたて副詞にも見られない。

　2.では、まずチェコ語はどんな言語かについて簡単に述べる。さらに、(1)についてチェコ語のとりたて表現の基本的な意味と形態を紹介する。とりたて表現をとりたて助詞ととりたて副詞に分けて、それぞれの特徴を日本語と対照して記述していく。3.では、チェコ語におけるとりたて表現ととりたてる対象の相互の位置に関わる現象、すなわち(2)について述べる。4.では、主に「反類似」のとりたてに注目し、(3)について論じる。5.では、(4)について「類似」の意味を表すチェコ語のとりたて表現の文法的な特徴について述べ、とりたて助詞が並列助詞の性質を示すという現象を紹介する。最後に、6.ではこの論文の内容をまとめるとともに、今後検討すべき課題について述べる。

2. チェコ語のとりたて表現の形態・意味・運用

　チェコ語は言語系統から言えば西スラブ語の1つであり、中欧のチェコ共和国の公用語で、およそ1200万人の話者によって話されている言語である。主にスロバキア語といわゆる言語連続体（方言連続体とも言われる）を構成しており、多くの点でスロバキア語、ポーランド語と共通する特徴を持つ。

　基本語順は「主語－述語－目的語（SVO）」である。主語、述語、目的語などの文法的な関係は語形や接尾辞で表現されるので、日本語と同様に文の語順の規則は比較的緩やかである。

　チェコ語のとりたて表現は、主に助詞と副詞が用いられる。しかし、日本語のとりたて表現に対応する形態を持たない場合もあり、特殊な音調、語順、構文を用いることもある。これらの要素を単独で用いることもあれば、組み合わせて用いる場合もある。ただしもちろん、書きこと

ばでは，音調を用いることはできない。

　まず，とりたて表現について見ていく。本書の「とりたて表現の対照研究の方法」(野田尚史)を参考に，日本語のとりたて助詞の意味的な分類の枠組みを使ってチェコ語のとりたて助詞を分類すると，表1のようになる。

表1　チェコ語のとりたて助詞の形態と意味

限定	jen（だけ） jenom（だけ） pouze（だけ） právě（ばかり，こそ） výhradně（だけ） než［否定文専用］（しか）	反限定	i（も） ba i（でも） ba dokonce（までも） byť（なんか）
極端	ba i（でも） dokonce（まで） teprve（さえ）	反極端	alespoň（ぐらい） přinejmenším（せめて）
類似	i（も） ani［否定文専用］（も）	反類似	［音調，語順や特殊な構文で表す］

　表1のチェコ語のとりたて助詞は，とりたてる対象の直前に置く。とりたて表現の直後の語，句などをとりたてる。(5)から(7)でチェコ語のとりたて助詞の例文をあげる。(5)(6)は格成分をとりたてる場合，(7)は動詞句をとりたてる場合である。とりたて表現には，意味によっても様々な含みがある。(5)には「ヤンがお母さんに他の物（たとえばワイン）はあげないと期待したのに…」，(7)には「ヤンが他のこと（たとえば皆に挨拶すること）もすると期待したのに…」のような含みがある。

(5)　Jan　　dal　　mamince　i　kytku.
　　　ヤンが　あげた　お母さんに　も　花を
　　　ヤンはお母さんに花もあげた。

(6)　Jan　　dal　　i　mamince　kytku.
　　　ヤンが　あげた　も　お母さんに　花を

ヤンはお母さんにも花をあげた。
（7）　Jan　jen　dal　mamince kytku.
　　　ヤンが だけ あげた お母さんに 花を
　　　ヤンはお母さんに花をあげることしかしなかった。

　表1で示したチェコ語のとりたて助詞の他に，とりたて副詞としてふるまう形態もある。表2にまとめる。表2からは，とりたて助詞ととりたて副詞では表現できる意味の偏りに違いがあることがわかる。まず，「類似」の意味においては，takyやrovněžなどとりたて助詞と同様に表すことができる。しかし，「限定」の意味においては，主に「限定（特立）」の意味を表し，「だけ」に対応するような形態はない。また，「極端」「反極端」を表すとりたて副詞もない。

表2　チェコ語のとりたて副詞の形態と意味

限定	hlavně（主に） především（とりわけ） zejména（特に） obzvlášť（特に）	反限定	například（でも） třeba（とか）
極端	――	反極端	――
類似	taky（も） také（も） též（も） taktéž（も） rovněž（も）	反類似	――

　チェコ語のとりたて副詞は，とりたてる対象の直後に現れるが，とりたて助詞と同様にとりたてる対象の直前に現れる場合もある。（8）は，「限定（特立）」の意味を担うとりたて副詞zejména（特に）がとりたてる対象のpro garáže（ガレージのために）の直前に現れる例である。

（8）　Podzemí je využito　zejména pro garáže.
　　　地下が 利用されている 特に ため ガレージ
　　　地下は特にガレージとして利用されている。

　意味的な範疇においては，チェコ語と日本語は共通点が多い。どち

らの言語においても，とりたて表現は1つの形態が複数の意味カテゴリーに属していることがある。たとえば，日本語の「も」が「類似」「反限定」「反極限」を表すことができるように，チェコ語のiも「類似」や「反限定」を表すことができる。

　一方で，両言語には違いもある。日本語には，「反類似」を表す「は」が多用されるのに対して，チェコ語はそれに対応する形式を持たない。「反類似」の意味は，チェコ語では語順，音調あるいは特殊な構文によって表される。

　また，(9)に見るように，チェコ語において「類似」の意味を表すani（も）というとりたて助詞は否定の場合にしか使われない。

(9) a.　Byla　tam　<u>i/*ani</u>　Marie.
　　　　いた　あそこ　も　　　　マリエが
　　　　マリエもあそこにいました。

　　b.　Nebyla　tam　<u>ani/*i</u>　Marie.
　　　　いなかった　あそこ　も　　　マリエが
　　　　マリエもあそこにいませんでした。

　否定の場合にしか使われないとりたて助詞は「類似」の意味のaniに限らず，「限定」のとりたて表現にもある。(10)は「限定」を表しており，「［動詞の否定形］＋ než ＋［動詞の不定形］」の形で用いられる。この構文は，日本語における「しか＋［否定の述語］」という構文に，意味の面でも形式の面でも類似しており，興味深い。

(10)　Teď　<u>nezbývá</u>　<u>než</u>　čekat.
　　　　今　　残らない　　より　待つ（不定）
　　　　　今は待つしかない。／今は待つほかない。

　とりたて助詞nežは歴史的には，動詞の不定形以外の形式をとりたてるためにも使われていたが，現在のチェコ語においては，名詞の前に置くと古語的な印象になり，ほとんどの場合で(10)のような否定文で用いる。

　チェコ語のとりたて助詞の中には，意味が同じでも，もっぱら使用場面が話しことばか書きことばに偏るものがいくつかある。オンラインの

『チェコ語の国立コーパス』（Český národní korpus）を用いて調査したところ，「類似」の意味を表す taky（も）は話しことばで使用され，také（も）や též（も）は書きことばで使用される傾向がある。同様に，「限定」の意味を表す jenom（だけ）は話し言葉，jen（だけ）や pouze（だけ）は書き言葉で使用される傾向が見られる。

　最後に，チェコ語と日本語のとりたて表現の使用頻度を見ていく。村上春樹の『国境の南，太陽の西』および筒井康隆の『パプリカ』の原文とそのチェコ語訳を対象にし，原文におけるとりたて表現の機能が訳文でいかに表されるかを見た。結果として，日本語ではとりたて表現をよく用いるのに対し，チェコ語では日本語ほどとりたて表現を用いないことが分かった。(11) は『国境の南，太陽の西』の原文の 29 番目の文とそのチェコ語訳で，(12) は 197 番目の文とそのチェコ語訳である。原文にはとりたて助詞の「しか」は jen として翻訳されているが，「も」に相当するチェコ語訳がない。

(11) a.　六人も七人も子供がいる家庭は稀だったが，一人しか子供がいない家庭というのはそれ以上に稀だった。

　　　b.　Domácnosti, kde měli dětí šest, nebo sedm, byly dost vzácné. Vůbec nejvzácnější ale byly domácnosti, kde měli dítě jen jedno.

(12) a.　僕らはその二枚のレコードも本当によく聴いた。

　　　b.　Tyhle dvě desky jsme si pouštěli opravdu často.

　　　　　　　　　（Murakami. *Na jih od hranic, na západ od slunce*）

3.　チェコ語におけるとりたて表現の位置

　2. では，とりたて助詞やとりたて副詞の意味，形態と運用を概観した。ここでは，これらのとりたて表現の位置の違いについて詳しくみていく。

　とりたて副詞は，とりたて助詞と異なり，とりたてる対象の後に置くことが可能である。(13) はとりたて副詞がとりたてられる要素の直後にある例で，(14) はとりたて助詞がとりたてる対象の直後にあって非

文になる例である。

(13) A　 to　 je　　moc　důležité, v dnešní době zejména.
　　　そして それ である とても 大事　　　　に 今日の 　時期 　特に

そして，とくに最近は，それはとても大事なことです。

(*Literární noviny*, 2012 年 32 号)

(14) a. *Ten pach síry　 se šíří tady i.
　　　　　その 臭いが 硫黄の 広がる ここ 　も

その硫黄の臭いはここも広がっています。

　　b. Ten pach síry se šíří i tady.　　　　(*Instinkt*, 2011 年 8 号)

また (15) (16) は，それぞれ同じ「去年」をとりたてている例であるが，とりたてる対象の前に現れている例と後に現れている例である。(15) において，obzvlášť（特に）というとりたて副詞がとりたてる対象の loňský rok（去年）の直前に位置しており，(16) においては直後に位置している。

(15)　Obzvlášť　 loňský rok　byl　　　 úspěšný.
　　　 特に　　　　　去年が　　　　であった 成功する

特に去年は成功しました。

(*MF Plus*, 2010 年 12 号)

(16)　Nedávné období － loňský rok obzvlášť － bylo　　úspěšné.
　　　 この　　ごろが　　　去年が　　 特に　　　　であった 成功する

最近——特に去年——は成功しました。

チェコ語の文において，最も焦点を受ける要素は文末に位置するのが一般的である。たとえば先行する発話を修正する場合，その要素は文の焦点になり，通常文末に置かれる。とりたて表現そのものがそのような発話の修正の対象になった場合，とりたて表現を文末に置く必要がある。その場合，とりたてる対象の直後に置くとりたて副詞は用いることができるが，とりたてる対象の直前に置くとりたて助詞は用いることができない。とりたて助詞は文末に位置することはないためである。(17) はその例である。B の発話は，A の発話におけるとりたて表現の「類似」の意味を「限定（特立）」の意味に改めている。同様の文脈にお

いて，とりたて助詞 jen（だけ）が表す「限定」の意味も考えられるが，jen は使用できない。また，(17) の A の発話において，「類似」の意味でとりたて副詞の také は使えるが，とりたて助詞 i は使えない。

(17) A: Takže Marie tancovala také?
　　　　じゃ　マリエが　踊った　　も
　　　じゃ，マリエも踊っていたんだね。

B: Marie především!/*Marie jen!
　　マリエが　特に　　　　マリエが　だけ
　マリエこそ／*マリエだけ（踊っていた）！

前述のように，とりたて副詞はとりたてる対象の直前や直後に置くことができる。その他にも，とりたて副詞はとりたてる対象から離れた位置におくことがある。主語をとりたてる場合は，(18) のように文末にとりたて副詞を置くことがある。(18) では，とりたて副詞 také（も）がとりたてる対象は，直前の večeři（晩ご飯）ではなく，文頭の主語の ten（その（人））となる。同様に，(17) の A の発話において，とりたてる対象は tancovala（踊った）ではなく，Marie（人名）である。

(18)　Myslíš Theodora Luxtona? Ten bude na večeři také?
　　　思う　テオドール・ラクストンを　その（人）いる　に　晩ご飯　も
　　テオドール・ラクストンのことか？彼も晩ご飯に来るの？
　　　　　　　　　　　　　　　　　　　　　　(Mortonová, Kate. *Dům u jezera*)

とりたて副詞ととりたてる対象が離れて現れる例は，(19) のような場合でも確認できる。とりたて副詞の taky（も）は文末でもなく，名詞述語 jsem Čech（チェコ人である）の構成要素の間に位置しているが，文頭の主語の já（私）をとりたてる。

(19)　Já jsem taky Čech.
　　　私が　である　も　チェコ人
　　私もチェコ人です。

チェコ語のとりたて表現は，とりたて助詞やとりたて副詞の他に，特殊な音調も用いる。Nekula (2012–2017) によると，とりたて助詞が含まれた文において，どの要素に音調を置くかによって文全体の意味が微妙

に異なる。(20) は，Na koncert přišla jen moje matka.（コンサートに私の母しか来ませんでした。）という文において音調がそれぞれ matka（母），moje（私の）及び jenom（だけ）に置かれる例である。まず，「私の母」の「母」の部分だけをとりたてて「私の父や弟ではなく母である」ということを示すためには，(20) a. のように matka（母）に音声的な強勢を置く。同様に，連体修飾の部分だけをとりたてる場合，(20) b. のように moje（私の）にのみ強勢を置く。主語である「私の母」全体をとりたてる場合は，(20) c. のようにとりたて助詞である jenom（だけ）そのものに強勢を置くことができる。

(20) a.　Na koncert přišla jen moje matka.
　　　　　コンサートに　来た　だけ　私の　母が
　　b.　Na koncert přišla jen moje matka.
　　c.　Na koncert přišla jenom moje matka.

このように，話し言葉において，とりたて表現の位置ばかりでなく，とりたて表現と音調の組み合わせがとりたての機能を果たしている。

4. チェコ語における「反類似」のとりたてを表す特殊構文

日本語には，「反類似」の意味を表すとりたて助詞として「は」が存在する。一方，チェコ語には，表1でも示したように，「反類似」を表す独自の形態がない。とはいえ，チェコ語にも「反類似」の意味を表す手段がある。それは主に語順，音調や特殊な構文である。

4.1 語順の入れ替えによる「反類似」のとりたて

まず語順における「反類似」のとりたてを紹介する。2 では，チェコ語において主語，目的語などの文法的な関係は名詞の形態変化や接尾辞の付加によって表されると述べた。チェコ語は，日本語と同様に格成分が現れることができる位置が複数ある。実際，文中の何をとりたてるかによって，格成分の位置がかわることがある。たとえばチェコ語は，「反類似」の意味を表す場合語順を入れ替える必要がある。チェコ語の基本語順は SVO だが，目的語や，述語の後方にある副詞句や前置詞句

を文頭位置に置くことによって「反類似」のとりたてを行うことができる。(21)で見るように，「反類似」の意味で直接目的語の Eiffelovku（エッフェル塔を）をとりたてる場合も前置詞句の do Louvru（ルーヴルへ）をとりたてる場合も，これらの要素を動詞述語の viděl（見た）と nešel（行かなかった）の前に置く。

(21) Eiffelovku viděl, ale do Louvru nešel.
　　　エッフェル塔を　見た　しかし　ルーヴルへ　行かなかった
　　　（彼は）エッフェル塔は見たけど，ルーヴルへは行かなかった。

さらに，前置詞を付加した要素を文頭位置に置くことで「反類似」を表すこともある。その場合，後に続く文には，とりたてる対象を指す代名詞を置く必要がある。たとえば，(22)においては，コンマによって表示される音声的な切れ目の後に来る o té（その（もの）について）が文頭の o té vraždě（その殺人事件について）を指している。さらに，(23)においては，tam（そこ）が do Prahy（プラハへ）を指している。

(22) O té vraždě,　　o té　　　　jsem četl v novinách.
　　　その　殺人事件について　その（もの）について　読んだ　　新聞で
　　　その殺人事件については，新聞で読みました。

(23) Do Prahy – tam jezdím nerad.
　　　プラハへ　　そこ　行く　　嫌い
　　　プラハへは，行きたくないです。

ところで，(21)から(23)において，とりたてる対象はすべて文法的な関係による格や前置詞を伴っている。Eiffelovku（エッフェル塔を）は対格で直接目的語であり，do Louvru（ルーヴルへ）と do Prahy（プラハへ）は前置詞の do を伴う前置詞句である。ところが，Grepl and Karlík (1998: p. 395) によると，話しことばにおいて，とりたてた名詞は無標の主格で現れる傾向があるという。(24)と(25)の文頭の表現は，(22)(23)における文頭の表現と異なり，o や do などの前置詞が用いられず，無標の格となっている。

(24) Ta vražda,　　o té　　　　jsem četl v novinách.
　　　その　殺人事件が　その（もの）について　読んだ　　新聞で

その殺人事件は，新聞で読みました。

(25) Praha - tam jezdím nerad.
　　　プラハが　そこ　行く　　嫌い
　　プラハは，行きたくないです。

　以上のように，チェコ語には，日本語の「は」のように「反類似」を表す独自の形態は存在せず，代わりに，語順を入れ替えたり，音調を変えることによって「反類似」を表現する。ただし，主題を表現する場合も同じように語順を入れ替えるため，見かけ上は主題と「反類似」の区別はつかず，結局文脈で判断するしかない。

4.2 to 構文による「反類似」のとりたて

　主語をとりたてる場合においては，語順の場合とは異なり，必ず「反類似」として解釈される専用の構文がある。基本語順において文頭に位置する主語を「反類似」でとりたてる場合，(26) の第 2 文のような構文が使える。(26) における to という表現は，直後の主語の Marie を「反類似」の意味でとりたてている。

(26) Jan　　na večírku　vůbec　netancoval.
　　　ヤンが　パーティーで　全然　　踊っていなかった
　　　To Marie　tancovala　až do rána.
　　　マリエが　　踊っていた　　朝まで
　　ヤンはパーティーで全然踊らなかった。(一方,) マリエは朝まで踊っていた。

　この to 構文は，「反類似」専用の構文であり，前の文章で事前に対比的な文脈を導入した場合にしか用いることができない。

　加えて，to 構文では (24) や (25) と同じように，とりたてた要素を指す代名詞を元の位置に残すことも可能である。主語がそもそも文頭にあるため表面上はわかりにくいが，この場合，to 構文においても文頭位置への前置が起きたと考えることができる。(27) は，(26) の第 2 文において，代名詞 ta (その) を主語位置に残し，主語を文頭位置に置いた例である。(27) は (26) と同様の文脈を想定している。

(27) To Marie, ta tancovala až do rána.
　　　　マリエが　　その　踊っていた　　朝まで

　文頭への移動によるとりたての場合は，主題の場合との区別が難しいと上述したが，to 構文を用いた場合は，主題ではなく「反類似」としてとりたてることができる。なお，(26)と異なり，(27)の場合は，とりたてる対象とその後方の部分の間に音声的な切れ目が入り，文のイントネーションが変わるが，「反類似」の意味でとりたてることに変わりはない。

4.3　動詞不定形による述語の「反類似」のとりたて

　最後に，述語の動詞を「反類似」の意味でとりたてる構文を見ていく。日本語における動詞述語のとりたてについては，日本語記述文法研究会（編）(2009: p. 35) において，「動詞述語がとりたてられる場合，動詞の連用形に『は』が接続し，その後に『する』がつく」と述べられている。具体的には，(28)のようなものである。

　　(28)　フランス語を習いはしたが，身につかなかった。

　このような場合，チェコ語では，主に音調によって「反類似」の意味でとりたてる。加えて，音調以外にも (29) のように動詞の不定形を文頭位置に置くという手段もある。このような動詞不定形によるとりたては標準語の表現ではないが，チェコの東部に位置するモラヴィア地方の話しことばで主に使用されており，イディッシュ語やハンガリー語など，他の言語でも見られる構文である。

　　(29)　Pracovat pracuje, ale výkon má nízký.
　　　　　働く(不定) 働いている けど 効率を 持つ 低い

　　　　働いてはいるが，効率が低い。

　(29)には，pracuje（働いている）という動詞が2回現れるが，最初の動詞不定形は，テンスや人称を持たず，単に動詞の意味を担う形式である。一方，不定形の直後の動詞は同様の語彙ではあるがテンス（現在），人称（3人称），態（能動）を表す定形の動詞である。実際の文の述語となっている動詞は，2つ目のpracuje（働いている）のほうである。

また，この構文は，否定文でも使うことができる。(30)はその例である。

(30) Pracovat nepracuje, ale plat dostává.
    働く(不定) 働いていない けど 給料を もらっている

    働いてはいないのに，給料をもらっている。

(29)や(30)の構文における動詞の不定形は，日本語の連用形に相当する。述語をとりたてる場合は，対象の動詞をテンスを含まない形でとりたてる。実際にテンスなどの文法カテゴリーを担うのは，日本語の場合は後に続く形式動詞「する」であり，チェコ語の場合は「する」に相当する形式動詞ではなく，当該の動詞の定形である。

5. チェコ語におけるとりたて助詞と並列助詞

2.の表1では，iとaniを「類似」の意味を表すとりたて助詞として紹介したが，5.では，このiとaniの並列用法について詳しく見ていく。

まず，2.でも述べたが，意味の面から言えば，iもaniも「類似」を表し，日本語の「も」に相当する。ただし，(31)(32)のようにiは肯定文に出現するのに対し，aniは否定文に出現するというすみ分けがある。

(31) {I/*Ani} já jsem se účastnil!
    も　　　私が 参加していた

    私も参加していたよ。

(32) {Ani/*I} já nejsem váš nepřítel.
    も　　　私が でない あなたの 敵

    私もあなたの敵ではありません。

(31)のような場合では，taky, též などの「類似」を表すとりたて副詞も使用できる。一方で，iやaniが使用できてもtaky, téžなどが使用できない場合がある。具体的には，i(も)は名詞を並列してとりたてることが可能である。(33)a.における stůl (机) と židle (椅子) は単純の並列の関係で接続する場合である。(33)b.はこの名詞がi(も)によってとりたてられた場合で，iが並列助詞であるa(と)と同じ位置で用いられ

ている。なお，(33) c. からは，この場合において též（も）などのとりたて副詞が使用できないことがわかる。(33) b. のような構文の興味深いところは，i のとりたて助詞は直後の表現だけをとりたてるのではなく，直前の要素と直後の要素を並列してとりたてている点である。これは，ちょうど日本語でいうところの「AもBも」のような関係に近い。

(33) a.　Je　tu　stůl　a　židle.
　　　　ある　ここ　机が　と　椅子が

　　机と椅子（と）がある。

b.　Je tu stůl i židle.

　　机も椅子もある。

c.　*Je tu stůl též židle.

さらに，(34) に見るように，i は，také などと違って，並列助詞の位置にも，とりたて助詞の典型的な位置にも出現できる。(34) a. においては，stůl a židle（机と椅子）がセットの設備として把握され，「類似」の意味でとりたてられている。一方，(34) b. においては，stůl と židle がそれぞれ個々にとりたてられている。なお，také, též, rovněž などのとりたて副詞は，このようなとりたて方ができない。

(34) a.　Je　tu　i/také　stůl　a　židle.
　　　　ある　ここ　も　　机が　と　椅子が

　　机と椅子もある。

b.　Je　tu　i　stůl　i　židle.
　　ある　ここ　も　机が　も　椅子が

　　机も椅子もある。

c.　*Je　tu　také　stůl　také　židle.
　　ある　ここ　も　　机が　　も　椅子が

i と同様の振る舞いは ani にもある。(35) において，ani は，直接目的語の dům（家を）と rodinu（家族を）をとりたてる位置にも，それらの2つの名詞の間にもある。

(35)　Teď　už　nemám　ani　dům,　ani　rodinu.
　　　今　もう　ない　　も　家を　も　家族を

今は，もう家も家族もありません。

(Legardiner, Gilles. *Zítra začnu nový život*)

(34) b. や (35) のような構文において，i と ani の 2 つのとりたて助詞が並列されて用いられている。これらは，あくまで「類似」の意味で名詞をとりたてているのであり，単に並列の関係で名詞を繋いでいるのではない。「類似」のとりたての場合，主語や目的語のそれぞれの構成要素である名詞が，i や ani によって個々にとりたてられている。一方，také, rovněž などの「類似」のとりたて副詞の場合は，主語や目的語などの成分を接続助詞 a（と）などを用いてひとまとまりにしてとりたてることしかできない。

並列された名詞における i, ani による「類似」のとりたての構造，および také, taktéž, rovněž などの「類似」を表すとりたて副詞によるとりたての構造の違いをまとめると，(36) と (37) のとおりである。

(36) 並列できるもの：i, ani
    a. i/ani [名詞$_1$] i/ani [名詞$_2$] 述語
    b. i/ani [名詞$_1$ + 名詞$_2$] 述語

(37) 並列できないもの：také, též, rovněž など
    a. *také [名詞$_1$] také [名詞$_2$] 述語
    b. také [名詞$_1$ + 名詞$_2$] 述語

ここで見てきたとりたて助詞の分布は，チェコ語では i と ani だけで見られる文法的特徴である。なお，「i X i Y」と「ani X ani Y」は，「jak X tak Y」という構文に類似している。(38) における構文も「類似」の意味を表すとりたての場合である。

(38) Soud bude ignorovat jak otázku, tak odpověď.
      裁判所が　　無視する　どう 質問を　そう 回答を
    裁判所は質問と回答の両方を無視する。

(Pierre, D. B. C. *Vernon Bůh Little*)

6.　まとめと今後の課題

この論文では，チェコ語のとりたて表現について見てきた。日本語の

とりたて助詞の意味的な枠組みを用いながら，チェコ語のとりたて助詞ととりたて副詞の違いや，音調や構文によるとりたてとそれに関わるいくつかの特殊な現象について述べた。特に (39) から (42) のことについて述べてきた。

(39) チェコ語には，日本語と同様にとりたて助詞ととりたて副詞があるが，とりたてが音調や特殊な構文によって表現される場合もある。とりたて助詞の中には，意味が同じでも，使用場面が話しことばか書きことばに偏るものがある。また，日本語でとりたて表現を用いるところであっても，チェコ語ではとりたて表現を用いない場合があることが日本語の文章とそのチェコ語訳の対照的な分析からわかる。

(40) チェコ語のとりたて助詞は，とりたてる対象の直前に位置する。とりたて副詞は，とりたてる対象の直前に置く場合もあるが，とりたてる対象の直後に置く場合もある。しかし，とりたて助詞と違って，とりたて副詞によってより離れた位置にある表現をとりたてることも可能である。また，とりたて表現が含まれる文において音声的な強勢の位置が変わるととりたてる対象が変わる場合がある。

(41) チェコ語のとりたて表現には，日本語の「は」や「こそ」の「反類似」の意味を表す表現に相当する形式はないが，語順の変更や特殊な構文を用いることで「反類似」の意味を表現することができる。

(42) とりたて助詞 i や ani にはとりたてる対象を並列させてとりたてる性質がある。他のとりたて助詞にその性質はない。また，同じ「類似」の意味を表すとりたて副詞にもそのような性質はない。

今後の課題として，次のようなことが考えられる。まず，チェコ語のとりたて表現が，名詞，動詞，述語全体など，どのような範囲をとりたてる対象とするかを明らかにする必要がある。3. で，チェコ語のとりたて副詞は基本的にとりたてる対象の直前や直後に置かれる一方，とり

たてられる対象から離れた位置に現れる場合があり，特にとりたて副詞が述語に付加した場合，述語以外の要素をとりたてる対象とすることができることを述べた。今後の課題として，この現象はとりたて副詞だけでなく，とりたて助詞の場合にも見られるかどうかなどを十分に確認し分析することが必要である。

　また，チェコ語の研究では，情報構造の研究が豊富であるのに対してとりたて表現の研究は未だ稀である。そのため，とりたて表現に関わる現象と情報構造の相互関係についても，今後の発展が期待できる点である。最後に，2. で述べたように，チェコ語とスロバキア語は言語連続体を構成しているが，両者にはとりたて表現の違いも見られる。とりたて表現についてもチェコ語とスロバキア語を比較することで，新たな知見がもたらされることが期待できる。

調査資料

Český národní korpus［チェコ語の国立コーパス］，［https://www.korpus.cz/］
村上春樹『国境の南，太陽の西』講談社文庫，1995.
Murakami, Haruki. *Na jih od hranic, na západ od slunce*. Tomáš Jurkovič（訳）. Odeon. 2004.
筒井康隆『パプリカ』新潮文庫，新潮社，1993.
Cucui, Jasutaka. *Paprika*. Anna Křivánková（訳）. Odeon. 2013.

参照文献

日本語記述文法研究会（編）(2009)『現代日本語文法5　第9部 とりたて　第10部 主題』くろしお出版.
Grepl, Miroslav and Petr Karlík (1998) *Stavba češtiny*［チェコ語の構成］. Votobia.
Nekula, Marek (2012–2017) Vytýkací částice (fokusační částice, aktualizační částice, zdůrazňující částice, gradační částice)［とりたて助詞（焦点化の助詞，実際化の助詞，強調の助詞，スケールを表す助詞）］. Petr Karlík, Marek Nekula, and Jana Pleskalová (eds.) *Nový encyklopedický slovník češtiny online*［新チェコ語事典オンライン］. [https://www.czechency.org/slovnik/VYTÝKACÍ ČÁSTICE]

あとがき

　日本語と他の言語のとりたて表現を対照する共同研究は楽しいものでした。2015年に始めたこの研究は打ち合わせ会を7回開き，1000通以上のメールをやりとりしてきました。その中で言語ごとの違いが見えてくると驚き，違う言語で共通する現象が見えてくるとわくわくしました。

　といっても，同じ枠組みでさまざまな言語のとりたて表現を記述し，日本語とそれぞれの言語のとりたて表現の相違点と共通点がはっきりわかるような本を作るのは大変でした。それぞれの言語の専門家はその言語の文法記述の論理や方法が身についているため，全員が同じ枠組みでそれぞれの言語を記述するのは簡単なことではないからです。

　読者におもしろいと思ってもらえる本を作るために，まず重視したのは共同研究のメンバーが互いに思ったことを遠慮せずに言い合える人間関係を築くことでした。その上で，提出されたそれぞれの原稿に対して編者と編者補佐の井戸美里さん，そして他のメンバー2人がコメントして改稿してもらうということを繰り返しました。この本が統一的でわかりやすいものになっているとしたら，コメントを受けて何回も改稿してくださった執筆者の粘り強さと寛容さのおかげです。

　この本の出版をきっかけに，今後さらにとりたて表現や他のテーマについての対照研究が盛んになることを願っています。　　　（野田尚史）

　初めて書いた論文は，「まで」と「さえ」の違いを分析するという内容でした。それから20年，「とりたてが得意です」と言って世間の誤解を受けることもありましたが，いろいろな方に刺激をいただきながら，とりたてのことをずっと考えてきました。今回の共同研究プロジェクトの研究会では，日本語研究を説明する立場として，それぞれの言語のプロからの強すぎる刺激に冷や汗をかきつつ，とりたての面白さを再発見できたように思います。あまりにとりたてが好きすぎて，編集補佐の井戸さんたちと「熊本とりたてティータイム」という勉強会（自称）をときどき開催しているというのはヒミツです。　　　（茂木俊伸）

私は大学院生の時，古代日本語の副助詞の研究を始めました。最初に「ばかり」，次に「ばかり」と「のみ」の比較，続いて「ばかり」と「まで」の比較。ある時，論文の載った雑誌を見た母親に「おまえ，ばかりばっかりだね」と言われました。古代日本語を研究対象とする私には，副助詞と係助詞は別物なので，「とりたて」として一括することに当初なじめませんでしたが，対照研究の一環として，現代日本語と古代日本語を比べる，それを外国語との対照研究と同じ枠組みでしてみる，というのは楽しい作業でした。ある絵本作家の言うように，互いに同じところを探しながら違うところを面白がるのが大事ですね。　　　（小柳智一）

　日本語教育を専門にしていると，世界中の日本語学習者とコミュニケーションできます。しかし，これまで世界の言語の研究者と同じテーマでコミュニケーションすることなどできませんでした。この会でこれが実現し，そして，世界の言語と日本語との異同を考えると楽しいと実感できました。もう1つ実感したことは，会での協働が楽しいと感じれば感じるほど成果も上がっていくのではないかということです。議論の記憶はおやつやお食事のメニューの記憶でよみがえりますが，おいしいものを共有することには意味がありました。メンバーが仲良くなるにつれ，議論はより深くなったと記憶しています。　　　（中西久実子）

　私が琉球語研究を始める前から琉球語には係助詞ドゥ（ぞ，こそ）があり係り結びがあると言われていました。あるとき，自然談話の中で係助詞があっても連体形（強調形）以外のさまざまな形式があることに気づきました。そして，係助詞の機能って何だろうと考えるようになりました。そんなとき出会ったのがとりたてです。共同研究のなかで琉球語のとりたてに正面から向き合いつつ，外国語のとりたて表現と対照するなかでとりたての奥深さに魅せられました。でも，書き進めるほど，とりたてって何？係助詞って何？と深みにはまっていきます。よし！この本を読んで勉強しよう。あれっ！なんか変だな。　　　（狩俣繁久）

あとがき

　韓国語母語話者の私は日韓対照研究もやるが，普段はテンス・アスペクト・モダリティといった用語に親しみ，慣れている毎日である。以下はこのプロジェクトで感じた雑感である。まずは情報交流の研究会もそうだが，セレクトされた食べ物やワインなどをも吟味できる，懇親会の方もなかなか魅力的である点。次は，「とりたて」を英語では「TORITATE」と表記する点。最後は査読が厳しい，という点である。草稿段階では厳しいコメントが多すぎて原稿を諦めるかとも思った位であった。とはいえ，その査読がなかったなら落ちこぼれの自分は原稿が完成できなかったのではと思う。ありがとうございました！　　（鄭相哲）

　私は日中対照研究もやるが，本業は日本語研究である。中国語について書くときも，常に日本語研究者の観点から，日本語母語話者のために書く（というか，そうするしかない）。本書のような企画にはうってつけの書き手のはずだが，それでも本書の方針とのすりあわせにはかなり苦労した。しかし，結果的には，中国語のとりたてのエッセンスをある程度浮かび上がらせることができたように思う。中国語の文法現象は日本語と大きく異なるように見えることも多いが，「なぜこのような形をとるのか」ということは意外にわかりやすい面がある。中国語のそのような側面を多少なりとも感じてもらえるとうれしい。　　（井上優）

　これまで「原稿は，速い，安い，うまい」の「牛丼原稿」を心がけてきたつもりだったが，今回はどうにも勝手が違った。厳しい査読の内容に納得しながらも，その結果をどうやって原稿の修止に活かすかに四苦八苦し，あげくは初稿の全面的な再構成にとどまらず，調査のやり直しとなってしまった。タイ語のとりたてについて，分析が深まったのは大きな収穫だったが，大幅に締め切りに遅れてしまい，査読者，共著者の皆様にご迷惑をかけてしまった。皆さんホントにごめんなさい。「うまい」には程遠くとも，せめて読者にとって少しでも読みやすいものになっていればと，祈るばかりです。　　（峰岸真琴）

「とりたてって何？」というレベルで，恐る恐る参加し始めた研究会でした。皆さんの鋭い質問におたおたしながら，最終的に論文として成果をあげることができるのか不安でしたが，ずばり的中。インドネシア語のとりたて表現のうち，たった1つsajaを扱っただけでページが尽きてしまいました。それでも楽しく（？）執筆できたのも，研究会の皆さんの貴重なご意見のおかげです。ありがとうございました。というわけで，まだとりたて研究の入り口でまごまごしていますが，インドネシア語でやり残した課題は盛りだくさん，お楽しみはまだこれからです。
(原真由子)

　ヒンディー語学に「とりたて」という用語はなく，プロジェクト参加当初は本書の意味分類もよく理解できませんでした。しかし，研究会で他の言語の発表を聞くうちに，ヒンディー語のとりたて表現が徐々に見えてきました。6つの意味分類でヒンディー語を分析すると，とりたて助詞が補い合うように分布し，該当するとりたて助詞がないところは重複表現が埋めていることがわかり，言語というのは実によくできているものだと思いました。今後も日本語研究の知見をもとにヒンディー語の文法を見ていきたいと思います。論文が完成し，こうしてあとがきが書けるのは野田さんの叱咤激励と井戸さんのサポートのおかげです。本当にありがとうございました。　　　(今村泰也，プラシャント・パルデシ)

　ネワールの人は，結構自然な日本語話す人が多いんだけども，（間）主観を織り込む表現形式で似てるのが多いからだろう。無論，全く同じじゃないからたまに形式上合ってても，そんな使い方しないよなぁ，なんて表現も聞かれる。こういうのが対照研究にはネタとしてもってこい。とりたて助詞も野田さんの体系に当てはめてみたところ，違いがだいぶん整理できた。そういやぁ，最近ネワールも日本に急に増えてきた。ゾーゾラパなんて挨拶すれば，ネワール系ネパール料理屋で，割引なくともおまけのサモサぐらいつくかもね。でもネワール語じゃ「おまけぐらいつけてよ」って直訳で言えないのがもどかしい。　　(桐生和幸)

シンハラ語はしばらくお休みしていたのですが，ふとしたきっかけで再び始めることになりました。それがきっかけでこのプロジェクトにも参加させていただくことになりました。以来，私にとってシンハラ語は見事にあたりでした。おかげさまで，この1年でシンハラ語関係の出張で2つの台風に3度遭遇しました。1度目は7月にプロジェクトの研究会の行く途中に静岡あたりで台風12号に遭遇しました。奇遇なことに，1週間後には西に進んでいた同じ台風に何と中国の上海で遭遇しました。最後に，9月には台風21号が来て関空が閉鎖になり，（シンハラ語が話される）スリランカ出張の往復がとんでもないことになりました。そんなこんなでも，論文を仕上げられてよかったです。　　（岸本秀樹）

　40年以上トルコ語と係わってきたのに，とりたて表現はいつも脇役でした。その脇役を今回は主役に抜擢したのですが，脚本作りは想像以上に難航しました。その過程で，トルコ語母語話者のお二人にはたいへんお世話になりました。スュメイイェ・ギュルレンキさんは出産と子育てで，バルシュ・カフラマンさんは続々と来日するトルコ高官のお相手でお忙しいなか，厄介な質問に丁寧に答えてくださいました。また，編集担当の野田尚史さんと井戸美里さんには，当初ぐしょぐしょだった原稿を，読みやすくまとめるヒントをたくさんいただきました。おかげさまで，曲がりなりにも原稿をまとめられて，ほっとしています。（林徹）

　情報構造の研究をしていた私にとって，「だけ」や「さえ」は，要素が主題化されているかどうか（あるいは焦点化されているかどうか）を判断するときの道具のひとつにすぎませんでした。まさかその「だけ」や「さえ」をテーマにして論文を書くことになるとは思ってもみませんでしたが，やってみるとこれがなかなか奥が深い…とか思っていたら，この頃バントゥ諸語の世界でも「だけ」や「さえ」や「も」に関する研究が少しずつメジャーになってきました。この共同研究のおかげで私も時代をリードするバントゥ諸語研究者気分を味わっています。あ，ごきげんな共同研究でした。これはぜひ言っておかないとね！　（米田信子）

「いつもの不遜さを大いに発揮してくればいい」と恩師に励まされて参加したけれど。世には英語学者が数多いて，世の誰もが英語の知識を持っている。私はというと，メンバー最年少で誰も知り合いがおらず，「とりたて」にも英語の副詞にも暗い。大きな不安を抱えて臨んだ初回。あの日から，立川へも，京都と金沢への遠征も，そして懇親会も，全て出席。不安を抱えていたことなんて忘れて楽しんでいた。知の吸収と知の共有，そして，苦しみながらの原稿執筆さえも楽しんでいた。とはいえ苦しかったけれど。書き終えたいま，まだまだ追究すべきことが見えてきたことに，新たな楽しみの可能性も感じています。 （大澤舞）

2018年7月28日，夕刻。打ち合わせ会を終え，懇親会のお店に向けて歩いていました。しかし，いつもの笑い声に包まれた愉快な道中ではありません。皆がうつむき，ただ黙々と足早に。笑顔など微塵も見当たりません。そう，叫び声のごとく迫りくる強風と，四方八方から体を打ちつける豪雨に苛まれながら。台風12号関東地方直撃。「人は，なぜそこまでして懇親会に向かうのか」。お店では，足爪の先までビッショビショ。しかし，わずか数分後。炭火とワインの薫香に包まれて，皆が幸せな笑顔に満ち溢れておりました。私は，微力ながらもこのチームの一員となれたことに誇りを感じ，心から感謝しています。 （筒井友弥）

Laisse-moi terminer!（最後まで言わせて）フランス社会の自己主張の荒波で生き延びるためのサバイバル表現です。日本語なら「最後まで聞け」となりますが，「聞くかはさておき，とにかく言わせろ」というなんともフランスらしい表現です。顔合わせで，リーダーから突然振られた課題は小話を披露しろというものでした。趣味も特技もなく慌てるのは私ばかりで，毎回みなさんに引き出しの多さを見せつけられ恨めしく思ったものです。とりたての議論でも，多くを学びアイデアも数え切れないほどいただきました。懐が深い方々に囲まれ，私が「最後まで言わせて！」と叫ぶことはついにありませんでした。でも「中村，最後まで聞け！」って思った人はいたのかも？ （デロワ中村弥生）

とりたて表現の対照研究プロジェクトに誘っていただいたとき，ドキドキ，そして，ワクワクしました。その「ドキドキ」のきっかけは，これまでチェコ語のとりたて表現について積極的に研究したことがなかったからです。また，その「ワクワク」のきっかけは，多くの優秀な学者と共に研究を行い，貴重な意見交換ができ，勉強になることが多いだろうと期待していたのです。振り返ってみると，期待以上のものが得られました。自分の母語のチェコ語がこんなに面白い，どんな興味深いところで日本語に似ているか分かってきました。読者の皆さんにも，対照の目で自分の母語を眺める面白さが少しでも実感していただければ幸いに思います。そしてプロジェクトの皆さんに色々お世話していただいた感謝の気持ちがお伝えしたいです。　　　　　　　　　（ユラ・マテラ）

　私は，学部の卒業論文から今にいたるまで，ずっと「日本語のとりたて」が研究の中心でした。ですので，こうやって日本語のとりたてを出発点としたさまざまな言語のとりたて研究に触れている時間は，本当に刺激的でしたし，編集補佐作業のなかで着想を得て，いままさに温めている研究もあったりします。また，さまざまな言語をなるべく同じ枠組みで論じるという制約のなか，執筆者のみなさまが改稿作業をされる過程を見て，「なるほど，こういうときはこのように書けばいいのか！」というような学びの連続で，本当に得るものばかりの時間でした。贅沢な時間を，ありがとうございました。　　　　　　　　　（井戸美里）

索　引

【A】
allein（だけ）　276, 277, 278, 285, 287, 290
alone　265, 266
also　264
ani（も）　315, 323, 324, 325
à peine（かろうじて）　296, 297
as well　258, 265, 266
atau sesuatu（か何か）　147
at least　259
auch（さえ，まで，も）　280, 282, 287, 290
auch（も）　276, 277, 279, 281, 283
au moins（少なくとも）　296, 297
aussi（も）　296, 299, 302, 307

【B】
bhar（だけ，ばかり）　168, 170
bhii（も）　169, 170, 171, 172, 173, 174, 179
bile（さえ）　223, 234
bilhassa（特に）　223
bloß（だけ）　276, 285, 286, 290
but　260

【C】
ccum（ぐらい）　105
ccumiya（ぐらいは）　106
cengto（ぐらい）　102, 105
cengtoya（ぐらいは）　106
chaphɔʔ（だけ）　131, 132, 133, 137, 138
cocha（さえ）　102–103

【D】
dahi（さえ）　223, 234
de（も）　220, 223, 231, 234
dha:sa（は）　185, 193, 194

【E】
eben（まさに）　276
eríke（だけ）　238, 239, 241, 242, 248, 252
especially　260
even　259
exactly　260, 267

【F】
falan（なんか）　233
falan（なんて）　223

【G】
genau（まさに）　276
gerade（まさに）　276

【H】
hanya（ほんの）　148
he（こそ）　194, 196
he（こそ　まさに）　186, 187, 188
he（さえ）　191, 194
heemə（くらい，でも）　216
hem（も）　221
hep（ばかり）　223
hii（だけ，こそ）　168, 169, 174–177
hii（だけ，こそ，さえ）　173

【I】

i（も）318, 323, 324, 325
ina（でも）103
ise（といえば）232–233
ityadi（など）190
(i)ya（は）99, 100, 103, 104, 105–108

【J】

jen（だけ）316, 318
jenom（だけ）316
jusqu'à（まで）294
just 260, 261, 262–263, 267, 269, 270–271

【K】

ka（まさか）188, 196
kaariyə（くらい，でも）216
kalau（の場合）147
kam-se-kam（少なくとも）171
keval（だけ）168, 169
kəm se kəm（少なくとも）192
khanaat（まで）133, 134
khɛɛ（しか）131, 132, 133, 136, 138
kkaci（まで）103, 107
kɔɔ（も）131, 135, 139
krathaŋ（まで）133

【L】

la（は）193, 194, 196, 197–198
-lah（こそ）153

【M】

maatr（だけ）168, 170, 174, 177–178
man（だけ）101, 102, 105
man（だけ，ばかり）98
may（たしかに）211
même（さえ）299, 302, 303, 306, 307, 308
merely 260, 261, 263, 270

mə（きっと）204, 213, 215
mɛɛ-tɛɛ（さえ）133, 139
mi（か）224, 225
mindestens（ぐらい）277, 289

【N】

nandárire（さえ）239, 240, 245
naŋ（なら）207
ne（でもない）221
ne...que（しか～ない）296, 303, 307
než（しか）315
nɔ:（も）192, 194, 196
ngandú（まで）239, 240, 245
nĩ:（まず）190
nóho（も）240, 245, 246, 247, 248
non plus（も）296, 306
notamment（特に）297
(n)un（は）100, 103, 106
nur（だけ）276, 277, 279, 283, 285, 286, 290

【O】

o algo así（か何か）11, 17
obzvlášť（特に）317
only 260, 261, 262–263, 264, 265, 266, 267, 269, 271
or something（like that）259, 268, 269
özellikle（特に）223

【P】

paling tidak（少なくとも）147
phiaŋ（だけ）131, 132, 133, 136, 137, 138
porwé（だけ）238, 239, 241, 242, 248, 249, 250, 251, 252
pouze（だけ）316
ppwun（だけ）101
pramaan（くらい）134, 135
precisely 267

purely　260, 263, 267

【Q】
que（しか）300
quelque（いくつかの）294

【R】
raaw-raaw（くらい）134, 135
rovněž（も）324, 325
ruaŋ（話，話題）142
ruuu-aray（とか何か）142

【S】
sã:（さえ，でも）191
sã:（でも）194, 196, 197
sadece（だけ）222, 231
sadece（ただ）223
saja　150–158
saja（さえ，ぐらい）150
saja（だけ，でも）147–150
saja（だけでも）158
saja（など）159–160
sauf（以外）304
selbst　290
selbst（さえ）276, 283
selbst（さえ，まで）280, 281, 282, 283
selbst（自身）285
seul（だけ）294, 304
seulement（だけ）296, 300, 303, 306
sɔː（ちょっど）189, 196
siapa saja（誰でも）157–158
sıapa saja（誰と誰なのか）156–157, 159
simply　258, 260, 261, 263, 267
sirf（だけ）167, 168, 169
sogar（さえ）276, 277, 279
sogar（さえ，まで）280, 281, 282, 290
sólo（だけ）17, 18
SOV　8, 98, 166, 183
spécialement（特に）296, 303

specifically　260
surtout（特に）296, 298, 300, 301, 303
SVO　9, 129, 201, 294, 312

【T】
-t（も）202, 205, 206, 207
tak（まで）170, 171, 178–179
tak bhii（までも）179
také（も）316, 318, 324, 325
taky（も）316, 318, 323
tamaa（こそ）202
tamay（こそ）202, 203, 204, 205, 208, 209, 210, 211, 212, 213, 214, 216
también（も）［スペイン語］15
tampoco（も）［スペイン語］15, 16
taŋ（も）134
terutama（特に）154
též（も）316, 323, 324, 325
təkɔ（まで，さえ）185, 191, 196
tɛɛ（だけ）131, 132, 133, 136, 138, 141
thaŋ（も）135
thaw-nan（それだけ）131, 132
too　265, 266
to（ぐらい）171
to 構文　321–322
to（は）172
to（は，ぐらい）173
to（も）102–103
ttawi（なんて）105
ttawi（なんて，なんか）102
ttawiya（なんかは）106
tũ:（そのまま）188, 189, 194

【U】
uniquement（だけ）296
úrirí（だけ）238, 239, 241, 242, 248, 249, 250, 251

【V】
VSO 9

【W】
wat（さえ）204, 211, 213, 215
wenigstens（ぐらい）277, 289
witərak（だけ）206
witəray（だけ）206
witərə（ばかり）207

【Y】
-y（こそ）202, 203, 204, 205, 206, 212, 216
ya（または）221
yalnızca（ただ）223
yamallo（こそ）101, 105
yes/no 疑問文 287
　　肯否疑問文 90

【Z】
zejména（特に）314
zəkə（だけ）186, 188, 194

【中国語】
「才」（こそ）113, 114, 124–125
「除了…」（…のほかに）126
「都」（さえ）113, 114, 119, 125
「都」（も，もう）68
「还」（さらになお）115, 116, 120, 125, 126
「净」（ばかり）113, 122–124, 125
「就」（まさに）127
「连」（まで）114, 115
「（连）…都」（…でさえ）115
「连…也」（までも）119, 125
「什么的」（かなにか）116
「也」（も）113, 115, 116, 120
「也₁」（も）125
「也₂」（も）125
「一类的」（の類の）117
「只」（だけ）13, 113, 122–124, 125
「只」（だけ）［中国語］14
「之类的」（の類の）117
「只有」（だけは）72, 123, 124

【あ】
アタイ（ごとき）86
アラビア語 167, 223

【い】
「以外」
　　sauf（以外）304［フランス語］
意外 25, 132, 133, 150, 191, 259, 282
意外性限定 185
「いくつかの」
　　quelque（いくつかの）294［フランス語］
意志 14, 15, 45, 103, 197
石垣市四箇方言 92
已然形 43, 52
位置 11–14, 49–52, 71–73, 87–89, 100–103, 118–119, 135–140, 150–156, 173, 194–196, 208–211, 221–224, 241–248, 263–268, 279–283, 298–301, 316–319
1 人称代名詞 100, 193, 233
移動 130, 131, 135, 137–138, 139, 140
　文末移動 137–138
意味 9–11, 27–30, 32, 43–49, 80–86, 98–100, 113–118, 125–126, 131–135, 146–150, 168–178, 186–194, 206–208, 221–224, 230, 238–241, 260–263, 276–278, 295–298, 312–316
意味体系 29, 30, 32
意味の親和性 52
意味論的特徴 25
依頼 285, 304
インドネシア語 145–162

索 引　341

【う】
埋め込み節　206, 210, 211, 213–216
運用　16–18, 126–127, 158–160, 196–198, 216–217, 229, 230–234, 268–271, 289–290, 303–308, 312–316

【え】
英語　257–273
英語を母語とする学習者　61

【お】
応答詞　285
「おきて」55
驚き　132, 133, 229, 285
音韻変化　202
音調　312, 315, 318, 322

【か】
「か」
　mi（か）224, 225［トルコ語］
「が」
　ガ（が）87［琉球語］
　ヌ（が）87［琉球語］
ガ（が）87
蓋然性　45
階層　14, 15, 177, 281
回避　63
外来語　223, 224, 230
係助詞　26, 33, 42, 43, 50–52
係り結び　43, 52, 91, 92
書きことば　45, 131, 223, 315, 316
学習者
　英語を母語とする学習者　61
　韓国語を母語とする学習者　61
　中国語を母語とする学習者　61
　日本語学習者　59–75
格助詞　8, 49, 83, 87, 89
格成分　49, 100, 177, 194, 208, 313, 319

確認　90, 99, 285, 287, 288
格標示　85, 87, 208, 209
格標識　194
過去　53, 299
活用　63, 203, 206
仮定　45, 46, 53, 301
「か何か」
　atau sesuatu（か何か）147［インドネシア語］
　o algo así（か何か）11, 17［スペイン語］
「什么的」（かなにか）116［中国語］
「かろうじて」
　à peine（かろうじて）296, 297［フランス語］
韓国語　67, 97–110
韓国語を母語とする学習者　61
感情　132, 133, 139
感嘆　134
願望　285
勧誘　103, 148, 149, 158, 197

【き】
聞き手の負担軽減　270
希求　45, 53
擬似的例示　25
期待　25
「きっと」
　mə（きっと）204, 213, 215［シンハラ語］
疑念　203
機能語化　43
基本形　203, 204, 205, 212
疑　103, 203, 224, 225, 226, 229, 286, 287, 288
疑問語　188
疑問詞　91, 156–158, 159–160, 224, 228–230, 286, 288
疑問詞疑問文　91, 156–157, 159, 160

342　索引

疑問助詞　224, 225
逆接　137
逆接条件節　308
共起　31, 91, 156, 230, 267, 271
強勢　223, 224, 225, 230, 284, 319
強勢形　301, 302, 305
強調形　91, 92, 176, 203, 204, 205, 210, 211, 213, 214, 215
強調助詞　185
極限　28, 29, 32, 194
極端　10, 11, 14, 15, 30, 33, 42, 44–46, 47, 51, 52, 53, 79, 80, 83–86, 87, 106–108, 114–115, 119–120, 125, 130, 133–134, 139, 147, 150, 151, 152, 154, 155, 156, 158, 167, 170–172, 172, 173, 179, 185, 191–192, 196, 197, 223, 230, 234, 238, 239–240, 245, 259, 276, 277, 279, 280, 281, 282, 283, 285, 287, 288, 289, 290, 294, 301, 306, 307, 314
許諾　286

【く】

空間　185, 240, 245, 283
組み合わせ　179
「くらい」25, 267
　heemə（くらい，でも）216［シンハラ語］
　kaariyə（くらい，でも）216［シンハラ語］
　pramaan（くらい）134, 135［タイ語］
　raaw-raaw（くらい）134, 135［タイ語］
「ぐらい」14, 45, 86, 102, 117, 289
　ccum（ぐらい）105［韓国語］
　cengto（ぐらい）102, 105［韓国語］
　mindestens（ぐらい）277, 289［ドイツ語］
　saja（さえ，ぐらい）150［インドネシア語］
　to（ぐらい）171［ヒンディー語］
　to（は，ぐらい）173［ヒンディー語］
　wenigstens（ぐらい）277, 289［ドイツ語］
「ぐらいは」
　ccumiya（ぐらいは）106［韓国語］
　cengtoya（ぐらいは）106［韓国語］
「くらいしか」267

【け】

軽視　150, 250–251
形式　30–34
形式副詞　25
形式名詞　25, 86
形態　4, 7–9, 42–43, 78–80, 98–100, 111–113, 129–131, 146–150, 166–168, 184–186, 202–206, 221–224, 238–241, 258–260, 275–276, 294–295, 312–316
形態的な制約　53
形態の変化　79
形容詞　205, 213, 278, 294
「［形容詞］＋だけだ」65–66
形容詞派生　260, 261
形容詞派生の副詞　260, 261
結合　267
限界　191, 240, 245
限界点　185
研究動向　21–38
現代日本語　5
現代ヘブライ語　233
限定　9, 11, 17, 18, 24, 28, 29, 31, 32, 33, 34, 42, 43–44, 49, 51, 54–56, 60, 80–83, 98, 113–114, 119, 122–124, 125, 130, 131–133, 147–150, 151, 152, 154, 155, 156, 157, 159, 160, 167, 168–170, 173, 186–190, 196, 204, 205, 216, 223, 230, 231, 238–

239, 241–245, 248–251, 259, 260–261, 262–263, 264, 265, 267, 268, 269, 270, 271, 276, 277, 279, 285–287, 289, 290, 296, 300, 303, 304–305, 306, 307, 314, 315, 318
意外性限定 185
厳密な限定 248–250
順番限定 185
同定限定 185
排他的限定 185, 186
場所限定 185
反転的な限定 55, 56
不変化限定 185
ゆるやかな限定 248–251
限定（特立） 52, 80, 81, 88, 89, 92, 101, 113, 114, 119, 124–125, 154, 169, 204, 296–297, 301, 303, 314, 317
厳密な限定 248–250

【こ】

合説 46, 52
交替 260, 261, 262
後置型 222, 223, 224, 225, 226, 227, 228, 229, 232
後置詞 168, 173, 174, 175, 178–179, 214, 215
肯定 14, 15, 16, 25, 30, 51, 54, 66, 82, 170, 226, 227, 262, 263, 287, 299, 323
肯否疑問文 90
　yes/no 疑問文 287
構文論的特徴 25
後方移動スコープ 12
後方移動フォーカス 12
呼応 45, 46, 53, 55, 103, 203, 204, 209, 210–211, 213, 215
コーパス 7
　対訳コーパス 304, 305–306

チェコ語の国立コーパス 316
日仏対訳コーパス 306
パラレル・コーパス 7, 18
ヒンディー語話し言葉コーパス（COSH） 174
「こそ」 43, 52, 80, 88, 90, 101, 186, 187
　he（こそ） 194, 196［ネワール語］
　he（こそ，まさに） 186, 187, 188［ネワール語］
　hii（だけ，こそ） 168, 169, 174–177［ヒンディー語］
　hii（だけ，こそ，さえ） 173［ヒンディー語］
　-lah（こそ） 153［インドネシア語］
　tamaa（こそ） 202［シンハラ語］
　tamay（こそ） 202, 203, 204, 205, 208, 209, 210, 211, 212, 213, 214, 216［シンハラ語］
　-y（こそ） 202, 203, 204, 205, 206, 212, 216［シンハラ語］
　yamallo（こそ） 101, 105［韓国語］
　「才」（こそ） 113, 114, 124–125［中国語］
　ドゥ（こそ） 80, 81, 82, 88, 89［琉球語］
古代語 78
古代日本語 41–58, 91
「ごとき」
　アタイ（ごとき） 86［琉球語］
コピュラ 101, 244
個別性 23, 26–30
個別的視点 27
個別的な意味 23
固有語 223, 224, 230
誤用 63, 68, 72
語用論 18, 158–160, 196, 197, 198, 248–251, 270–271, 306
混同 66–68
混用 67

【さ】

サイ（さえ）79, 80, 83, 85
再帰 31, 283–285
最低限 10, 85, 102, 117, 192, 259
最低条件 25
「さえ」14, 15, 44, 280, 290
 auch（さえ，まで，も）280, 282, 287, 290［ドイツ語］
 bile（さえ）223, 234［トルコ語］
 cocha（さえ）102–103［韓国語］
 dahi（さえ）223, 234［トルコ語］
 he（さえ）191, 194［ネワール語］
 hii（だけ，こそ，さえ）173［ヒンディー語］
 même（さえ）299, 302, 303, 306, 307, 308［フランス語］
 mɛɛ-tɛɛ（さえ）133, 139［タイ語］
 nandárire（さえ）239, 240, 245［ヘレロ語］
 sã:（さえ，でも）191［ネワール語］
 saja（さえ，ぐらい）150［インドネシア語］
 selbst（さえ）276, 283［ドイツ語］
 selbst（さえ，まで）280, 281, 282, 283［ドイツ語］
 sogar（さえ）276, 277, 279［ドイツ語］
 sogar（さえ，まで）280, 281, 282, 290［ドイツ語］
 təkə（まで，さえ）185, 191, 196［ネワール語］
 wat（さえ）204, 211, 213, 215［シンハラ語］
 「都」（さえ）113, 114, 119, 125［中国語］
 サイ（さえ）79, 80, 83, 85［琉球語］
 ドゥン（さえ）83, 84［琉球語］
 ンチョーン（さえ）83, 84［琉球語］
「さへ」42, 46, 49, 51, 52

「さらになお」
 「还」（さらになお）115, 116, 120, 125, 126［中国語］
サンスクリット・パーリ語 134

【し】

「しか」34, 43, 54–56, 66–68, 70, 80, 262–263, 267, 290, 300, 307, 316
 khɛɛ（しか）131, 132, 133, 136, 138［タイ語］
 než（しか）315［チェコ語］
 que（しか）300［フランス語］
「しか（…ない）」113
 ne...que（しか〜ない）296, 303, 307［フランス語］
時間 185, 240, 245, 283
指示詞 196
指示対象 232, 233
指示代名詞 283
指示表現 187
自者 25
辞書 7
自身 223, 283
 selbst（自身）285［ドイツ語］
質 65
実現可能性 107
斜格 178
尺度 29, 30, 32, 83, 85, 134
借用 80, 134, 190
終止形 43, 91
終助詞 285
従属節 8, 90, 101, 104, 154–156, 208, 210
習得 59, 66–73
主格 178, 320
主語 65, 87, 88, 118, 119, 121, 123, 124, 131, 135, 138–139, 140, 152–154, 157, 158, 194, 205, 208, 212,

索　引　345

244, 245, 247, 248, 251, 264, 265, 298, 299, 300, 305, 318, 319, 321
主語−述語−目的語　111, 201, 312
主語−動詞−目的語　9, 129, 294
主語−目的語−述語　98, 166
主語−目的語−動詞　8, 183
主節　104, 210, 214
主題　118, 130, 135, 138, 140–142, 321
主題化　112, 135, 140–142
「主題」の「は」　25
主張　25
述語　118, 151–152, 194, 195
述語後置　8, 219
述語制限　89–93
述語前置　9
主文　84, 154, 155
順接条件節　308
順番限定　185
条件　85, 90, 102, 185, 207, 301
　　最低条件　25
　　必要十分条件　307
条件節　84, 85, 102, 283, 301, 304, 307
　　逆接条件節　308
　　順接条件節　308
使用実態　59, 61, 64, 289
承接　50
焦点　80, 101, 130, 139, 187, 188, 317
焦点化　139
焦点化副詞　146, 258
焦点小辞　222
焦点の不変化詞　276
焦点副詞　6
譲歩　191, 192, 259, 282, 290
助詞　98, 167, 202, 276, 312
　　係助詞　26, 33, 42, 43, 50–52
　　格助詞　8, 49, 83, 87, 89
　　疑問助詞　224, 225

終助詞　285
とりたて助詞　7, 12, 13, 24, 31, 32, 34, 98, 130, 131, 138–139, 166, 167, 185, 186, 222, 314
取立て助詞　24, 27
副助詞　22, 26, 33, 35, 42, 49–52
並列助詞　323–325
助動詞　195, 213, 264, 298, 299
　　複合助動詞　34
序列　10, 240, 296
新造語　223, 224, 230
心態詞　283, 285–288
心的態度　270
シンハラ語　201–218
親和性
　　意味の親和性　52

【す】
随伴的複数　48
推量　14, 15, 90, 104
数量　31, 32, 52, 64–65, 69, 103, 132, 133, 134, 136, 138, 175, 177, 207, 278
「数量語+だけだ」　65
少なくとも　31
　　au moins（少なくとも）　296, 297［フランス語］
　　kam-se-kam（少なくとも）　171［ヒンディー語］
　　kəm sε kəm（少なくとも）　192［ネワール語］
　　paling tidak（少なくとも）　147［インドネシア語］
スケール　191, 278, 284, 285
スコープ
　　後方移動スコープ　12
　　前方移動スコープ　12
スペイン語　11, 15, 17, 18
「すら」　42, 44, 45, 49, 51, 52, 54

【せ】

制限的な副詞 258
節 194
接語 185
接辞 202, 209
接続 87
接続詞 35, 123, 137, 191, 208, 220, 221, 260, 282, 283, 297
接頭辞 239
接尾辞 30, 153, 185
全体焦点文 106
前置型 222, 223, 224, 225, 226, 228, 229
前置詞 123, 245, 264, 294, 319, 320
前置詞句 112
全般的な意味 23
全否定 188
前方移動スコープ 12
前方移動フォーカス 12

【そ】

「ぞ」 43, 52, 78, 91
相補性 54
相補的 54
属格 196, 215
「そのまま」
　tũː(そのまま) 188, 189, 194［ネワール語］
「それだけ」
　thaw-nan(それだけ) 131, 132［タイ語］
存在文 140

【た】

第1種副助詞 49
対格 208, 232
体系
　意味体系 29, 30, 32
体系化 35
体系性 23, 26–30
体系的視点 27
タイ語 129–144
対照研究 3–20
態度 285, 286, 287
第2種副助詞 49
対比 10, 25, 28, 33, 47, 81, 83, 86, 88, 92, 104, 108, 118, 132, 149, 193, 198, 234, 251, 260, 305, 321
代表例 116, 190, 296, 297
代名詞 320, 321
対訳コーパス 304, 305–306
対立 32
多義 28, 79, 85, 147–150, 198, 307
ダキ(だけ) 83, 89
多機能 28
「だけ」 4, 9, 12, 17, 18, 23, 24, 25, 34, 35, 43, 60, 61, 66–69, 69, 71, 72, 101, 262–263, 267, 269, 290, 307
　allein(だけ) 276, 277, 278, 285, 287, 290［ドイツ語］
　bhar(だけ, ばかり) 168, 170［ヒンディー語］
　bloß(だけ) 276, 285, 286, 290［ドイツ語］
　chaphɔʔ(だけ) 131, 132, 133, 137, 138［タイ語］
　eríke(だけ) 238, 239, 241, 242, 248, 252［ヘレロ語］
　hii(だけ, こそ) 168, 169, 174–177［ヒンディー語］
　hii(だけ, こそ, さえ) 173［ヒンディー語］
　jen(だけ) 316, 318［チェコ語］
　jenom(だけ) 316［チェコ語］
　keval(だけ) 168, 169［ヒンディー語］
　maatr(だけ) 168, 170, 174, 177–178［ヒンディー語］
　man(だけ) 101, 102, 105［韓国語］

man（だけ，ばかり）98［韓国語］
nur（だけ）276, 277, 279, 283, 285, 286, 290［ドイツ語］
phiaŋ（だけ）131, 132, 133, 136, 137, 138［タイ語］
porwé（だけ）238, 239, 241, 242, 248, 249, 250, 251, 252［ヘレロ語］
pouze（だけ）316［チェコ語］
ppwun（だけ）101［韓国語］
sadece（だけ）222, 231［トルコ語］
saja（だけ，でも）147–150［インドネシア語］
seul（だけ）294, 304［フランス語］
seulement（だけ）296, 300, 303, 306［フランス語］
sirf（だけ）167, 168, 169［ヒンディー語］
sólo（だけ）17, 18［スペイン語］
tɛɛ（だけ）131, 132, 133, 136, 138, 141［タイ語］
uniquement（だけ）296［フランス語］
úrirí（だけ）238, 239, 241, 242, 248, 249, 250, 251［ヘレロ語］
witərak（だけ）206［シンハラ語］
witəray（だけ）206［シンハラ語］
zəkə（だけ）186, 188, 194［ネワール語］
「只」（だけ）13, 113, 122–124, 125［中国語］
「只」（だけ）［中国語］14
ダキ（だけ）83, 89［琉球語］
「だけでも」
　saja（だけでも）158［インドネシア語］
「だけしか」267
「だけだ」62–64
　「［形容詞］+だけだ」65–66
　「数量語+だけだ」65

「［動詞］+だけだ」62, 63
「［ナ形容詞］+だけだ」66
「［名詞］+だけだ」62, 63, 64–66
「［名詞+な］+だけだ」65–66
「だけは」
　「只有」（だけは）72, 123, 124［中国語］
「たしかに」
　may（たしかに）211［シンハラ語］
他者 25
「ただ」31, 32
　sadece（ただ）223［トルコ語］
　yalnızca（ただ）223［トルコ語］
「たったの」65
「だに」42, 44, 45, 49, 51, 52, 53
「誰でも」
　siapa saja（誰でも）157–158［インドネシア語］
「誰と誰なのか」
　siapa saja（誰と誰なのか）156–157, 159［インドネシア語］
単一性 261
単義 85
単純性 261
単数 52
断定 25, 90, 104, 204, 205
「単に」13
談話標識 271

【ち】
チェコ語 160, 311–327
チェコ語の国立コーパス 316
中間言語 67
中国語 13, 68, 72, 111–128
中国語を母語とする学習者 61
チュルク諸語 232
「ちょうど」
　səː（ちょうど）189, 196［ネワール語］

重複（表現）190, 230, 232
重複表現 167, 168, 173
陳述 285

【つ】
使い分け 66

【て】
「であっても」
　ヤティン（であっても）80, 85 [琉球語]
　ヤラワン（であっても）80, 85 [琉球語]
提案 304
定型化 142–143
定形動詞 203
定型表現 92, 267
程度 251
低評価 10, 117, 192, 259, 297
「でさえ」
　「(連)…都」(…でさえ) 115 [中国語]
「でも」9, 16, 17, 44, 47, 48, 53, 85, 116, 197, 282, 289, 290
　heemə（くらい，でも）216 [シンハラ語]
　ina（でも）103 [韓国語]
　kaariyə（くらい，でも）216 [シンハラ語]
　sã:（さえ，でも）191 [ネワール語]
　sã:（でも）194, 196, 197 [ネワール語]
　saja（だけ，でも）147–150 [インドネシア語]
　ンデー（でも）83, 89 [琉球語]
「でもない」
　ne（でもない）221 [トルコ語]
転移
　負の転移 67

添加 32, 46
伝聞 203
デンマーク語 67

【と】
「といえば」
　ise（といえば）232–233 [トルコ語]
ドイツ語 275–291
ドゥ（こそ）80, 81, 82, 88, 89
同格 301
動詞 8, 89, 136–137, 212, 241, 242, 266, 298, 300
動詞句 81, 82, 89, 100, 151, 242, 246, 264, 298, 300, 313
動詞－主語－目的語 9
「［動詞］＋だけだ」62, 63
同定限定 185
同類 33
ドゥン（さえ）83, 84
「とか何か」
　ruuu-aray（とか何か）142 [タイ語]
特定 232
「特に」13
　bilhassa（特に）223 [トルコ語]
　notamment（特に）297 [フランス語]
　obzvlášť（特に）317 [チェコ語]
　özellikle（特に）223 [トルコ語]
　spécialement（特に）296, 303 [フランス語]
　surtout（特に）296, 298, 300, 301, 303 [フランス語]
　terutama（特に）154 [インドネシア語]
　zejména（特に）314 [チェコ語]
特立 31, 91, 216, 277
独立語 185
度数詞 276
とりたて詞 24, 25
とりたて助詞 7, 12, 13, 24, 31, 32, 34,

索 引　349

98, 130, 131, 138–139, 166, 167, 185, 186, 222, 314
取立て助詞 24, 27
とりたて副詞 8, 13, 31, 32, 112, 113, 118, 130, 131, 138–139, 166, 167, 222, 294, 314
トルコ語 219–236
トルコ語純化運動 223

【な】
今帰仁村方言 92
「[ナ形容詞]＋だけだ」66
「など」4, 5, 42, 44, 48, 49, 50, 51, 52
　　ityadi（など）190［ネワール語］
　　saja（など）159–160［インドネシア語］
「なにと」48
那覇方言 77, 92
「なら」207
　　naŋ（なら）207［シンハラ語］
「ならで」55
「なんか」44, 47, 48, 102, 116, 198, 268, 289
　　falan（なんか）233［トルコ語］
　　ttawi（なんて，なんか）102［韓国語］
「なんかは」
　　ttawiya（なんかは）106［韓国語］
「なんて」10, 45, 86, 117, 289
　　falan（なんて）223［トルコ語］
　　ttawi（なんて）105［韓国語］
　　ttawi（なんて，なんか）102［韓国語］
「なんど」48

【に】
日仏対訳コーパス 306
2人称代名詞 233
日本語学習者 59–75

日本語能力 60–61
任意性 25
人称代名詞 301–303, 305

【ぬ】
ヌ（が）87

【ね】
ネワール語 183–199
年配の話者 87, 88

【の】
「の類の」
　　「一类的」（の類の）117［中国語］
　　「之类的」（の類の）117［中国語］
「の場合」
　　kalau（の場合）147［インドネシア語］
「のほかに」
　　「除了…」（…のほかに）126［中国語］
「のみ」42, 43, 49, 50, 51, 52

【は】
「は」10, 30, 42, 43, 46, 47, 50, 51, 52, 86, 100, 103, 106
　　dha:sa（は）185, 193, 194［ネワール語］
　　(i)ya（は）99, 100, 103, 104, 105–108［韓国語］
　　la（は）193, 194, 196, 197–198［ネワール語］
　　(n)un（は）100, 103, 106［韓国語］
　　to（は）172［ヒンディー語］
　　to（は，ぐらい）173［ヒンディー語］
　　ヤ（は）79, 81, 82, 83, 86, 87, 88, 90, 92［琉球語］
排他 169, 186, 284
排他的限定 185, 186

配慮 158, 159, 160
バイリンガル 87, 88
「ばかり」 12, 34, 42, 43, 49, 50, 51, 52, 70
   bhar（だけ，ばかり） 168, 170［ヒンディー語］
   hep（ばかり） 223［トルコ語］
   man（だけ，ばかり） 98［韓国語］
   witərə（ばかり） 207［シンハラ語］
   「净」（ばかり） 113, 122–124, 125［中国語］
   ビケーン（ばかり） 82, 89［琉球語］
場所限定 185
派生 230, 260
   形容詞派生 260, 261
話
   rɯaŋ（話，話題） 142［タイ語］
話しことば 45, 131, 132, 315, 316, 322
パラレル・コーパス 7, 18
範囲副詞 113
反極端 10, 11, 14, 30, 42, 44–46, 47, 51, 52–54, 83–86, 102, 105–106, 108, 117, 126, 130, 134–135, 147, 150, 151, 152, 154, 155, 156, 167, 170–172, 173, 185, 192, 196, 197–198, 216, 223, 230, 233, 238, 259, 267, 277, 289, 296, 297–298, 306, 314
反限定 9, 11, 16, 17, 42, 43–44, 47–49, 51, 52–54, 79, 80–83, 89, 116–117, 126, 130, 142–143, 147–150, 156, 158–159, 160, 167, 168–170, 173, 185, 190, 196, 197, 216, 224, 230–232, 238, 250, 259, 268, 269, 277, 289, 304–305, 306, 315
反語 106, 107, 108
判断 30, 34, 104, 203
反転的な限定 55, 56
反復（表現） 134
反類似 10, 11, 30, 42, 46–47, 79, 86, 89, 99, 103, 105, 106, 107, 108, 118,
126, 130, 140, 147, 172–173, 185, 193–194, 196, 204, 207, 216, 223, 230, 232–233, 234, 238, 260, 277, 305–306, 315, 319–323
範列関係 33
範列導入副詞 294

【ひ】
比較 304
比況 304
ビケーン（ばかり） 82, 89
被修飾名詞 196
必要十分条件 307
否定 14, 15, 16, 25, 30, 32, 54, 55, 66, 67, 81, 82, 92, 124, 169, 170, 171, 173, 185, 188, 191, 203, 204, 205, 211, 213, 215, 223, 262, 278, 296, 300, 303, 306, 313, 315, 323
   全否定 188
否定極性表現 204
否定的特立 25
否定的な感情 134
非難 132, 285, 287, 288
非名詞性 25
評価 28, 29, 30, 31, 34, 86, 134, 139, 192, 198, 251, 261
   低評価 10, 117, 192, 259, 297
品詞論 26
ヒンディー語 165–181
ヒンディー語話し言葉コーパス（COSH） 174
頻度 8, 60–62, 80, 316

【ふ】
フォーカス
   後方移動フォーカス 12
   前方移動フォーカス 12
付加的な副詞 258
複合 137

複合辞 31, 32–34
複合助動詞 34
複合副助詞 33
副詞 8, 31–32, 98, 118, 138–139, 167, 192, 209, 222, 238, 258, 266, 276, 294, 312, 319
　形式副詞 25
　形容詞派生の副詞 260, 261
　焦点化副詞 146, 258
　焦点副詞 6
　制限的な副詞 258
　とりたて副詞 8, 13, 31, 32, 112, 113, 118, 130, 131, 138–139, 166, 167, 222, 294, 314
　範囲副詞 113
　範列導入副詞 294
　付加的な副詞 258
　命題内容を修飾する副詞 270
　話者の心的態度を表す副詞 270, 271
副詞的成分 208
副詞的要素 112, 194
副助詞 22, 26, 33, 35, 42, 49–52
　第 1 種副助詞 49
　第 2 種副助詞 49
　複合副助詞 33
　名詞後置の副助詞 49
　連用成分後置の副助詞 49
複数 48, 49, 52, 157, 159, 160
　随伴的複数 48
含み 25
不使用 66, 70
普通形 63
不定形 322–323
負の転移 67
不変化限定 185
不変化詞 276, 285
　焦点の不変化詞 276
フランス語 160, 293–310

文語体 265
分説 46, 47, 52
文頭 131, 135, 140, 141, 247, 248, 279, 282, 302, 305, 306, 320, 321, 322
分布の自由性 25
文法的制約 14–16, 52–56, 103–104, 177, 178–179, 210–216, 281–283, 301–303
文末 34, 43, 91, 131, 137–138, 139, 151, 153, 212, 213, 247, 248, 265, 300, 302, 317, 318
文末移動 137–138
分裂文 82, 101, 123, 139–140, 152, 153, 154, 157, 158, 160, 244, 251

【へ】
平叙文 157–158
並置 140–141
並立 32
並列 33, 47, 48, 260, 267, 305
並列助詞 323–325
ペルシア語 167, 223, 233
ヘレロ語 237–253

【ほ】
方言 77
　石垣市四箇方言 92
　今帰仁村方言 92
　那覇方言 77, 92
　宮古島市平良下里方言 92
「ほか」 34, 55, 126
　「よりはか」 55
ぼかし 9, 28, 29, 149, 250, 259, 294
「ほかでもなく」 127
母語との関係 60–61
母語話者 7, 61, 62–64, 66
「ほんの」
　hanya（ほんの） 148 [インドネシア語]

【ま】

「まさか」
    ka（まさか）188, 196［ネワール語］

「まさに」31, 127
    eben（まさに）276［ドイツ語］
    genau（まさに）276［ドイツ語］
    gerade（まさに）276［ドイツ語］
    he（こそ，まさに）186, 187, 188［ネワール語］
    「就」（まさに）127［中国語］

「まず」
    nī:（まず）190［ネワール語］

「または」
    ya（または）221［トルコ語］

「まで」10, 25, 34, 42, 44, 49, 51, 52, 83, 280, 290
    auch（さえ，まで，も）280, 282, 287, 290［ドイツ語］
    jusqu'à（まで）294［フランス語］
    khanaat（まで）133, 134［タイ語］
    kkaci（まで）103, 107［韓国語］
    krathaŋ（まで）133［タイ語］
    ngandú（まで）239, 240, 245［ヘレロ語］
    selbst（さえ，まで）280, 281, 282, 283［ドイツ語］
    tak（まで）170, 171, 178–179［ヒンディー語］
    təkə（まで，さえ）185, 191, 196［ネワール語］
    「連」（まで）114, 115［中国語］
    マディ（まで）83［琉球語］

マディ（まで）83

「までも」
    tak bhii（までも）179［ヒンディー語］
    「連…也」（までも）119, 125［中国語］

【み】

宮古島市平良下里方言 92

【む】

ムード 285
無強勢形 301, 302
結びつき 224–228, 230
無標 320

【め】

名詞 49, 50, 87, 101, 102, 173, 232, 239, 241, 243, 245, 248, 266
「[名詞]＋だけだ」62, 63, 64–66
「[名詞＋な]＋だけだ」65–66
名詞化 63
名詞クラス 239
名詞後置の副助詞 49
名詞修飾 213, 214, 300–301
    連体修飾 196, 319
命題内容を修飾する副詞 270
命令 45, 46, 53, 90, 103, 148, 149, 158, 285, 286, 288

【も】

「も」10, 23, 24, 30, 42, 43, 46, 47, 50, 51, 52, 60, 61, 68, 69, 70, 79, 126, 280, 289
    ani（も）315, 323, 324, 325［チェコ語］
    auch（さえ，まで，も）280, 282, 287, 290［ドイツ語］
    auch（も）276, 277, 279, 281, 283［ドイツ語］
    aussi（も）296, 299, 302, 307［フランス語］
    bhii（も）169, 170, 171, 172, 173, 174, 179［ヒンディー語］
    de（も）220, 223, 231, 234［トルコ語］
    hem（も）221［トルコ語］

i（も）318, 323, 324, 325［チェコ語］
kɔɔ（も）131, 135, 139［タイ語］
nəː（も）192, 194, 196［ネワール語］
nóho（も）240, 245, 246, 247, 248［ヘレロ語］
non plus（も）296, 306［フランス語］
rovněž（も）324, 325［チェコ語］
-t（も）202, 205, 206, 207［シンハラ語］
také（も）316, 318, 324, 325［チェコ語］
taky（も）316, 318, 323［チェコ語］
también（も）［スペイン語］15
tampoco（も）［スペイン語］15, 16
taŋ（も）134［タイ語］
též（も）316, 323, 324, 325［チェコ語］
thaŋ（も）135［タイ語］
to（も）102–103［韓国語］
「都」（も，もう）68［中国語］
「也」（も）113, 115, 116, 120［中国語］
「也₁」（も）125［中国語］
「也₂」（も）125［中国語］
ン（も）79, 83, 84, 85, 87, 88, 89［琉球語］
「もう」
　「都」（も，もう）68［中国語］
目的語 81, 89, 112, 118, 119, 120, 121, 122, 124, 135, 136, 151, 152, 194, 208, 212, 232, 242, 246, 298, 299, 300, 302, 303, 319, 320
モダリティ 15, 34, 92

【や】
「や」43
ヤ（は）79, 81, 82, 83, 86, 87, 88, 90, 92
ヤティン（であっても）80, 85
ヤラワン（であっても）80, 85
やわらげ 10, 116, 158, 159, 190, 259, 304

【ゆ】
融合形 173
ゆるやかな限定 248–251

【よ】
与格 208
予想外 115
予測 284
「よりほか」55

【り】
琉球語 77–94
量 65

【る】
累加 24, 25, 28, 29, 34, 208, 240
類義 28, 66
類義語 27
類似 10, 11, 15, 24, 30, 33, 42, 46–47, 51, 52, 60, 61, 68, 79, 86, 87, 89, 115–116, 119, 120–122, 125, 130, 135, 137, 147, 171, 172–173, 192–193, 194, 196, 207, 223, 230, 231, 234, 238, 240–241, 245–248, 259, 264, 266, 277, 279, 287–288, 290, 296, 305–306, 307, 314, 315, 317, 318, 323, 324, 325

【れ】
例示 31, 32, 33, 48, 49, 116, 190, 297
歴史 41–58, 79
列挙 157, 160, 297
連続性 35
連体形 43, 52, 91
連体修飾 196, 319
　名詞修飾 213, 214, 300–301
連体文内性 25

連用成分 50
連用成分後置の副助詞 49

【わ】
話者の心的態度を表す副詞 270, 271
話題
　rɯaŋ（話，話題）142 ［タイ語］

【を】
「をおきて」55

【ん】
ン（も）79, 83, 84, 85, 87, 88, 89
ンチョーン（さえ）83, 84
ンデー（でも）83, 89

著者紹介 (2019年10月現在)

野田 尚史（のだ ひさし）
- 【生まれ】1956年，金沢市
- 【学　歴】大阪外国語大学イスパニア語学科卒業，大阪外国語大学大学院外国語学研究科修士課程日本語学専攻修了，大阪大学大学院文学研究科博士課程日本学専攻中退，博士（言語学）
- 【職　歴】大阪外国語大学助手，筑波大学講師，大阪府立大学助教授・教授，国立国語研究所教授
- 【著　書】『日本語の配慮表現の多様性―歴史的変化と地理的・社会的変異―』（共編，くろしお出版，2014），『日本語のとりたて―現代語と歴史的変化・地理的変異―』（共編，くろしお出版，2003）など

茂木 俊伸（もぎ としのぶ）
- 【生まれ】1976年，浜松市
- 【学　歴】筑波大学第二学群日本語・日本文化学類卒業，筑波大学大学院博士課程文芸・言語研究科言語学専攻修了，博士（言語学）
- 【職　歴】国立国語研究所特別奨励研究員，鳴門教育大学講師・准教授，熊本大学准教授
- 【著　書】『現場に役立つ日本語教育研究5　コーパスから始まる例文作り』（共著，くろしお出版，2017），『日本語学の教え方―教育の意義と実践―』（共著，くろしお出版，2016）など

小柳 智一（こやなぎ ともかす）
- 【生まれ】1969年，東京都目黒区
- 【学　歴】国学院大学文学部文学科卒業，国学院大学大学院文学研究科博士課程前期修了，国学院大学大学院文学研究科博士課程後期修了，博士（文学）
- 【職　歴】福岡教育大学准教授，聖心女子大学准教授・教授
- 【著　書】『文法変化の研究』（くろしお出版，2018），『日本語史叙述の方法』（共著，ひつじ書房，2016）など

著者紹介

中西 久実子（なかにし くみこ）
【生まれ】1967 年，名古屋市
【学　歴】大阪大学文学部日本学科卒業，大阪大学大学院文学研究科博士前期課程修了・博士後期課程単位取得満期退学，大阪府立大学大学院人間文化研究科比較文化専攻修了，博士（学術）
【職　歴】慶應義塾大学専任講師，京都外国語大学専任講師・助教授・准教授・教授
【著　書】『現代日本語のとりたて助詞と習得』（ひつじ書房，2012），『初級を教える人のための日本語文法ハンドブック』（共著，スリーエーネットワーク，2000）など

狩俣 繁久（かりまた しげひさ）
【生まれ】1954 年，沖縄県うるま市
【学　歴】琉球大学法文学部国語国文学科卒業
【職　歴】琉球大学法文学部専任講師・助教授・教授，琉球大学島嶼地域科学研究所教授
【論　文】「言語接触がもたらした琉球語の南北差」（『方言の研究』5，2019），「人間の言語の特性と起源――一語文から二語文へ――」（『琉球アジア文化論集』5，2019）など

鄭　相哲（ちょん さんちょる）
【生まれ】1961 年，韓国ソウル市
【学　歴】韓国外国語大学日本語科卒業，大阪大学大学院文学研究科博士後期課程修了，博士（文学）
【職　歴】韓国外国語大学教授
【著　書】『일본어 부정의문문에 관한 연구』［日本語否定疑問文に関する研究］（HU:iNE 出版（SEOUL），2019），『語彙論的統語論の新展開』（共著，くろしお出版，2017）など

井上　優（いのうえ まさる）
【生まれ】1962 年，富山県南砺市
【学　歴】東北大学文学部文学科卒業，東京都立大学大学院人文科学研究科修士課程修了・博士課程中退
【職　歴】国立国語研究所研究員・主任研究官・主任研究員・領域長・グループ長・教授，麗澤大学教授
【著　書】『相席で黙っていられるか―日中言語行動比較論―』（岩波書店，2013），『日本語文法のしくみ』（研究社，2002）など

峰岸 真琴(みねぎし まこと)
- 【生まれ】1956年,浦和市(現さいたま市)
- 【学　歴】東京大学文学部言語学専修課程卒業,東京大学大学院人文科学研究科言語学専門課程修士課程修了・博士課程単位取得退学
- 【職　歴】東京大学文学部助手,東京外国語大学アジア・アフリカ言語文化研究所助手・助教授・教授
- 【著　書】『韓国語教育論講座　第3巻』(共著,くろしお出版,2018),『東南アジア大陸部諸言語の動詞連続』(共著,慶應義塾大学言語文化研究所,2017)

原 真由子(はら まゆこ)
- 【生まれ】1971年,新潟県
- 【学　歴】東京外国語大学大学院地域文化研究科博士後期課程単位取得満期退学,博士(学術)
- 【職　歴】立命館アジア太平洋大学アジア太平洋学部常勤講師,大阪外国語大学外国語学部講師,大阪大学世界言語センター准教授・大学院言語文化研究科准教授
- 【著　書】『ニューエクスプレス　インドネシア語』(共著,白水社,2017),『インドネシア・バリ社会における二言語使用—バリ語とインドネシア語のコード混在—』(大阪大学出版会,2012)など

今村 泰也(いまむら やすなり)
- 【生まれ】1970年,東京都台東区
- 【学　歴】創価大学文学部英文学科卒業,麗澤大学大学院言語教育研究科日本語教育学専攻博士前期課程修了・博士後期課程修了,博士(文学)
- 【職　歴】国立国語研究所言語対照研究系プロジェクト非常勤研究員・プロジェクトPDフェロー,麗澤大学言語研究センター客員研究員
- 【著　書】『所有表現と文法化—言語類型論から見たヒンディー語の叙述所有—』(ひつじ書房,2017)

プラシャント・パルデシ
- 【生まれ】1965年,インド,プネー市
- 【学　歴】Jawaharlal Nehru大学(インド)日本語学科修了,神戸大学大学院文化学研究科博士課程修了,博士(学術)
- 【職　歴】神戸大学人文学研究科講師,国立国語研究所言語対照研究系准教授・教授,国立国語研究所理論・対照研究領域教授
- 【著　書】*Handbook of Japanese Contrastive Linguistics*(共編,De Gruyter Mouton,

2018），『有対動詞の通言語的研究―日本語と諸言語の対照から見えてくるもの―』（共編，くろしお出版，2015）など

桐生 和幸（きりゅう かずゆき）
- 【生まれ】1967 年，東京都千代田区
- 【学　歴】京都外国語大学外国語学部英米語学科卒業，京都外国語大学大学院外国語学研究科修士課程英米語学専攻，神戸大学大学院文化学研究科博士課程文化構造専攻単位修得満期退学
- 【職　歴】美作女子大学短期大学部講師，美作女子大学生活科学部講師，美作大学生活科学部講師・准教授・教授，美作大学・美作大学短期大学部副学長
- 【著　書】『有対動詞の通言語的研究―日本語と諸言語の対照から見えてくるもの―』（共編，くろしお出版，2015），『ネワール語文法』（東京外国語大学アジア・アフリカ言語文化研究所，2002）

岸本 秀樹（きしもと ひでき）
- 【生まれ】1960 年，兵庫県加東市
- 【学　歴】神戸大学文学部文学科英米文学専攻卒業，神戸市外国語大学大学院外国語学研究科修士課程英語学専攻修了，神戸大学大学院文化学研究科博士課程文化構造専攻修了，学術博士
- 【職　歴】鳥取大学教養部講師・助教授，滋賀大学教育学部助教授，兵庫教育大学学校教育学部助教授，神戸大学文学部助教授・大学院人文学研究科教授
- 【著　書】*Handbook of Japanese Lexicon and Word Formation*（共編著，De Gruyter Mouton，2016），『統語構造と文法関係』（くろしお出版，2005）など

林 徹（はやし とおる）
- 【生まれ】1952 年，前橋市
- 【学　歴】東京大学文学部言語学科卒業，東京大学大学院人文科学研究科修士課程修了・博士課程中退，イスタンブル大学文学部特別聴講生
- 【職　歴】東京外国語大学アジア・アフリカ言語文化研究所助手・助教授，東京大学文学部助教授・教授，放送大学特任教授
- 【著書等】『トルコ語文法ハンドブック』（白水社，2013），"Variability in linguistic judgment: An analysis of questionnaire survey data from Istanbul and Berlin on the usage of Turkish demonstratives"（*Turkic Languages* 20/1, 2016）

米田 信子（よねだ のぶこ）

- 【生まれ】1960 年，岡山市
- 【学　歴】松蔭女子学院大学文学部英米文学科卒業，神戸市外国語大学大学院外国語学研究科修士課程修了，東京外国語大学大学院地域文化研究科博士後期課程修了，博士（学術）
- 【職　歴】大阪女学院短期大学助教授，大阪女学院大学准教授・教授，大阪大学世界言語センター准教授・教授，大阪大学大学院言語文化研究科教授
- 【論　文】"Noun-modifying constructions in Swahili and Japanese"（*Handbook of Japanese Contrastive Linguistics*, De Gruyter Mouton, 2018），"Conjoint/disjoint distinction and focus in Matengo（N13）"（*The Conjoint/Disjoint Alternation in Bantu*, De Gruyter Mouton, 2017）など

大澤 舞（おおさわ まい）

- 【生まれ】1981 年，長野市
- 【学　歴】筑波大学大学院一貫制博士課程人文社会科学研究科文芸・言語専攻修了，博士（言語学）
- 【職　歴】東邦大学講師・准教授，獨協大学准教授
- 【論　文】「逸脱的構文からみる中核的現象と周辺的現象との相関」（『構文の意味と拡がり』くろしお出版，2017），「cause 使役受身文の語用論的生起条件とその意味合い」（『英語語法文法研究』15，2008）など

筒井 友弥（つつい ともや）

- 【生まれ】1976 年，越前市
- 【学　歴】京都外国語大学ドイツ語学科卒業，京都外国語大学大学院修士課程外国語学研究科ドイツ語学専攻修了，広島大学大学院博士課程後期国際社会論専攻修了，博士（学術）
- 【職　歴】京都外国語大学講師・准教授
- 【著　書】『つぶやきのドイツ語　1 日 5 題文法ドリル』（白水社，2018），『ディベートのためのドイツ語』（共著　三修社，2018）など

デロワ 中村 弥生（でろわ なかむら やよい）

- 【生まれ】1970 年，千葉県
- 【学　歴】パリ第 7 大学大学院博士課程理論・応用言語学専攻修了，博士（言語学）
- 【職　歴】フランス国立情報学自動制御研究所（INRIA）ポスドク研究員，パリ第 7 大学東アジア言語文化学部講師，フランス国立東洋言語文化大

学 (Inalco) 日本学部准教授
- 【論　文】"Notion de linguistique japonaise «toritate» et effet de focalization" [日本語学における「とりたて」という概念と焦点効果] (*Faits de langues* 49-2, 2018),「引用助詞「ト」にかかわる誤用」(『フランス語を母語とする日本語学習者の誤用から考える』ひつじ書房, 2018) など

ユラ・マテラ
- 【生まれ】1980年, チェコスロバキア, キヨフ町
- 【学　歴】パラツキー大学 (チェコ) 大学院修士課程スペイン語文献学・日本語文献学専攻修了, 政策研究大学院大学日本語教育指導者養成プログラム修了, マサリク大学 (チェコ) 大学院博士課程一般言語学専攻修了, 博士 (一般言語学)
- 【職　歴】マサリク大学 (チェコ) 助手・准教授
- 【著　書】*Podmět v moderní japonštině* [現代日本語における主語] (マサリク大学出版, 2017), *Japonská kultura* [日本の文化] (共著, パラツキー大学出版, 2015)

原稿チェック・索引作成補助：井戸美里 (国立国語研究所 PD フェロー)

日本語と世界の言語のとりたて表現

2019 年 11 月 16 日　第 1 刷発行

編　者	野田尚史
発行人	岡野秀夫
発　行	株式会社　くろしお出版
	〒102-0084　東京都千代田区二番町 4-3
	TEL：03-6261-2867　FAX：03-6261-2879　WEB：www.9640.jp
装　丁	折原カズヒロ
印刷所	藤原印刷株式会社

©Hisashi NODA 2019, Printed in Japan
ISBN978-4-87424-812-6　C3080
本書の全部または一部を無断で複製することは，著作権法上での例外を除き禁じられています。